金融监管和合规科技

国际经验与场景应用

巴曙松　朱元倩等◎著

人民东方出版传媒
東方出版社

图书在版编目（CIP）数据

金融监管和合规科技：国际经验与场景应用 / 巴曙松等著．—北京：东方出版社，2021.1

ISBN 978-7-5207-2042-7

Ⅰ.①金…　Ⅱ.①巴…　Ⅲ.①金融监管—研究　Ⅳ.①F830.2

中国版本图书馆 CIP 数据核字（2021）第 002345 号

金融监管和合规科技：国际经验与场景应用

（JINRONG JIANGUAN HE HEGUI KEJI：GUOJI JINGYAN YU CHANGJING YINGYONG）

作　　者：巴曙松等著
责任编辑：巴能强
出　　版：东方出版社
发　　行：人民东方出版传媒有限公司
地　　址：北京市西城区北三环中路 6 号
邮政编码：100120
印　　刷：天津鑫旭阳印刷有限公司
版　　次：2021 年 1 月第 1 版
印　　次：2021 年 3 月北京第 2 次印刷
开　　本：710 毫米 ×1000 毫米 1/16
印　　张：17.75
字　　数：256 千字
书　　号：ISBN 978-7-5207-2042-7
定　　价：78.00 元
发行电话：（010）85924663　85924644　85924641

/前 言/

监管科技的崛起与金融监管和合规体系的重构

近年来，科技与金融的深度融合正在以前所未有的方式改变整个金融市场。金融科技的蓬勃发展在为金融业带来新机遇的同时，也为金融监管带来了巨大的挑战。因此，当前除了讨论金融科技，也需要加大对科技赋能金融监管——监管科技（RegTech）的探讨。

监管科技通常被认为是金融科技的一个子集，是金融与科技紧密结合背景下金融监管体系改革中的一项颠覆性创新。监管科技具体可划分为应用于监管机构监管端的监管科技（SupTech）和应用于金融机构合规端的合规科技（RegTech）。近年来，监管科技正逐步对整个金融监管体系产生越来越大的影响。对于监管机构而言，面对金融科技背景下愈来愈复杂的金融市场环境，监管科技能够有效提高监管能力，提升监管效率，降低监管成本；对于金融机构而言，监管科技作为强化自身风险管理和合规经营能力的重要手段，能够帮助其更高效、更及时、更准确地满足监管合规要求。

从全球范围来看，自2008年国际金融危机后，监管演变与科技发展不断改变整个金融市场，主要国家金融监管和合规科技因强监管政策的刺激进入快速发展阶段。具体来说，2008年金融危机爆发后，为应对日益增长的监管复杂性，全球监管机构不断强化金融监管力度，先后推出了众多的监管法案，如巴塞尔协议、欧盟金融工具市场法规（Mi-FID）、欧盟市场基础设施监管法

（EMIR）等。随着一系列监管法案的推出，金融机构监管合规压力逐步攀升，传统的金融监管手段显得捉襟见肘。而大数据、区块链、云计算、人工智能等新兴技术的出现，为金融监管提供了新的可能性。以美国、英国、澳大利亚、新加坡等为代表的发达国家开始探索科技在金融监管领域的应用，旨在通过利用新技术来减低监管合规压力、提高金融监管效率，多数国家监管当局已有或正在制定明确的监管科技发展战略。毕马威数据显示，自2014年至2019年间，全球监管科技的总投资额虽逐年波动，但交易数量逐年攀升，2019年全球监管科技市场总投资额为25亿美元，交易数量为145宗。监管科技初创企业也致力于探索并丰富监管科技应用场景。2019—2020年新冠肺炎疫情在全球的暴发，加速了金融业务从线下向线上转移的进展，也为监管科技发挥作用提供了更大的需求空间。

聚焦国内，2017年5月，中国人民银行专门成立了金融科技委员会，首次明确监管科技这一概念，指出要强化监管科技的应用实践。同年6月，央行印发《中国金融业信息技术"十三五"发展规划》，提出要加强金融科技和监管科技的研究与应用，监管科技开始全方位发展。2018年8月，中国证监会印发的《中国证监会监管科技总体建设方案》标志着中国证监会完成了监管科技建设工作的顶层设计，并进入了全面实施阶段。2020年6月，证监会重构资本市场科技监管体系，正式成立科技监管局，负责统筹科技监管建设工作，推进监管科技应用落地实施。从总体看，中国发展监管科技的积极性高，场景应用需求旺盛，为监管科技的发展奠定了坚实的基础。

尽管中国金融科技的发展在特定的领域依然具有一定的领先优势，监管科技也在国内受到了广泛关注，但整体上中国监管科技仍属于起步探索阶段，相关领域的应用还十分有限。此时，梳理国外监管科技发展经验，探索监管科技应用场景显得十分必要。从本书的内容来看，我们将本书分为上、下两篇。其中，上篇主要聚焦研究监管科技的国际经验，对美国、英国、欧盟、新加坡、日本等主要经济体监管科技发展经验进行分析和借鉴，并系统对国内监管科技发展现状进行了评估；下篇则侧重于研究监管科技的应用场景。在本书的研究中，我们尝试在分析传统金融监管方式在数据管理、生成报告、风险管理、身份认证、虚拟助手、违法违规、反洗钱、数字货币等领域中的不足的基础上，深入研究了监管科技在相应领域中的应用与实践。

对于中国而言，监管科技是一个全新的领域，推动监管科技发展是一个长期的过程。与传统金融监管手段相比，监管科技有助于推动金融监管实时化、标准化、信息化、数据化及智能化，监管科技的应用对维护金融体系的安全与稳定具有十分重要的作用。因此，无论是监管端还是合规端都有必要加大对监管科技应用的探索。同时，在探索中国监管科技发展与美国、英国、澳大利亚等其他主要国家存在的“共性”时，也应注意到与自身国情相匹配的“特性”。基于此，监管科技领域还有许多非常有价值的问题值得我们去研究，本书的研究仅仅是个开端，未来需要更多学者参与到监管科技的实践和研究中来。

目 录

|上 篇|
国际经验

下篇

场景应用

上篇 国际经验

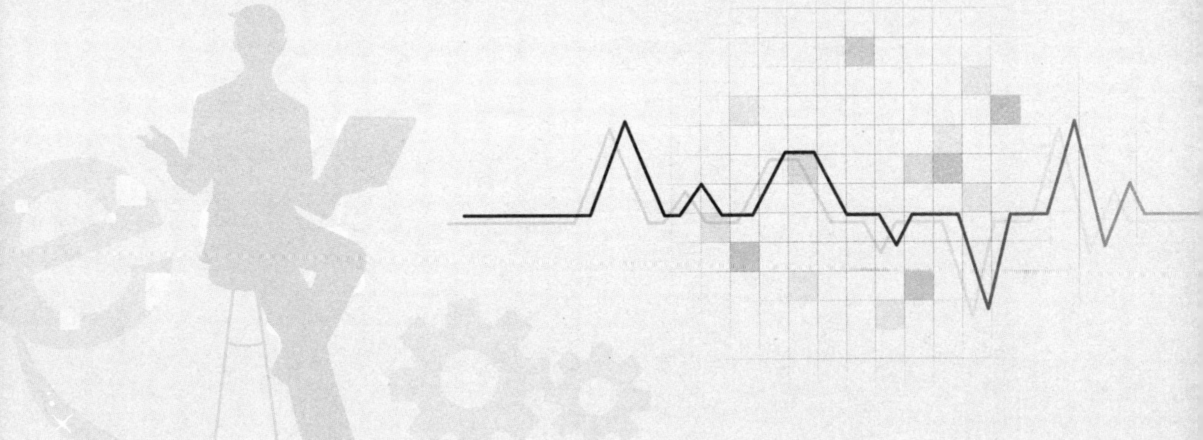

第一章

美国监管科技的发展现状及经验借鉴[①]

美国作为国际金融中心的所在地和金融创新的发展地之一，始终走在全球金融科技发展的前列，毕马威数据显示，2019 年美国金融科技行业的总投资额为 598 亿美元，占全球金融科技投资总量的 44%[②]。同时，为维护国家金融体系的安全和金融监管机构的运营效率，美国也十分鼓励监管科技的发展，如美国国家经济委员会（National Economic Council）在 2017 年 1 月发布的《金融科技监管白皮书》（*A Framework for FinTech*）中指出应用科技手段提升金融监管能力。本章将聚焦美国监管科技的发展现状展开讨论。

一、美国金融创新与监管

美国具有独特的金融监管体系，即由联邦和州两层级对各金融机构进行监管，同时实行多个金融监管部门的混业监管模式。具体来看，美国金融监管任务主要涵盖存款机构、证券和衍生品市场、保险市场监管、政府支持企业及

① 本章原文发表于《中国金融》2020 年第 10 期。

② KPMG, *Pulse of Fintech H2 2019*, February 2020, retrieved form https://home.kpmg/xx/en/home/campaigns/2020/02/pulse-of-fintech-h2-2019.html.

消费者保护等领域。

在存款机构监管方面，根据《多德-弗兰克华尔街改革和消费者保护法案》(*Dodd-Frank Wall Street Reform and Consumer Protection Act*，以下简称《多德-弗兰克法案》)，货币监理署（Office of Comptroller of Currency，以下简称OCC）主要负责监管联邦特许储蓄机构；美国联邦储备系统（The Federal Reserve System，以下简称美联储）主要负责监管州注册的联储会员银行；联邦存款保险公司（Federal Deposit Insurance Corporation）主要负责监管各州银行；国家信用社管理局（National Credit Union Administration）主要负责监管联邦信用合作社以及加入联邦保险的州信用合作社。在证券和衍生品市场监管方面，证券交易委员会（Securities and Exchange Commission，以下简称SEC）和商品期货交易委员会（Commodity Futures Trading Commission，以下简称CFTC）分别在联邦一级监管证券和期货市场，州监管部门负责监督相关的州级活动。在保险市场监管方面，与银行和证券市场不同，美国保险业主要由各州进行单独监管，没有类似于证券或银行的联邦保险监管机构。尽管根据《多德-弗兰克法案》设立的联邦保险局对保险业具有监督职责，但州政府是保险公司的主要监管者，即每个州政府都有一个部门或其他实体负责对保险公司以及销售保险产品的个人和公司进行许可和监管。在政府支持企业监管方面，为支持抵押贷款和农业信贷市场，美国创建了政府支持企业（Government Sponsored Enterprise），而联邦住房金融局（Federal Housing Finance Agency）和农业信贷管理局（Farm Credit Administration）负责对美国政府支持企业进行监管。同时，为加强消费者金融保护，美国在2008年金融危机后设立了消费者金融保护局（Consumer Financial Protection Bureau，以下简称CFPB），以保护金融消费者权益、确保消费者在金融市场上能够明确和及时地获取金融产品和服务的信息。具体地，美国金融监管框架如图1—1所示。

正是基于美国金融监管体系的复杂性，目前，美国的金融科技并没有专门的监管机构，而是根据相关金融科技公司的业务范围实行功能监管，这种监管模式存在不少监管重叠，容易导致金融科技公司面临监管不确定性的问题，不利于金融创新。为加强联邦监管协调、推动美国金融科技监管现代化发展，

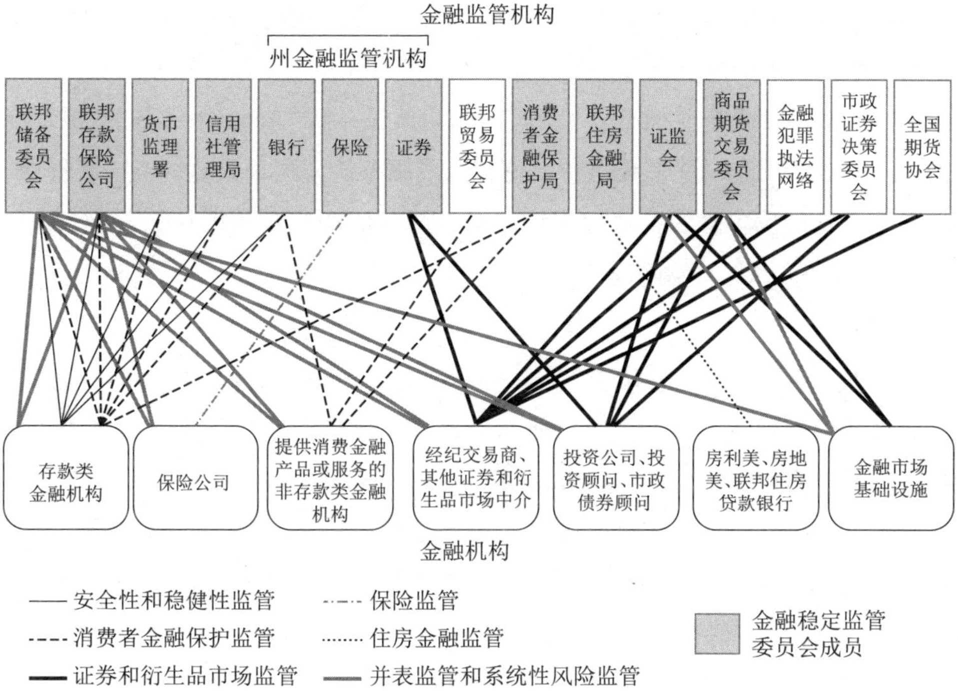

图 1—1　美国金融监管框架

资料来源：United States Government Accountability Office（GAO），*Financial Regulation：Complex and Fragmented Structure Could Be Streamlined to Improve Effectiveness*，February 2016，retrieved from https://www.gao.gov/assets/680/675400.pdf.

美国众议院金融服务委员会成员在 2019 年重新提交了《金融服务创新法案》（*Financial Services Innovation Act of* 2019），建议 10 个联邦监管机构应在其机构内设立专门负责监督、规范金融科技公司运营服务的金融服务创新办公室，该法案于 2016 年首次提出，但并未投票通过。尽管目前美国尚未建立统一的金融创新监管框架，但各金融监管机构仍致力于通过设立创新办公室、创建监管沙箱及构建金融创新网络等方式来减少金融科技监管不确定性，以推动金融创新。

（一）设立创新办公室

作为美国的行为监管机构，CFPB 认为有益的金融创新产品或服务有利于维护消费者的利益。因此，为鼓励消费者友好型创新，该局于 2012 年启动了

“催化剂”项目（Project Catalyst），项目主要包括构建与金融创新企业的互动渠道、制定创新激励政策等内容。其中，该项目的主要措施之一便是向符合相关条件的金融创新企业推出了“无异议函”政策（No-Action Letters），该政策表示不会对在约定情况下提供特定消费品或服务的公司采取监管或执法行动，以提高监管的确定性，同时促进该局对金融创新企业业务机制的了解。2018年7月，CFPB成立了创新办公室，并由该办公室负责“催化剂”项目下进行的所有工作。

此外，OCC、SEC和CFTC分别面向银行业、证券业和衍生品市场提供了金融创新的平台。2016年3月，OCC发布《支持联邦银行系统中负责任的创新：货币监理署的观点》（*Supporting Responsible Innovation in the Federal Banking System*：*An OCC Perspective*）白皮书，表示银行领域应开展“负责任创新”，即在符合成熟风险管理以及银行整体商业战略的基础上，通过创新或改良金融产品、服务或流程来满足消费者、企业和社区不断变化的需求。为支持“负责任创新”，提升银行体系的金融创新能力，OCC于2016年10月宣布成立创新办公室。该创新办公室作为OCC处理与金融创新相关事项的中心联络点和信息交换中心，具体职责包括举办与金融创新相关的会议、发布指南和白皮书，并在其办公时间内定期与行业参与者会面。SEC于2018年10月创建了创新和金融技术战略中心（Strategic Hub for Innovation and Financial Technology，简称FinHub），该中心为监控和参与证券市场创新活动提供渠道，主要为金融创新企业提供与证券交易委员会就创新理念和技术发展进行接触的渠道，以促进证券业的有益创新。CFTC于2017年5月批准成立了科技实验室（LabCFTC），LabCFTC旨在通过支持委员会与行业参与者之间的互动，寻求创造可能使商品市场上的消费者（例如农民和牧场主）受益的产品。实验室具体包括两个组成部分：一是指导点，即专门为金融科技创新者提供与委员会直接沟通的渠道，以帮助其了解相关法规和委员会的监督方法；二是CFTC2.0，旨在帮助委员会了解和测试新技术，进而促进委员会利用金融科技创新提升自身监管效率。

（二）监管沙箱政策

在联邦监管机构层面，CFPB于2019年9月提出了两项沙箱政策。一是合规协助沙箱（Compliance Assistance Sandbox），该政策允许在监管不确定性的情况下测试金融产品或服务，即在CFPB评估产品或服务是否符合相关法律规定之后，对遵守批准条款的已批准申请人在测试期内提供“安全港”，但该政策不包括豁免程序。二是试验披露计划（Trial Disclosure Program），CFPB表示准确有效的信息披露有助于消费者了解各种金融产品和服务的成本、收益和风险，因此，为维护消费者的利益，CFPB鼓励企业测试创新的信息披露方式。根据该政策，寻求改善消费者信息披露方式的实体可以在CFPB规定的时间内对满足监管要求的产品、服务或其他信息披露内容进行测试。此外，OCC也于2019年4月对其创新试点计划（Innovation Pilot Program）开启了为期45天的公众意见征询期，该机构旨在通过推出该计划为银行在开发创新金融产品或服务时提供监管确定性，同时提高自身了解和监督金融创新活动的能力。尽管该计划不会提供“安全港”，也没有任何豁免，但它能通过解释性信件和监督反馈等方式减少参与者面临的监管不确定性。

在州层面，2018年8月，为引导金融科技、区块链和加密货币等新兴产业发展，亚利桑那州成为美国第一个采用“监管沙箱”的州。该沙箱由亚利桑那州总检察长办公室负责批准并提供申请人进入沙箱的权限，由于沙箱仅适用于亚利桑那州法律，因此沙箱申请人必须在总检察长办公室管辖范围内，并且需要提交500美元申请费。若通过申请，沙箱进入者可以在批准日期后的两年内（满足要求最多可延长一年）向10,000名（最多17,500名）亚利桑那州范围内的消费者提供创新金融产品或服务。随后，怀俄明州众议院于2019年2月通过《金融科技沙箱法案》，该法案表示当前法律框架限制了科技创新，为了给金融科技创新者提供弹性监管环境，怀俄明州应提供监管沙箱。与亚利桑那州、怀俄明州类似，为使创新金融服务获得更灵活的监管环境，犹他州于2019年3月签署了监管沙箱法案。在申请程序上，犹他州监管沙箱申请程序与亚利桑那州相似，不同的是，犹他州监管沙箱由该州商务部管理，并且要求申请人必须在犹他州范围内开发和执行创新产品或服务的所有测试。同时，美国财政部在其2018年7月31日发表的《创造经济机会的金融系统：非银行金融，金融科技和创新》(*A Financial System That Creates Economic Opportunities: Nonbank Financials, Fintech, and Innovation*)报告中表示联邦和州监管机构应以合作的方式建立一个统一的解决方案以增强和促进金融创新，实质上就是建立一个"监管沙箱"。

(三) 构建金融创新网络

在联邦和州监管部门的合作方面，CFPB和州监管机构启动了美国消费者金融创新网络(the American Consumer Financial Innovation Network，以下简称ACFIN)，通过这种合作关系，ACFIN所属成员将共享信息，以促进成员之间的沟通，并就与创新相关的政策和计划进行协调。在国际合作方面，一是CFTC于2018年先后与英国金融行为监管局(Financial Conduct Authority，以下简称FCA)、新加坡金融管理局(Monetary Authority of Singapore，以下简称MAS)和澳大利亚证券投资委员会(Australian Securities and Investment Commission，以下简称ASIC)签订了关于《金融科技创新合作安排》(*Arrangement on Financial Technology Innovation*)的协议，协议内容主要侧重于共享有关金融科技趋势和发展的信息。二是美国财政部于2019年5月与英国财政部建立了金融创新伙伴关系，以期共同应对金融服务创新中的新兴趋势并推动两国在金融服务创新方面的合作。合作内容主要包括在两国现有监管合作基础上，深化监管发展及与监管实践有关的信息分享，鼓励两国私营部门、行业协会、市场参与者加大在金融服务、新兴技术及国际贸易等领域的商业参与两个方面。三是CFTC、FDIC、OCC和SEC于2019年10月加入了全球金融创新网络(the Global Financial Innovation Network，以下简称GFIN)。GFIN由FCA于2018年牵头创建，该网络类似一个提供跨境测试环境的"全球监管沙箱"，旨在实现在多个辖区试用金融创新产品、服务或商业模式。而美国监管机构则希望以此加快其与全球监管机构之间的合作，提高美国金融机构负责任创新的能力。

此外，作为第一个与监管科技直接相关的法案，《金融透明度法案》（*Financial Transparency Act*）于 2019 年 9 月 24 日由美国众议院金融服务委员会成员提交，该法案旨在推动美国主要监管机构用统一、标准的电子化数据采集和报告模式替代传统纸质格式，促进美国监管科技的发展。该法案一旦通过，将改变美国现有金融监管报告机制。

二、美国监管科技的发展现状

由于金融行业对监管科技领域的兴趣激增，监管科技公司不断涌入市场，全球监管科技市场蓬勃发展。从全球监管科技市场的现状来看，美国在监管科技企业投融资的交易量上遥遥领先。RegTech Analyst 数据显示，在 2015—2019 年，美国监管科技行业融资总量超 100 亿美元，约占全球融资总量的 58%；交易笔数 456 笔，约占全球总交易量的 48%[①]。从监管科技企业来看，截至 2020 年 1 月 3 日，在德勤咨询重点关注的全球 362 家监管科技企业中，美国企业占到 76 家[②]。

在企业规模方面，被德勤列入统计的 76 家美国监管科技企业中，50 人以下规模的监管科技公司有 46 家，50—200 人规模的有 15 家，200 人以上规模的有 15 家；从成立时间上来看，2008 年以前成立的监管科技公司有 27 家，2008 以后成立的公司有 49 家。可以看出，美国监管科技市场在 2008 年全球金融危机后得到了快速发展，并且监管科技企业以中小型新兴企业为主，但大型监管科技企业也较为丰富。在服务对象方面，美国监管科技

① 作者整理得到，参考 RegTechAnalyst，*GlobalRegTech Funding Surges above $8bn in 2019*，January 2020，retrieved form http://member.regtechanalyst.com/global-regtech-funding-surges-above-8bn-in-2019/，和 RegTech Analyst，*US RegTech Deals over $50m have increased their Share of Deal Activity by 15.7 percentage points（pp）since 2015*，February2020，retrieved form http://member.regtechanalyst.com/us-regtech-deals-over-50m-have-increased-their-share-of-deal-activity-by-15-7-percentage-points-pp-since-2015/。

② Deloitte，*RegTech Universe 2020*，January 2020，retrieved formhttps://www2.deloitte.com/lu/en/pages/technology/articles/regtech-companies-compliance.html.

公司无论成立时间、规模大小均主要服务于金融行业，主要服务两大金融主体：一是监管机构。监管机构不仅是金融创新与监管的政策制定者，也是监管科技的应用主体之一，主要通过应用监管科技提高其监管水平及效率，美国金融监管机构通过运用监管科技解决方案展开金融市场数据收集、数据分析及风险预测等，实现监管的实时化、自动化及智能化，以技术手段替代人工进而提升监管效率。二是金融机构。随着美国监管日趋严格，金融机构对监管科技的需要不断扩大。一方面，监管科技解决方案的使用有助于金融机构识别、管控合规风险，满足反洗钱和“了解你的客户”等监管法规和合规责任；另一方面，通过监管科技解决方案助力金融机构实现监管报告流程的数字化，减少人工操作失误及降低合规成本。具体业务范围主要涉及监管报告、风险管理、身份管理与控制、合规咨询及交易监控五个领域。具体内容如表 1–1 所示：

表 1–1　美国监管科技企业业务范围及应用案例

业务范围	主要内容	应用案例
监管报告	为客户实现智能化数据收集与处理、自动化法规报告等服务。	Merlon Intelligence①是一家专门使用人工智能和机器学习在金融犯罪合规领域为银行及其他公司提供智能筛选、智能评估及智能分类解决方案的全球性合规科技公司。
风险管理	为客户监控员工可疑行为、检测市场风险、评估风险并预测未来可能存在的威胁。	Provenir②成立于 2004 年，是一家为多个金融领域提供风险分析和决策解决方案的私营企业，目前已为 GM Financial、Elavon、Klarna、HSBC、Wells Fargo 等金融机构提供了解决方案。
身份管理与控制	为客户提供“了解你的客户”程序、反洗钱制裁和反欺诈审查服务。	AML Partners③是一家成立于 2005 年的行为风险软件开发和咨询公司，专门为银行等金融机构识别与洗钱和恐怖分子融资有关的客户，即通过提供 KYC、AML/CFT、OFAC、FinCEN314a 等模块评估和管理行为风险并简化工作流程。

① 作者根据 Merlon Intelligence 官网整理，参考 https://merlon.ai/。

② 作者根据 Provenir 官网整理，参考 https://www.provenir.com/。

③ 作者根据 AML Partners 官网整理，参考 https://amlpartners.com/。

续表

业务范围	主要内容	应用案例
合规咨询	为客户实时监控和跟踪合规法规现状以及即将出台的法规，使金融机构在降低合规成本的同时提高合规效率。	Droit① 是一家位于纽约的监管科技公司，通过其创建的 Adept 监管操作系统为全球金融机构提供监管合规方面的技术服务，如为贸易和结算业务交易提供监管、市场结构和内部要求等方面的合规性报告，并且自动检测和分析客户是否符合其国家或地区最新的监管法规要求。
交易监控	为客户进行实时交易监控服务，即对欺诈、市场滥用、洗钱或恐怖融资活动进行监控。	AppZen② 成立于 2012 年，是一家通过提供人工智能来自动化后台审计并检测合规性问题和可能存在的欺诈行为的创业企业，旨在为现代金融机构创立人工智能平台实现交易监控的智能化和自动化。

（一）监管科技在合规端的应用实践

应用于合规端的监管科技作为提升金融机构自身风险管理和合规经营能力的监管手段和工具，能够对金融机构传统合规监管中的不足给予支持。根据上文对美国监管科技企业发展现状的研究可知，当前美国监管科技企业的主要业务范围是为金融机构提供各类满足监管合规的解决方案，因此下文以某监管科技公司为例，从其应用的核心技术入手介绍其提供的解决方案及具体的金融机构应用案例。

该监管科技公司于 2015 年创立于美国芝加哥，是一家通过使用人工智能技术来帮助银行等金融机构实现监管合规的监管科技公司，客户包括澳大利亚联邦银行（Commonwealth Bank of Australia）、布雷默银行（Bremer Bank）、富国银行（Wells Fargo Bank）和荷兰国际集团（International Netherlands Group）等。该公司提供由人工智能技术驱动的解决方案，通过使用该技术可以使最烦琐且易于出错的合规工作自动执行，同时，该公司可以根据金融机构独特的监管遵循要求，自动提供与金融机构业务相关的监管规则，从而减少人工操作、

① 作者根据 Droit 官网整理，参考 http://droitfintech.com/。

② 作者根据 AppZen 官网整理，参考 https://www.appzen.com/。

提高合规人员的工作效率。该监管科技公司通过其特有 RegulationAI™ 消除当前金融机构面临的复杂金融监管，提高风险合规团队的合规效率。监管科技公司主要使用以下两种技术形式：

一是自然语言处理（Natural Language Processing）。自然语言处理技术是计算机科学和语言学的结合，以帮助计算机理解人类的语言，该监管科技公司从监管机构发布的监管规则中获取数百万行文本，然后通过使用自然语言处理技术对其加以理解和运用。同时，通过与其他人工智能技术（如机器学习技术）相结合，该公司可以基于金融机构具体业务类型，定制化地提供其应遵循的监管规则，进而减低金融机构合规成本，提高合规效率。

二是机器学习。机器学习以丰富的数据和监控模型为基础，通过对大量不同的数据进行多重处理分析来制定满足相关监管要求的规则，而该公司将机器学习与自然语言处理技术结合使用，来简化金融监管的复杂性，使金融机构能更好地满足监管要求，免于因违规而遭受的监管处罚。

通过运用自然语言处理和机器学习技术构建了监管科技的真正创新——RegulationAI™，基于其特有的 RegulationAI™，该监管科技公司为客户具体推出了以下两个解决方案：一是法规变更管理，该解决方案可以提供有针对性的法规变更说明，并向客户指示法规变更对客户的内部控制，政策和程序的潜在影响；二是义务管理，该解决方案会自动为客户提供完整的义务注册，并提供一套功能强大的义务管理工具，包括自动审核和报告。两个解决方案的主要内容如表 1–2 所示：

表 1–2 某监管科技公司解决方案及主要内容

解决方案	主要内容
法规变更管理	1. 法规自动变更说明，为金融机构提供自动变更监管规则的服务，及时对新推出或变更的监管法规做出反应 2. 影响分析，快速评估法规变更对金融机构可能存在的潜在影响 3. 规则比较，通过并排比较，将法规更改情况进行可视化分析 4. 建立监管规则文件库，根据关键字搜索或按监管机构，日期或文档类型过滤

续表

解决方案	主要内容
义务管理	1. 全方位义务管理，利用该监管科技公司全部功能满足合规要求 2. 自动完成完整的义务注册，节省数百小时的法规研究和分析时间 3. 将客户需要遵循的全部义务进行管理，使客户对合规义务有明确的认识 4. 即时审计和报告工具可跟踪每项活动，自动生成审计跟踪报告，满足监管要求

资料来源：作者根据官网资料整理，参考 https://www.ascentregtech.com/。

（二）监管科技在监管端的应用实践

应用于监管端的监管科技作为监管机构支持金融监管而使用的新技术，能够帮助监管机构将监管报告和监管程序数字化，实现对金融机构风险和合规情况更高效、更主动的监控。从监管科技应用实践来看，美国在促进金融创新的同时也开始探索科技在监管领域的应用，例如，CFPB 和 SEC 已经开始使用监管科技来提高自身监管效率和监管能力。

1. CFPB 监管科技应用实践①

CFPB 通过构建消费者投诉数据库，提升消费者风险识别与处理的效率。CFPB 作为保护消费者权益的监管机构，主要监管领域之一便是其监管实体在市场活动中存在的可能对消费者构成的风险，而处理消费者投诉有利于发现消费风险。因此，为监控金融服务提供商对个人客户的处理，评估金融服务提供商投诉处理机制的有效性，识别反竞争行为及监控可疑交易，该机构建立了消费者投诉数据库。

具体的客户关系管理系统（Customer Relationship Management，以下简称 CRM）是消费者投诉数据库的数据输入系统，该系统作为在线平台，能够简化消费者与金融服务商之间的投诉处理流程。首先，消费者通过 CRM 提交具体产品或服务的投诉表和投诉说明形成结构化和非结构化的投诉数据。其次，CFPB 将相关投诉发送给金融服务提供商，以便及时做出投诉响应，该机构表

① World Bank，*From Spreadsheets to Suptech：Technology Solutions for Market Conduct Supervision*，June 2018，retrieved form https://openknowledge.worldbank.org/handle/10986/29952.

示 97% 的投诉能够在 15 天内得到金融服务商的回复。最后，金融服务提供商的回复信息及消费者投诉的基本信息将输出到消费者投诉数据库，该数据库通常每天更新。

消费者投诉数据库可以提供以下资源：一是为消费者及其他金融监管部门等利益相关者提供投诉数据，实现数据共享，以识别消费者风险的新兴趋势。公众可以通过该机构网站直接下载 JSON 或 CSV 格式的全部投诉数据，也可以使用该机构的开放数据应用程序编程接口（Application Programming Interface，以下简称 API）导出数据。二是消费者投诉数据库中的实时数据有助于触发预警系统。该数据库按产品、金融服务商或地理区域等进行分类，能够帮助该机构进行趋势分析，用于指导基于风险的监督和执法活动。例如，消费者金融保护可以通过“峰值和趋势”数据分析工具对消费者投诉数据进行监控，该工具无论金融服务商规模大小、总体投诉增长或季节性变化情况具体如何，都可以在每日、每周和每季度的窗口中识别出投诉量的短期、中期和长期变化趋势，进而帮助 CFPB 尽早就预警信息与金融服务商互动，最大限度地降低对消费者的潜在危害。另外，CFPB 可以通过内部在线仪表板来实现投诉数据的可视化，以获得比常规静态报告更多、更及时的动态信息，进而提高自身处理消费者风险的效率。

2. SEC 监管科技应用实践[①]

SEC 综合运用多种监管科技项目，检测市场不当行为。作为美国证券业的最高监管机构，为保护投资者、维护证券市场安全稳定，该委员会执法部及合规监察部等部门通过运用监管科技对股票市场进行实时监控并检测市场中可能存在的内幕交易、欺诈等不当行为。

在股票市场实时监控方面，SEC 于 2013 年引入了市场信息数据分析系统（Market Information Data Analytics System，以下简称 MIDAS），该系统通过云计算技术对股票市场上的大量数据进行处理和分析，该系统可以以微秒级的时间

① David Freeman Engstrom，Daniel E. Ho，Catherine M. Sharkey，et al，“Government by Algorithm：Artificial Intelligence in Federal Administrative Agencies”，in *Social ence Electronic Publishing*，February 2020，pp.22–29.

粒度收集全国 13 个股票交易所中大约 10 亿条交易记录，使得 SEC 能够以更高的精确度来监控市场行为、了解市场事件及市场发展趋势。

在检测和调查内幕交易方面，SEC 建立了高级关联交易执行度量调查系统（the Advanced Relational Trading Enforcement Metrics Investigation System，以下简称 ARTEMIS）及异常交易和链接分析系统（the Abnormal Trading and Link Analysis System，以下简称 ATLAS），前者侧重于识别和评估连续内幕交易行为，后者侧重于监测初次内幕交易行为。对于连续内幕交易行为，ARTEMIS 通过将超过 60 亿电子股票、期权交易记录和账户持有人数据，并结合其他数据源纵向分析交易者之间的模式和关系，进而识别和评估市场中存在的可疑交易。而 ATLAS 是由执法部与合规监察部合作开发的系统，主要专注于监测首次内幕交易，以弥补 ARTEMIS 在内幕交易行为识别和评估中的不足。

在检测财务报告中的欺诈行为方面，SEC 开发了公司发行人风险评估（the Corporate Issuer Risk Assessment，以下简称 CIRA）。该系统包含约 200 个指标的仪表板，能够帮助 SEC 检测财务报告中可能存在的异常行为。面对 7000 家公司证券发行人提交的财务报告数据，CIRA 可以通过机器学习技术，利用训练历史数据，预测可能存在不当行为的证券发行人，确定需要进一步调查的嫌疑人，进而促进该机构更有效地利用其有限资源。

在投资顾问不当行为监测方面，SEC 开发了基于 ADV 表格的欺诈预测器（Form ADV Fraud Predictor），用于预测投资顾问是否可能违反联邦证券法。SEC 要求，资产超过 2500 万美元的投资顾问每年需提交 ADV 表格，而该欺诈预测器通过解析 ADV 表格，将其预处理为可用文本块，采用无监督的自然语言处理技术生成最能描述每个文档中单词的主题，随后基于过去投资顾问注册的数据集，采用有监督学习算法将注册人标记为不同等级，以供 SEC 进行进一步调查。

另外，SEC 意识到数据在监管科技使用中的重要性，为获得更完整的交易记录信息，该机构于 2016 年建立了综合审计追踪系统（Consolidated Audit Trail，以下简称 CAT），CAT 要求自律委员会和所有交易所增强自身信息技术能力，将数据提交范围扩大到每个交易订单的发起、修改、执行及消除等所有交易记录，进而构建包括美国股票和期权市场所有交易活动信息的中央数据库。

三、对我国监管科技发展的启示

美国是探索监管科技领域的先行者，其监管机构对监管科技环境的打造持有包容的态度，为促进金融科技、监管科技的发展采取了一系列的创新举措。与美国相比，我国的金融科技创新有待加快脚步。

一是加大“自上而下”推进监管科技发展的力度。在金融业严监管背景下，监管部门对监管科技创新的支持是推动监管科技发展的重要力量。当前，我国金融科技的发展已经成为世界不可忽视的一股新生力量，但是当前金融科技在监管领域的应用还十分有限，从监管部门主动向下推动的监管科技项目还较少。因此，应充分发挥各个监管部门的作用，为监管科技创新发展打造良好的发展环境。目前，我国证监会已正式发布《监管科技总体建设方案》，未来央行和银保监会应加快推进监管科技发展的制度建设，尽早完善金融业监管科技总体发展规划和各金融行业的具体建设规划。同时，为实现我国监管科技创新的协调发展，我国各监管部门可借鉴美国经验，创建金融创新网络，实现金融创新监管信息共享。

二是以数据共享平台作为监管科技的突破口。数据是监管科技发展的基础，实现数据标准化、建立数据共享平台是推动监管科技发展的关键。例如，CAT 的建立能够为 SEC 监管科技项目的发展提供更完备的数据基础进而进一步提高监管能力和效率。目前，我国金融业中不同行业、部门之间数据统计维度和口径存在差异，数据之间不具可比性，存在“信息孤岛”的现象。因此，我国可考虑将建立数据共享平台作为监管科技发展的突破口，打破现有数据壁垒，建立监管机构、金融机构间的数据共享机制，实现在确定监管数据采集、交互、存储等环节的规范标准的前提下推动数据信息在金融监管中的使用。

三是促进监管机构与金融科技企业的交流。与金融科技企业、监管科技企业的良好沟通不仅有利于监管机构自身了解监管科技发展现状，把握金融市场创新趋势，为政策制定提供有效信息，也有利于帮助监管科技企业把握政策导向，在政策允许范围内促进金融创新。例如，美国各监管机构为保持与金融科技及监管科技企业的互动，相继推出了催化剂计划、创新办公室或科技实验室。虽然当前在我国监管科技的发展过程中，监管当局和金融企业及科技企业的联系有所增加，但是离实现充分互动还有一段距离，也不具有常态化、固定的沟通方式和渠道。因此，我国监管机构应充分认识到金融科技、监管科技企业对推动监管科技发展的重要性，在此基础上建立起与金融科技或者监管科技企业进行日常沟通或互动的渠道，有效推动我国监管科技的发展。

第二章
英国监管科技的发展现状及经验借鉴

英国作为首个提出“监管科技”理念和“监管沙盒”创新的国家，其对金融科技的支持力度始终领跑全球。据毕马威的统计，英国金融科技行业在2019年上半年的投资活动总额达到39亿美元，占整个欧洲地区金融科技相关的风险投资和私募股权投资总额的68%①。而在毕马威与金融科技风投机构H2 Ventures联合发布的《2019 Fintech100》中，英国上榜11家，仅次于美国的15家②。这些金融科技企业在创新传统金融模式的同时，加速了跨区域、跨市场、跨产品的风险扩散，冲击着英国金融行业和监管机构实施和执行法规的传统方式。为寻求监管与创新的平衡，保证监管模式及时跟上金融体系中商业模式的创新发展步伐，英国金融行为监管局通过“创新项目”（Project Innovate）和“监管沙盒”等监管创新鼓励金融科技企业发展，同时提出“监管科技”的理念，借助科技监管的力量优化金融科技监管。新一代金融监管方法的诞生，更进一步推动了金融科技创新与发展，与活跃的风险投资机构和良好的创业文化一起，让英国成为监管科技公司蓬勃发展的沃土。监管科

① KPMG，*UK Fintech Defies Global Investment Slowdown*，July 2019，retrieved from https://home.kpmg/uk/en/home/media/press-releases/2019/07/uk-fintech-defies-global-investment-slowdown.html.

② KPMG and H2 VENTURES，*2019 Fintech100 Leading Global Fintech Innovators*，February 2020，retrieved from https://h2.vc/wp-content/uploads/2020/02/2019Fintech100.pdf.

技作为金融科技与大数据相结合的新一代金融监管方法，旨在支持采用新科技来提高监管效能、降低金融机构合规成本及促进金融创新，是 FCA 的重要创新实践。

一、“双峰监管”为金融科技提供创新环境

2013 年，为了应对全球金融危机和欧洲主权债务危机，英国根据《2012 年金融服务法》（*The Financial Services Act* 2012）撤销了作为综合监管机构的金融服务局（Financial Services Authority，以下简称 FSA），创建了三个新的金融监管机构：FCA、审慎监管局（Prudential Regulation Authority，以下简称 PRA）和金融政策委员会（Financial Policy Committee，以下简称 FPC），初步形成了 PRA 作为左峰监管安全，FCA 作为右峰监管服务的“准双峰”模式。其中，PRA 作为英格兰银行（Bank of England，以下简称 BoE）的附属机构，负责确保公司间的有效竞争、安全和稳固，并确保对投保方的保护；FCA 作为独立的机构，直接对财政部和议会负责，在业务上接受 BoE 的指导和建议，承继 FSA 的保护消费者的职能，致力于促进良好的市场行为和市场竞争。BoE 是英国的中央银行，通过下设的 FPC 统筹“双峰”，所以此时的监管格局更像是尚未完全独立的“准双峰”。2016 年 5 月，为了应对被国际银行巨头操纵的伦敦银行间同业拆借利率（LIBOR）丑闻，降低监管成本，提高监管效率，英国议会通过了《2016 年英格兰银行与金融服务法案》（*Bank of England and Financial Services Act* 2016），重新整合监管架构，将 PRA 并入 BoE 内部，保持其目标和职能不变，与独立于 BoE 的 FCA 形成“双峰”架构（见图 2—1）。

双峰监管模式可有效应对金融科技等新业态可能带来的监管真空。面对新业态金融产品的诞生对消费者利益和市场稳定性存在的潜在风险，改革后的“双峰”监管在英国金融创新改革中发挥着切实可行的监管作用。“双峰”监管旨在维护个体金融机构稳健的左峰和保护消费者权益的右峰，在金融系统稳定器的 BoE 的督导和监控下，在以金融稳定为目标的 FPC 的指导和建议下，以

分工清晰的“目标监管”的方式，防止新业态下可能存在的监管空白，划分不同监管职责，弥补彼此短板，在金融科技蓬勃发展的情况下保证了监管的一致性和全覆盖。

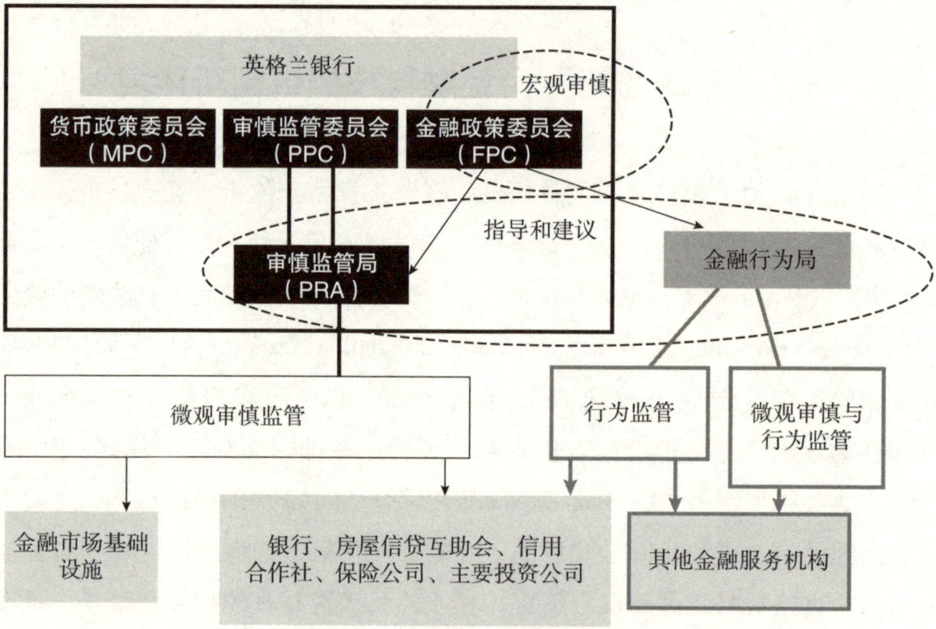

图 2—1　新的英国金融监管框架

资料来源：Claude Lopez，PhD，Elham Saeidinezhad，*UK Financial Reforms*：*Bank of England 2.0*，December 2016，retrieved fromhttps://milkeninstitute.org/reports/uk-financial-reforms-bank-england-20.

双峰监管模式中的右峰是有序推动金融创新的重要力量。FCA 作为双峰监管模式中的右峰，以促进良好的市场行为和竞争，保障消费者权益为主要目标，确保相关市场正常运作，全面监管所有金融服务公司的行为。同时，FCA 还对那些不受 PRA 监管的 18，000 家非存款类的中小金融机构的审慎监管，这其中就包括金融科技企业[①]。近年来，FCA 以监管创新为实现其主要目标的

① FCA，*FCA Mission*：*Our Approach to Supervision*，March 2018，retrieved from https://www.fca.org.uk/publication/corporate/our-approach-supervision.pdf.

重要工具，平衡监管创新与金融科技的关系，与其他相关英国机构、政府部门密切合作，制定了英国金融科技企业的监管边界。

二、英国金融科技的监管创新

金融科技的发展不断对传统的金融监管框架形成挑战。为了保证监管模式能够及时跟上金融体系中商业模式的创新发展步伐，英国 FCA 积极推动“创新项目”和“监管沙盒”，支持金融科技企业的发展。

（一）创新项目

FCA 于 2014 年 10 月成立了“创新项目”，以咨询小组（Advice Unit）、直接支持（Direct Support）和创新合作（Innovate Engagement）等方式，实现创新企业与监管的对接。其中，咨询小组为创新公司提供政策咨询意见，如提交符合 FCA 规定的商业计划，帮助初创公司获得 FCA 的许可。直接支持是指 FCA 设立专门联络点，直接为创新公司提供量身定制的监管支持，帮助企业理解监管框架以更好地适应监管体系。创新合作则包含两个层面：一是与国际金融监管机构密切合作并签署合作协议，以促进各自金融科技市场的创新；二是着重于支持英国金融科技生态系统，合作涉及企业、政府部门和教育学术机构等社会各界。

（二）监管沙盒

FCA 于 2015 年 11 月首次提出监管沙盒项目，被视为推动金融科技企业发展的重要尝试。该项目旨在为金融科技（Fintech）等新兴业态提供“监管实验区”，使金融服务创新者能够在有限授权区域测试新产品或服务，并与主管机关密切合作，共同解决在测试过程中所发现或产生的监管问题。截至 2019 年 12 月 31 日，英国已开展五批监管沙盒测试，并结束第六批监管沙盒的报名，近百家企业参与了测试项目。

从申请标准来看，监管沙盒适用的机构面广，但标准也较为严格。FCA不限制企业的类型和规模，因此传统的金融机构和非金融机构（包括金融科技机构）均可以申请测试，但企业必须通过以下五项标准评估授权：第一，拟开展创新的业务或者开展创新的公司，必须接受FCA监管，以确保其对英国金融市场和消费者有利；第二，拟测试的产品或服务必须有突破性创新，或对比现有产品或服务有重大改进；第三，拟测试的产品或服务应明确能使消费者受益，包括价格更低、客户体验更好或风险更低；第四，产品或服务有在监管沙盒中进行测试的必要，即企业无法通过其他方式测试新产品或服务，或者如使用其他方式则需付出高昂的监管成本、过程过于复杂、获得授权的可能性很小等；第五，申请产品或服务测试的公司应为测试做好准备，熟悉沙盒适用的法规并采取措施降低测试风险。

从运作流程来看，监管沙盒包括申请阶段、测试阶段和退出阶段（见图2-2）。在申请阶段，企业向FCA提交测试项目计划的相关信息，包括拟测试的创新产品或服务情况，以及符合申请监管沙盒测试的状况。取得FCA的五项标准评估授权后，FCA将与企业共同确定每种创新产品或服务的监管沙盒测试方案，包括测试要求、适用范围和审核方式等，尤其注重在方案中模拟真实的市场环境，并采取措施保证消费者权益。企业获得FCA的有限授权后，正式进入监管沙盒开展产品或服务测试。测试阶段长达3—6个月，企业每周向FCA报告关键事项，FCA会对测试全程进行跟踪监控，其测试随时可能会被监管机构暂停。测试完成后，企业必须在四周内将测试结果的最终报告提交给FCA进行审核。FCA会根据测试结果予以正式评估，以判定是否给予正式的监管授权，如果最终报告获得批准，企业将决定是否推出新的产品和服务。

从设计初衷看，监管沙盒在降低监管门槛的基础上，实现了对消费者的保护。监管沙盒在既有的监管框架下降低了测试门槛，同时为了保证创新测试带来的风险不从企业传导至消费者，FCA要求新产品或服务进入监管沙盒进行测试时，首先必须得到消费者的书面同意，充分告知消费者测试所涉及的风险，否则企业不能进入监管沙盒测试。其次，申请人应制定详细的金融

消

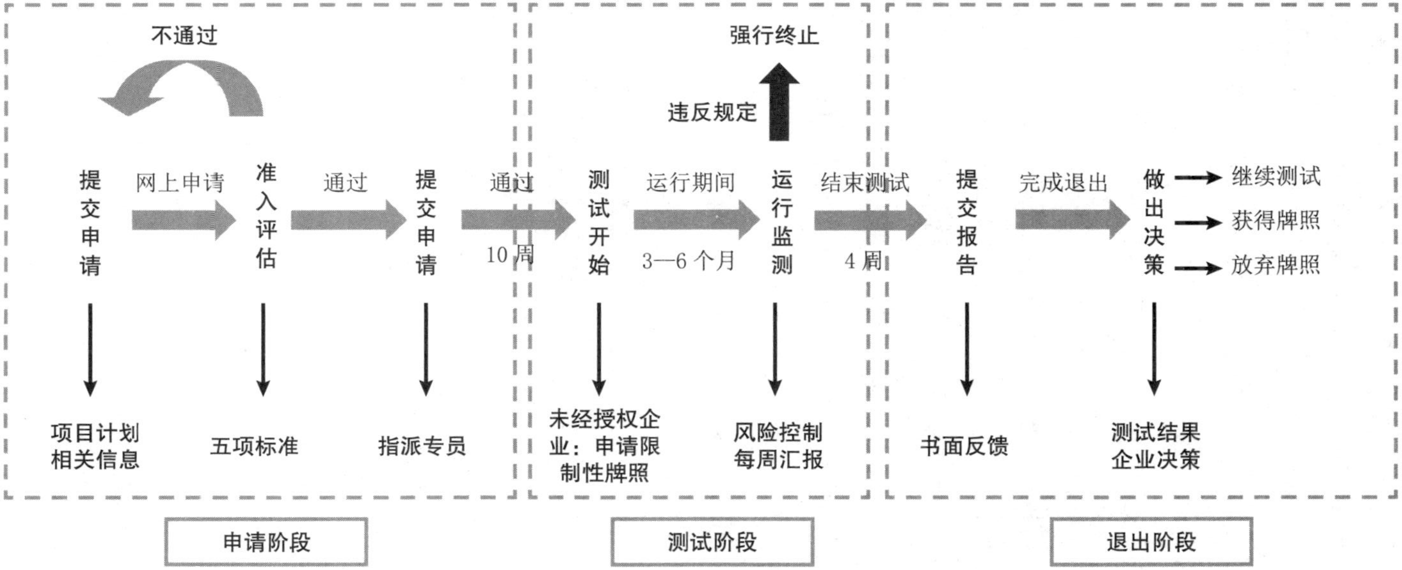

图 2—2　监管沙盒的运作流程

资料来源：胡滨、杨涵：《英国金融科技“监管沙盒”制度借鉴与我国现实选择》，《经济纵横》2019 年第 11 期。

费者保护和补偿方案，并必须符合FCA相关的监管规定，通过FCA的审核。再次，参与沙盒测试的金融消费者与普通金融消费者享有相同的法律权益，如金融服务补偿计划（Financial Services Compensation Scheme）和金融投诉服务（Financial Ombudsman Service）保护。最后，在“监管沙盒”中进行测试的企业应做好测试准备，并向FCA证明企业有财力对金融消费者补偿。出于对风险的顾虑，投资者通常并不青睐于尚未获得授权的金融科技公司，因此监管沙盒中商业模式的审查及测试结果，为金融科技公司获得潜在的合作伙伴和投资者提供了更多可能性。

从运行效果看，监管沙盒实现了鼓励金融创新和守护金融安全的双目标。Deloitte and Innovate Finance的研究显示，FCA的监管沙盒确实有助于企业开展金融创新：一方面，企业在真实但受限的环境中对金融创新进行测试，通过测试后对业务模型的微调，缩短了企业将创新理念投入市场的时间和成本，构建了监管与创新的良性互动模式；另一方面，企业在防范各类风险的前提下证明其全新的商业模式，平衡了金融市场上安全与效率之间的关系，而这种隔离性的试错机制，有效地防止了金融创新风险的外溢。

从适用范围看，FCA倡导建立全球沙盒，推动金融科技的全球创新。FCA认为监管沙盒不应局限于一个国家之内，因此2018年8月，FCA与11家金融监管机构联合宣布，正式成立全球金融创新网络联盟（GFIN），该联盟拥有以下三个主要职能：一是在各自的市场中协作并共享创新经验，包括新兴技术和商业模式，并为企业提供监管信息；二是为联合政策提供合作和知识共享的论坛；三是为企业提供试用跨境解决方案的环境。截至2019年6月，共有35家金融监管机构加入GFIN[①]。

---

① GFIN, *GFiN–ONE Year On*, June 2019, retrieved fromhttps://static1.squarespace.com/static/5db7cdf53d173c0e010e8f68/t/5dbfaaca6b4e151deddc42ae/1572842207667/GFIN–One–year–on–FINAL–20190612+%28CLEAN+VERSION%29.pdf.

三、英国监管科技在监管端的应用实践

2015 年，英国提出启动“监管科技”的理念，旨在支持采用新科技来提高监管效能、降低金融机构合规成本及促进金融创新。近年来，不论是英国监管当局还是英国的金融科技企业，都在积极推动监管科技项目在监管端的应用及实践。

（一）监管报告实践

目前在 FCA 的监管科技尝试中，以“数字监管报告”(Digital Regulatory Reporting，以下简称 DRR) 项目最为成熟。2017 年 11 月，FCA 启动了 DRR 项目，使用自然语言处理、智能合约和分布式技术将监管规范转换为机器可读和可执行的形式，有效缩小监管目的和法条释义之间的差距。同时机器解读还可以帮助监管机构有效评估监管变化带来的效果，审视监管改革，降低监管复杂性。该监管报告系统的流程如图 2−3 所示，其核心流程可分为以下四个步骤：

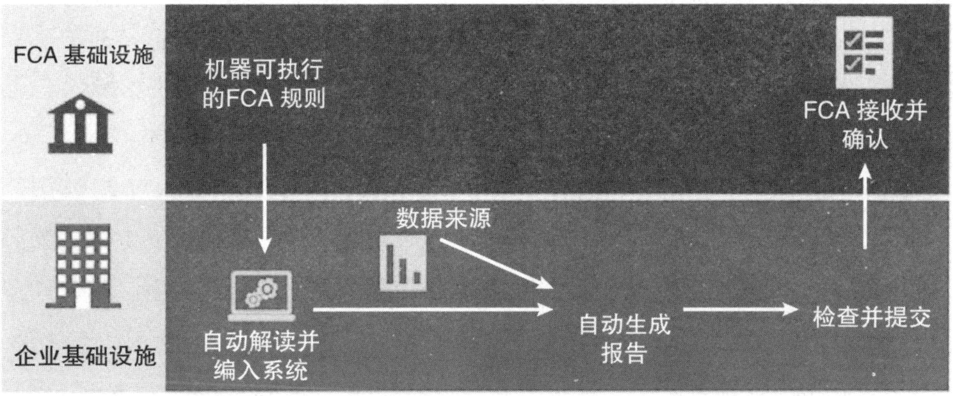

图 2−3 不需要人工解读和手动执行规则的监管报告系统

资料来源：FCA，*Call for Input*：*Using Technology to Achieve Smarter Regulatory Reporting*，February 2018，retrievedfromhttps://www.fca.org.uk/publication/call-for-input/call-for-input-smarter-regulatory-reporting.pdf.

步骤一：将规则转换成机器可执行的代码。例如，根据《巴塞尔协议Ⅲ》（*The Basel* Ⅲ *Accord*）的监管要求，一级资本充足率应至少为4.5%，在该系统中这个规则将被转化为机器可执行的代码。在数字监管报告项目中，对财务报表中的所有指标和数据，模型驱动的机器均可执行监管报告系统所要求的相关监管规则是否达标的检查。

步骤二：企业数据标准化。企业数据必须通过标准化处理，数字监管报告才能顺利运行，否则无法有效提取数据，这就要求FCA制定统一的数据标准。然而，不同规模、不同行业的企业在数据量、数据格式、数据特征等方面都有所不同，所以FCA需持续探索哪一个标准是最通用和最准确的，以反映数据结构和内容。

步骤三：将代码形式的规则应用到数据上。为了减少企业和监管机构之间的数据传输，降低数据安全风险，降低监管部门的IT成本，数字监管报告系统使用分布式账本技术（Distributed Ledger Technology，以下简称DLT）获取数据，通过建立只包含监管部门和相关企业的私有链，在DLT的基础上引入智能合约。在这种情况下，企业的数据无须转移，智能合约可以用来验证企业提交的数据是否符合要求。只有当监管部门想要专门检查某一家企业时，才需要从企业数据库中“抓取”数据。由此，用于生成报告的数据保留在公司中，仅有合规结果发送给监管机构，有效地保护了企业的数据和信息安全。

步骤四：生成报告。将提取的信息和数据自动生成监管报告，减少人工过程的误差和节约时间成本，为监管部门实行实时监管提供了条件。

为了验证这一流程的可行性，FCA与部分金融机构在2018年与2019年分别开展了两次试验，并通过试验探究哪些监管规则适用于这一解决方案。数字监管报告系统的诞生让代码形式的监管规则含义更加清晰，一方面，企业只需执行代码即可，无须人工解释，企业也可以更快适应规则的变更，降低合规成本；另一方面，监管机构可以获得更高质量的数据，提高监管报告环节的效率。

（二）反洗钱实践

通过自动化智能流程和人工智能，收集并分析公司或个人结构化和非结构化信息的监管科技公司 Encompass，在几分钟内可动态构建其可视化图片，实现用户身份识别（Know Your Customer，以下简称 KYC）、反洗钱（Anti-Money Laundering，以下简称 AML）策略的自动化，发现和预防金融犯罪，从而降低监管风险。以其创建的 AML 认证平台为例，平台会自动识别监管风险，进行全球制裁和个人股本投资计划筛选；识别不良媒体，自动执行负面新闻检查，并利用人工智能按照相关性进行优先级排序；获悉客户风险状况的变化，持续监视客户个人资料，以发现是否存在需要用户身份识别补救的重大变更；动态的审计跟踪，通过完整的用户身份识别文件和审核日志（自动编译和监控）向监管机构证明合规性。

四、英国监管科技在合规端的应用实践

根据德勤咨询 2020 年 1 月 3 日的统计数据，全球前 362 家运用于金融机构合规端的监管科技公司中有 96 家英国监管科技公司，其中有 15 家主营监管报告业务、15 家主营风险管理业务、18 家主营用户身份识别业务、44 家主营合规咨询业务、4 家主营交易监控[①]。具体来说，英国监管科技公司在合规端的实践应用主要包括以下方面：

在身份识别方面，英国的一家金融科技公司 Sumsub 聚焦身份认证管理领域的相关应用，该公司基于 AI 和机器学习的技术，通过认证产品 ID 记录与面部特征相比较以进行身份验证：一方面通过文件材料检查，自动标记伪造的文件，确保客户资料的真实性；另一方面通过面部识别，识别真实人脸与全息图，将用户自拍照与全球案例数据库或者信用机构中的照片进行匹配，确定用户的年龄和国籍以确保用户是本人。

在数据管理方面，英国 CME Regulatory Reporting 公司为银行对冲基金和资产管理公司提供端到端、自动化监管报告，提供基于 Hub 技术的云端监管

① Deloitte，*RegTech Universe 2020*，January 2020，retrieved from https://www2.deloitte.com/lu/en/pages/technology/articles/regtech-companies-compliance.html.

报告平台。平台结合机器学习技术和迭代更新算法，将包括欧洲市场基础设施监管（European market infrastructure regulation）规则、金融工具市场指令/金融工具市场监管（Markets in Financial Instruments Directive Ⅱ/R）规则、证券融资交易法规（Securities Financing Transactions Regulation）在内的多种监管法规数字化，再通过分析和处理数据信息自动生成合规报告，上传至实时监测平台，有效降低了隐性合规成本。英国科技公司 Logical Construct 还致力于为客户提供应对市场危机（例如 2008 年金融危机和 2020 年的新冠肺炎疫情）的大数据平台，为了应对此类事件造成的不良经济影响，客户需要快速获取准确的数据，而该监管科技公司基于自然语言处理、关联规则和机器学习算法，为客户实时提取如信用评级、重大事件终止标准和负利率数据信息，自动生成合规报告，帮助企业及时应对危机事件。

在风险管理方面，英国 Elliptic 公司提供全球加密资产风险管理解决方案，通过监控数十亿美元比特币（Bitcoin）和以太坊（Ethereum）的交易信息，包括交易所、支付部门等合法机构和非法实体的数据，帮助客户满足合规需求。一方面，构建包含暗网、加密货币地址黑名单、黑客以及勒索软件信息在内的数据集，为执法部门、情报机构和金融机构提供取证和调查服务，追踪并识别出区块链上的可疑活动和嫌疑人，以满足 AML 和反恐融资（Counter-Terrorism Financing，简称 CTF）等监管义务的要求；另一方面，通过 API 技术接口配置风险标签和风险偏好引擎，加速合规检查的自动化流程，使合规团队能够简单有效地加密交易中的风险，减少误报并节省时间。

五、英国监管科技未来展望及经验借鉴

2019 年 6 月，英国央行发布了《金融的未来：我们的回应》（*The Future of Finance—our response*），探讨了未来十年金融体系的变化以及英国政府计划采取的措施，报告指出英国政府正在关注的五大关键领域，其中，制定全球领先的监管科技和数字战略正是五大领域之一。英国央行提出，将借鉴世界各地的

经验，以全球标准制定全球领先的监管科技和数字战略，采用新技术来提高监管机构的效率和效力，并为金融服务公司和实体经济带来利益。一是与银行、保险公司和金融市场基础设施进行磋商，探索在未来 10 年对监管数据托管和使用的转型。提升数字化监管的及时性和有效性，寻求减轻监管行业负担的解决方案。二是在未来一到三年内，改进央行使用数据的方法，包括改进同行分析工具，利用机器学习和人工智能的优势开展数字化监管。三是探索“概念验证”（Proofs of Concept）方法，以便未来三年内可以临时改进，例如集成多个数据源以进行市场监控，为新公司提供部分授权的自动化流程。四是在未来三到五年内，完成审慎监督局的规则手册的机器可读过程，以简化流程并消除冗余。反观中国监管科技的发展和监管，我们认为可以从以下三个方面借鉴经验：

第一，统一金融科技监管标准，加强监管协调。我国采取分业监管的监管框架，虽使得同一金融机构能在不同的金融市场上经营，但却面对不同的监管者，缺乏统一监管约束，对金融科技创新的态度和支持力度也有所不同。由于近年来层出不穷的金融科技创新，不同行业交叉与融合的金融机构屡屡触及现行监管盲区，呈现多头治理与监管缺位的现象。可以借鉴英国“双峰”金融监管体制下的监管协调机制，有机结合监管机构的分业监管和统一标准，处理好央行、证监会以及银保监会等主要金融监管部门之间的信息沟通和协同监管，防范化解系统性金融风险。

第二，以建立数字化监管报告系统为监管科技的突破口。目前，所有金融机构都必须向监管当局报送数据。以一家村镇银行为例，需要报送包括AML、电信诈骗、个人征信、企业征信、支付信息统计分析、金融统计报表、全国集中银行账户、标准化存贷款综合抽样统计、精准扶贫、1104 非现场监管报表、监管数据标准化（EAST3.0）、新版客户风险、银行卡境外交易等全量数据报表，且必须满足报关时间的要求，对金融机构造成极大的压力。可以借鉴英国的“数字监管报告”系统，将监管报告数字化为代码，在降低金融机构报送成本、提高报送效率的同时，为监管机构获得更高质量和更高频率的数据提供保障。

第三，为创新企业提供与监管机构直接对话的机会。一是进一步借鉴英国具有保护消费者权益特色的“监管沙盒”机制，在第一批布局北京金融科技创新监管试点后，逐步在全国金融机构实现完整的监管沙盒体系，为金融创新技术和解决方案背书，提供一定的合法性；二是借鉴英国FCA的创新项目，由金融监管部门组织开展拉近监管机构和被监管者的距离，为金融创新企业答疑解惑的同时，帮助政府转变监管思路，积极通过科技为金融监管提供解决方案新思路。

第三章

欧盟监管科技的发展现状研究及展望[①]

2008 年美国次贷危机发展至全球金融危机，受金融危机影响，欧盟银行大量持有美国国债造成银行流动性风险，再进一步传导到实体经济，引发欧洲主权债务危机。此次危机在一定程度上暴露了金融机构过度追求金融自由化、提升金融杠杆而忽视金融监管的严重缺陷。欧盟也重新审视其监管框架，着手构建新的金融监管体系：建立系统风险委员会加强对金融体系宏观审慎监管，并负责评估系统性风险；建立泛欧监管机构，强化欧盟对内部成员国监管的一致性，推动监管信息数据的共享。

近年来，大数据、AI、云计算和区块链等技术推动金融科技快速发展。得益于在欧债危机等历史发展中的教训，欧盟当局高度重视金融科技的发展，期望以此全面推进欧盟金融基础设施建设，给金融市场提供新的发展引擎。欧盟委员会（European Commission）从 2018 年 4 月就提出要把欧盟发展为全球金融科技中心，并提出包括建立欧盟金融科技实验室在内的一系列行动计划，以期实现金融科技快速发展并反哺实体经济。在毕马威与金融科技风投机构 H2 Ventures 联合发布的《2019 Fintech100》中，在全球排名前 100 名金融科技公司中有 19 家注册地在欧盟[②]。但是，金融科技一方面提升了金融效率，另一方

---

① 本章原文发表于《国际社会科学》2020 年第 5 期。

② KPMG and H2 VENTURES，*2019 Fintech100 Leading Global Fintech Innovators*，February 2020，retrieved from https://h2.vc/wp-content/uploads/2020/02/2019Fintech100.pdf.

面也造成金融风险的关联度不断提升，金融行业边界变得愈加模糊。给欧盟监管当局带来了新挑战，监管当局如何既能促进金融业态的高效发展，又能确保金融监管到位，欧盟监管机构目前一方面不断通过立法完善监管生态，将金融新业态纳入到监管框架中；另一方面，金融监管机构采用金融科技的分支监管科技，“以技术之道还治技术之险”，并积极探索监管沙盒等新型监管模式。

一、欧盟的金融科技监管体系概述

全球金融危机过后，欧盟委员会提议构建新的金融监管框架，以便更好地应对危机，防止出现监管空白和系统性金融风险。新的金融框架包括两大支柱，一大支柱是欧洲系统性风险委员会（European Systemic Risk Board，以下简称 ESRB），另一大支柱是欧洲银行业管理局（European Banking Authority，以下简称 EBA）、欧洲保险和职业年金管理局（The European insurance and

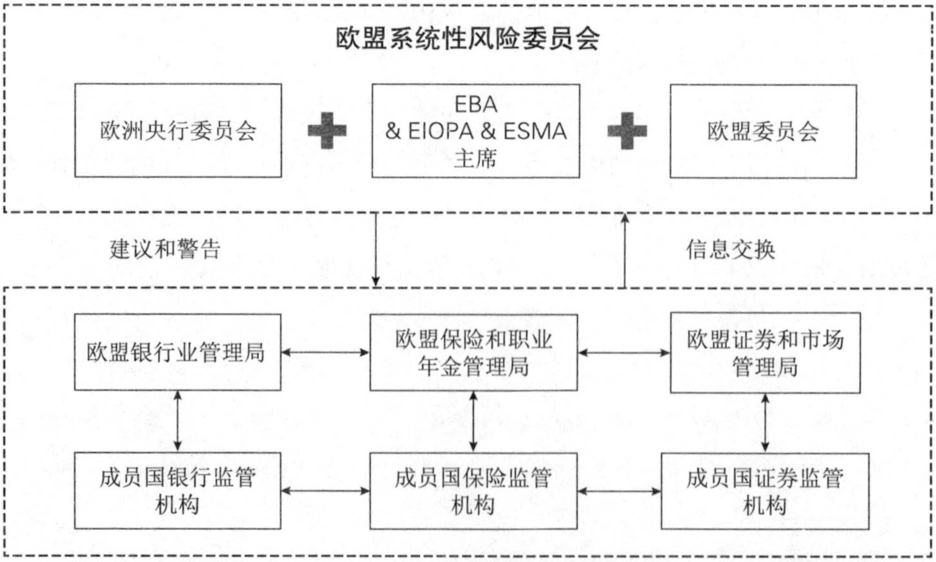

图 3—1　欧盟监管体系架构

资料来源：作者整理。

Occupational Pensions Authority，以下简称 EIOPA）、欧洲证券和市场管理局（European Securities and Markets Authority，以下简称 ESMA）共同组成的欧洲监管机构（European ESAs）(见图 3−1）。此外，欧洲中央银行（European Central Bank，以下简称 ECB）负责实行欧元区银行业的单一监管机制。

（一）欧盟金融监管体系的特点

欧盟金融监管体系是确保超主权法律能够充分实施的基础。欧盟委员会是欧盟唯一有权起草法令的机构，在制定欧盟整体战略以及相关政策方面发挥着积极作用。泛欧监管机构和风险委员会根据其获取的监管信息，向欧盟委员会就如何确保金融监管框架的灵活性和完善性提出建设性意见，欧盟委员会内部就相关问题的解决办法进行探讨，决定是否有必要针对这些领域实施新的法规。同时，欧盟监管体系的两大支柱和欧盟成员国监管当局共同监管欧盟成员国金融机构，确保成员国金融机构遵守超主权法律。

欧盟金融监管体系关注的是区域内金融体系的系统性风险。ESRB 作为超主权监管机构将欧盟境内系统性重要性金融机构纳入监管范围内进行统一监管，通过监控和评估系统性风险的可能性，在必要的时候对金融市场提出警告和建议。若 ESRB 检测到潜在的系统性风险或是影响金融体系稳定的问题时，将就具体问题向欧盟成员国内部监管机构和欧盟监管机构提出建议，监管机构若接受建议则需要根据 ESRB 提供的建议处理该潜在风险。如果监管机构未接受相关意见，也未采取相关行动，则需要向 ESRB 提供解释性答复，ESRB 若认为答复不合理，则有权将该决议提交至欧洲议会评判。

欧盟金融监管体系更侧重于成员国监管标准的一致性和公平性。EBA 和 EIOPA 分别负责对欧盟成员国中的银行、保险和年金以及证券市场进行微观审慎监管。欧盟超主权监管机构负责起草统一技术标准，便于在欧盟内部成员国使用，促进不同成员国内部金融监管标准的一致性。在共同法律基础（包含技术标准）的情况下，为避免成员国内部监管机构对金融监管规则的不同解读造成监管不一致，ESAs 有权对未正确使用欧盟法律行为展开调查，并在必要时向成员国监管机构提出行动建议。同时当出现潜在威胁欧盟整个金融体系稳定的不利事态出现时，欧盟委员会有权认定紧急情况，在紧急情况下，ESAs有权要求成员国监管机构采取必要的行动。欧盟超主权监管机构通过一系列措施促进不同成员国内部金融监管标准的一致性，避免产生监管套利，确保金融市场的稳健运行。

欧盟金融监管更多体现为各国或地区监管当局的协调。新的监管体系下，ESAs在成员国的监管机构中发挥总协调作用，具体可以分为三部分。一是欧盟成员国监管机构之间争议协调，在成员国监管机构之间发生监管冲突时，相关监管机构可以申请由ESAs进行调解裁定。二是信息共享，ESAs促进信息在母国和东道国之间的信息流通，同时成立了联合委员会（Joint Committee）加强欧盟超主权监管机构在其职权下监管信息的共享，强化相关监管措施。尤其在微观审慎监管中涉及跨部门监管、金融集团的监管以及打击洗钱的措施，联合委员会发挥着重要的作用。三是任务委派和合作监管文化，各国监管当局可以通过协议委派给其他成员国监管当局任务，ESAs通过识别相关任务的最优执行方式来提高监管效率。同时受益于统一的监管法规和技术性标准，ESAs可向成员国监管当局提供意见，促进监管信息流通，提升监管的一致性，推动建设欧盟成员国内共同监管的文化。

（二）欧盟金融科技监管的框架

欧盟金融科技监管体系由欧盟委员会负责顶层设计，ESAs和成员国监管机构负责超主权法律的落地实施。欧盟监管机构还注重和金融科技公司沟通，以加深对金融科技的理解，以便更好地实施监管。欧盟近年来不断完善金融科技相关的立法，并成立了一个专家小组，专门负责审查现有欧盟法律法规对金融科技行业的适用性。通过收集多方机构相关意见和对风险、机会和监管框架的适用性评估，欧盟委员会最终决定是否在欧盟一级采取监管行动，修订相关法规或将金融科技公司的产品/商业模式囊括现有欧盟监管框架之内，避免部分成员国在内部制定不同监管制度阻碍金融科技新业态在欧盟单一市场内的发展。目前欧盟委员会已经颁布了《欧盟金融工具市场法令Ⅱ》（*Markets in Financial Instruments Directive* Ⅱ，以下简称MiFID Ⅱ）、《支付服务法令2》

（*Payment Services Directive* 2，以下简称 PSD2）、《通用数据保护条例》（*General Data Protection Regulation*，简称 GDPP）等一系列法令，促进金融科技新业态的发展。

MiFID Ⅱ的实施，为金融科技创新提供了更加稳健的环境。2018 年 1 月 MiFID Ⅱ正式实施，其主要目标是在整个欧盟金融市场中寻求统一的监管，加强欧盟金融市场内部的竞争，为金融科技创新提供更加稳健的环境，并适当加强投资者保护。MiFID Ⅱ对金融科技的影响可以概括为两个方面：一是明确金融科技方面的技术标准，对交易前后的透明度、高频交易和算法交易提出了新的要求，使金融科技的创新有标可依。二是明确金融科技公司的准入标准。MiFID Ⅱ 提供第三国机构进入欧盟市场的两种模式：一种是在欧盟设立分支机构或独立法人实体，由分支机构或独立法人提供相关服务；另一种是“等效监管”的第三国机构准入原则，即基于第三国监管等效评估为基础的审批制度，通过审核的第三国机构被允许进入欧盟市场，确保欧盟市场内部金融科技公司的监管的一致性，促使金融科技行稳致远。

GDPP 从数据安全的合规需求促进金融科技发展。2018 年 5 月生效的 GDPP 适用于任何收集、传输、处理涉及欧盟成员国内个人信息的机构组织，有效保护欧洲公民的隐私权，避免其受数据泄漏的侵害。该条例堪称史上最严苛的数据保护条例，面向消费者的互联网、金融服务业等企业需要重构原有信息应用框架以满足合规要求。而金融科技公司可以依托大数据和前沿技术创新产品和服务，助力企业深入了解信息，并以合规为前提重构经营框架，进行数据管理。法案的推出使金融机构有内生动力去采用金融科技重构其数据管理框架，从供需的角度推进金融科技的发展。

PSD2 从数据共享的角度对金融科技发展起到了巨大的推动作用。PSD2 要求从 2019 年 3 月 14 日起，银行必须为第三方机构创建和开放测试环境，以方便第三方机构利用应用程序编程接口收集信息。PSD2 通过法律禁止银行对用户数据的垄断打破新支付服务企业进入市场存在的壁垒，推动支付价值链上参与者的创新与竞争，并给新参与者进入市场提供一个制度框架。金融科技公司是基于大数据进行的价值创造。一方面，银行业作为欧盟金融机构的支柱行业具有庞大的数据量，其数据共享无疑给金融科技的发展提供重要的信息基础。另一方面，银行必须采用金融科技构建新的数据框架，对数据进行更高效的管理，避免受困于同质化而失去竞争力。

此外，欧盟设立一系列金融科技平台和论坛促进金融科技监管发展。2014 年 6 月欧盟委员会设立了欧盟众筹利益相关者论坛（European Crowd funding Stakeholders Forum）。一方面，该论坛帮助欧盟委员会制定众筹领域的相关政策，促成了欧盟委员会在 2018 年 3 月发布的监管欧洲众筹服务提供商的第一项提案。另一方面，论坛向众筹领域的金融科技公司提供相关众筹业务监管信息和基础训练模型，指导金融科技公司业务完成合规要求。2018 年 2 月 1 日欧盟委员会建立了欧洲区块链观察站论坛（European Blockchain Observatory and Forum），该论坛由两个工作小组构成，分别是区块链政策框架工作组和多场景案例工作组。前者着眼于解决跨地区和跨行业区块链监管政策问题，积极寻求区块链监管的最优框架，促进欧盟区块链监管的立法。后者将重点放在社会公共部门机构区块链的应用，如身份识别和政府服务、医疗保健、能源和环境报告等。2019 年 1 月欧洲创新促进者论坛（European Forum for Innovation Facilitators）成立，这提供给金融监管当局一个固定的平台，通过定期开会分享。另外，通过创新监管手段，如监管沙盒和创新中心，与公司互动得到的经验，再展开多边协调，在创新产品、服务和商业模式的监管方式上达成共识，确保监管的一致性和完备性。

二、欧盟各成员国金融科技监管概述

欧盟层面的金融科技监管法规条例在欧盟成员国内部同样适用。成员国的金融科技监管体系基于欧盟层面监管框架进行顶层设计，以确保金融科技监管的完备性，避免监管不一致阻碍金融科技的发展，妨碍欧洲数字一体化进程。

（一）监管模式：功能性金融监管

欧盟层面金融科技监管框架下，欧盟各成员国对金融科技采取功能性金融监管。欧盟各成员国都未专门设立金融科技的监管机构，金融科技公司遵守的法规受哪家监管机构监管取决于其商业活动，与公司是否将自己标识为金融科技公司无关。功能性金融监管模式适应金融科技背景下不断涌现的金融创新，着力解决各种金融创新产品的监管问题，有利于促进金融科技的发展和维护金融业的稳定。比如，在德国，金融科技公司根据其商业模式被划分为信贷机构、投资公司、支付机构或保险公司。这些类型的机构（包括金融科技产品）由德国联邦金融监管局（Federal Financial Supervisory Authority）和德意志联邦银行（Deutsche Bundesbank）进行监督。德意志联邦银行专注于事实调查和数据收集（特别是偿付能力、流动性、统计和风险管理），德国联邦金融监管局主要负责准入许可程序以及对机构的持续监督。

基于功能性金融监管下，欧盟成员国金融科技监管可概括几大原则。第一条：监管应更多基于活动和产品，而不是基于经济实体。第二条：法规是技术中立的，给予各类技术非歧视待遇，促进竞争和金融科技发展。第三条：金融科技监管遵循“比例”原则，即监管标准基于“相同业务，相同风险，相同规则”的原则实行“比例”监管，具体可解释为低风险的小型企业与高风险的大型企业的监管有所不同。第四条：法规和法规解释应在欧盟成员国内部统一，确保监管的一致性。第五条：立法者和监管者应以“适度心态”来实施监管，即在实施立法时，监管者应与金融科技公司保持互动，并关注立法的基本原则和宗旨。第六条：规章制度，特别是按“比例”原则为基础设计的规章制度，应辅之以适当的补救措施，包括赔偿责任机制等，以此确保监管过程中遵守相关原则有利于保持监管的一致性和缩小风险外溢的可能性。

（二）监管依据：立法框架

欧盟各成员国金融科技监管普遍与欧盟层面的金融科技法律框架保持一致。但由于欧盟的立法进程相对比较缓慢，与金融科技相关的新兴产业常常被发现是“不受监管的”，而部分成员国立法机构又较为侧重立法的时效性，因此部分欧盟成员国在金融科技监管立法上走在欧盟之前。例如，法国作为欧盟的成员国，除了执行欧盟制定的金融行业法规，还通过立法将部分未受监管的金融科技产品纳入监管框架。法国在2014年通过了一项规范众筹的监管框架，而欧盟委员会在2018年3月才发布了其关于对欧洲众筹服务提供商进行监管的第一项提案。同样，在2018年上半年，法国采纳一项关于首次币发行（Initial Coin Offering，以下简称ICO）和加密资产服务提供商的法案草案，而欧盟当局仍在进行初步磋商、评估在欧盟层面就首次代币发行和加密资产进行立法的必要性。

（三）监管工具：创新枢纽和监管沙盒

截至2019年1月，已有21个欧盟成员国建立了创新枢纽（Innovation Hub），五个欧盟成员国设置监管沙盒，不同欧盟成员国的创新枢纽和监管沙盒具有共性①。

在欧盟成员国内部，创新枢纽普遍指金融监管机构设立在其内部的组织，其为相关金融企业提供对话渠道，便于监管当局向金融科技企业阐明相关监管思路，指导企业实施相应合规措施，也便于增强企业对监管及监管机构预期的认知。不同成员国之间创新中心所共有的核心功能是主管当局提供的金融机构联络点，企业可以用作专门的联系渠道，以解决有关创新金融产品、服务、商业模式或交付机制是否符合监管和/或许可要求的问题。

目前，五个欧盟成员国的监管沙盒都可以被概述为“安全空间”，即在严防风险外溢的前提下，监管机构主动放松监管要求，金融科技公司可以在“安全空间”内对其产品/商业模式进行测试，减少对金融创新的制度阻碍。同时，监管当局在金融产品测试期间会对相关产品进行持续性监管，发现潜在风险，以便在监管层面上对其量体裁衣，制定相关监管条例。

---

① ESMA，EBA，*FinTech*：*Regulatory Sandboxes and Innovation Hubs*，July 2018，retrieved from https://www.esma.europa.eu/sites/default/files/library/jc_2018_74_joint_report_on_regulatory_sandboxes_and_innovation_hubs.pdf.

监管沙盒的共同点可被概括为以下几点：一是拥有共同的目标，即增强企业对相关监管规则的理解，尤其是现有监管框架对创新业务模型、产品和服务的适用性；增加监管部门对金融创新所带来的风险和提供的机遇的认知，并通过相关测试优化监管科技监管框架，同时确保监管当局对相关公司提供实质性帮助，使公司更快适应相应监管方案。二是准入要求具有共性，虽不同欧盟成员国对参加沙盒的金融服务或产品有着不同的要求，但其具有共性，即相关产品服务或商业模式必须满足创新性，同时相关产品和现有的监管框架并不匹配，或存在较大的风险。若公司从事存在准入门槛的活动，公司进行监管沙盒测试前，须获得相关部门许可，并满足法律规定的持续监管的相关要求。三是面向的对象均较为开放，欧盟监管沙盒既向现有机构和新设机构开放，也包括向金融机构提供金融服务的技术公司（例如 RegTech 或其他合规解决方案的提供商），只要它们与受监管的金融机构签署了相关协议，则这些公司便可以参与监管沙盒。此外，监管沙盒不限定于金融行业的某个部门，它们更多来自跨部门机构（例如银行、投资服务、支付服务、保险、市场基础设施等）。

监管沙盒也存在一定的差异：一是申请时间存在差异，波兰、立陶宛和荷兰的监管沙盒允许公司随时提交申请参加监管沙盒，而丹麦主管当局则执行队列程序，根据程序，申请人可以在指定时期内申请测试，申请时间长达两个月。二是监管透明度存在差异，丹麦的监管沙盒测试结果都在主管当局的网站上以摘要形式报告，其他三国仍在考虑如何公布监管沙盒报告。

三、欧盟监管科技在合规端的应用实践

欧盟的监管科技发展较为成熟。由于监管制度较为严格，金融机构已经将人工智能、大数据和机器学习等技术用于实现报告自动化，分析大量结构化或非结构化数据，缓解合规压力等。根据 AEC 和 Sia Partner 联合发布的欧洲监管科技市场发展报告，其对欧洲 80 家金融监管领军公司进行统计调查，可以发现 27.2% 的监管科技公司专注于身份识别和控制，27.2% 的公司主要将监

管科技应用于监管报告方向，还有 13.6% 和 11.1% 分别将监管科技应用于风险数据管理和交易监控[①]（见图 3–2）。下文主要讨论监管科技在合规端应用最多的四个方向。

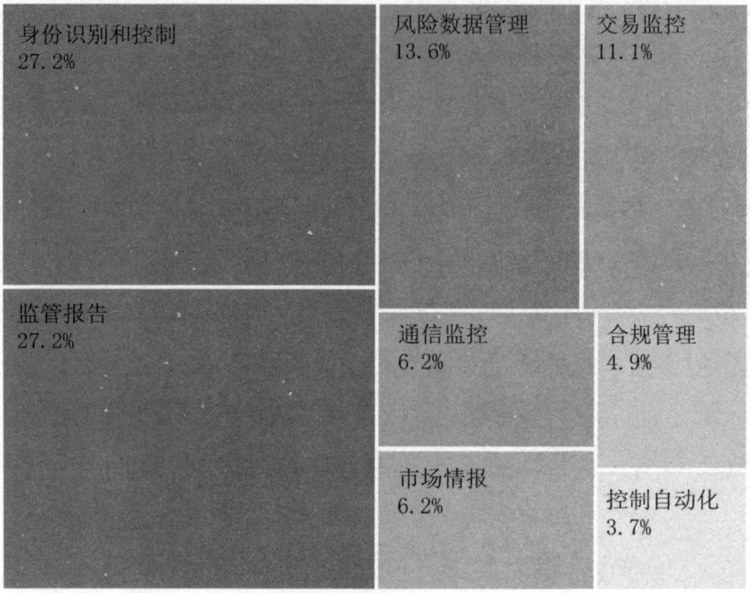

图 3–2 欧洲 80 家监管科技公司应用方向

资料来源：AEC，SIA，*RegTech Study European Landscape*，September 2018，retrieved fromhttp://aec–fintech.com/wp–content/uploads/2018/09/european–regtech–landscape–aec–fintech–study–sept2018.pdf.

（一）监管报告（Regulatory Reporting）

在欧盟的金融监管框架下，欧洲金融机构需要同时向超国家主权和当地的监管机构提供监管报告。在多头监管、多标准监管的情况下，传统监管报告报送须满足不同的监管格式，既费事又容易出错。在金融科技的助力下，可基于云技术和 API 等技术用端到端的解决办法来自动化生成报告，使监管机构能够通过基于 Web 的数据提交端口，实时接收金融公司的相关报告，

① AEC，SIA，*RegTech Study European Landscape*，September 2018，retrieved from http://aec–fintech.com/wp–content/uploads/2018/09/european–regtech–landscape–aec–fintech–study–sept2018.pdf.

实现从系统数据源到根据业务规则生成报告的自动化过程。据相关统计，欧盟监管科技公司监管报告业务的客户大约 46.7% 是资产管理公司，16.7% 是投资银行①。

例如，在波兰成立的 BRAG 公司致力于减少金融机构的合规工作，通过自动化并最大限度地挖掘保险、银行及养老基金等不同部门数据的价值。例如，欧盟发布的偿付能力指令Ⅱ（Solvency Ⅱ Directive）要求保险公司定期向监管机构提供详细的报告，其中应包括其资产结构和资本充足率等内容。该指令在几年前已经生效，并定期更新 Solvency Ⅱ XBRL 分类标准，重新设定数据提交方式。法规的变更要求被监管机构必须采取适当的措施保证合规性。BRAG 公司提供的名为原子（Atom）的软件，可用于快速无缝地生成 Solvency II 报告，从而降低了违规风险并提高了数据质量。它使用户可以创建、编辑、更正和验证相关报告并跟踪不符合要求的条目。而且，软件的高性能引擎允许使用者同时处理多个报告，节省了归档者的时间和精力。

（二）身份识别和控制（Identity Management & Control）

身份识别和控制是监管科技另一广泛的应用方向，主要通过用户的行为识别概况，以识别从网络安全漏洞到欺诈的各种风险，从而满足了解你的客户（KYC）和反洗钱（AML）的合规要求。根据汤森路透数据，一家大型金融机构每年平均要耗费 6000 万美元用于 KYC 合规要求②。对于跨国金融机构来说，由于不同地区监管合规存在差异性，满足合规方面效率更加低下，耗费的资金量更大。监管科技的应用能够有效削减金融机构 KYC 的成本，减轻合规压力③。身份识别和控制监管科技公司的客户中大约 16.7% 是商业银行，10% 是

---

① AEC，SIA，*RegTech Study European Landscape*，September 2018，retrieved from http://aec-fintech.com/wp-content/uploads/2018/09/european-regtech-landscape-aec-fintech-study-sept2018.pdf.

② Thomson Retuers，Thomson Reuters，*KYC Compliance：the Rising Challenge for Financial Institutions*，Dece mber 2017，retrieved from https://d3kex6ty6anzzh.cloudfront.net/uploads/d7/d76caaaf953ad221dd42888b15b10b33eef1bcff.pdf。

③ R. Coelho，M.D. Simoni，J. Prenio，*SuptechApplications for Anti-Money Laundering*，August 2019，retrieved from https://www.bis.org/fsi/publ/insights18.pdf.

资产管理公司，6.7% 是保险公司[①]。

KYC 的框架可以概述为三部分，熟悉 KYC 的框架有助于我们理解监管科技在合规过程中的作用。KYC 的合规框架可分为三个部分：第一部分是客户识别，在核准客户的身份证明文件之前，需要通过检查所有可用信息验证客户身份，以确保信息的准确性。同时，机构还需要确保其潜在客户不在任何制裁名单（例如国际刑警通缉名单）上。第二部分是客户尽职调查（Customer Due Diligence，简称 CDD），CDD 措施应包括从受信来源收集客户的所有可用数据，确认客户的业务目的。完成相应调查后，仍须保持对客户的持续监控以确保其所有活动与记录的客户信息一致。第三部分为加强尽职调查（Enhanced Due Diligence，以下简称 EDD），如果认为客户的风险比预期的高，如客户与竞争对手之间存在关系，或其原籍国位于"高风险第三国"列表，则需要加强尽职调查措施。加强尽职调查通常包含对客户关系更严格监控和更深入的调查研究。

例如，2013 年成立的总部设立在卢森堡的 KYC3 监管科技公司，其能提供给被监管公司一个在线工具，向其提供完成 KYC、AML、CDD 所需要的一切信息。该公司构建了一个 FACT4 风险情报数据库，数据库包含了关于政治、犯罪和声誉风险的全球情报，媒体和商业注册数据，还含有通过 AI 技术分析超过 1.5 亿份文档提炼出的相关风险因素。FACT4 每 30 分钟更新一次，以确保数据的时效性，并减少了机构人工数据传输的冗余以及错误。在客户识别方面，监管工具可以从包含机器可读区域的国际旅行证件中提取身份数据，并将实时自拍照或小型视频与官方证件上的面部图片进行比较，完成客户识别。就 CDD 和 EDD 方面，受监管公司仅需输入名字即可通过检索其 FACT4 数据库得到快速报告，再决定是否进一步调查深层信息。当金融机构决定深入调查时，在线监管工具基于人工智能深入研究整个风险数据库，完成尽职调查并生成 PDF 报表以供公司记录。同时，监管工具还支持实时监管功能，即曾经调查

---

① AEC，SIA. *RegTech Study European Landscape*，September 2018，retrieved from http://aec-fintech.com/wp-content/uploads/2018/09/european-regtech-landscape-aec-fintech-study-sept2018.pdf.

过的客户可以被设定为持续监管的对象，一旦数据库出现了相关客户新的风险因素，信息会马上反馈到金融机构，以便下一步决策，避免信息时效性导致的合规风险（见图 3−3）。

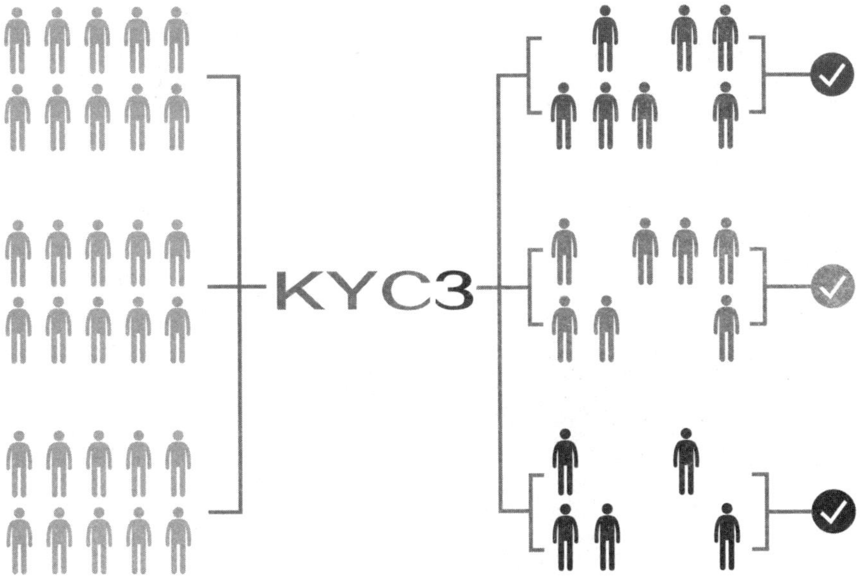

图 3−3　KYC3 行为主体的风险划分

资料来源：参考 KYC3 官网 https://www.kyc3.com/products/#KYC3Server。

（三）风险数据管理（Risk−Data Management）

风险数据管理旨在通过技术改进风险数据管理，其主要依赖于大数据进行价值创造。具体来说，风险数据管理涉及数据治理、数据监控和数据保护等各个方面，其主要通过监管文件和执行条例中提取相关潜在合规风险，并对相关信息进行分类且找到与受监管公司相关的数据进一步分析，以确定是否满足监管（如《巴塞尔协议Ⅲ》）和会计要求。Sia Partner 全球管理咨询公司估算，欧洲的一家一级银行实施风险数据管理所需的平均预算为 2 亿欧元，监管科技的应用可以显著减少风险数据管理的成本。据欧洲样本数据统计，风险数据管理的监管科技应用主要集中于商业银行和资产管理公司。

例如，在法国创立的 Scaled Risk 金融监管公司，其产品战略是为企业的风险数据（交易、金融产品、客户）提供一个集中、便于组织全面审计的平台。该平台具有开放性的系统，允许接入其他软件或程序的 API，以便将不同的软件（监管科技）整合于同一平台，便于和客户的原监管生态无缝对接。在平台上，相关数据集和文件汇集成数据湖，业务部门成员和合规部门成员可随时管理和使用这些原始数据，并不会改变数据源。数据湖通过集成同类数据，审查数据质量以及智能化数据储存形成数据集，并通过内置的分析和可视化控制模块处理数据集，以满足不同的合规需求，如优化计算风险加权资产，实时的客户信用评分（见图 3-4）。

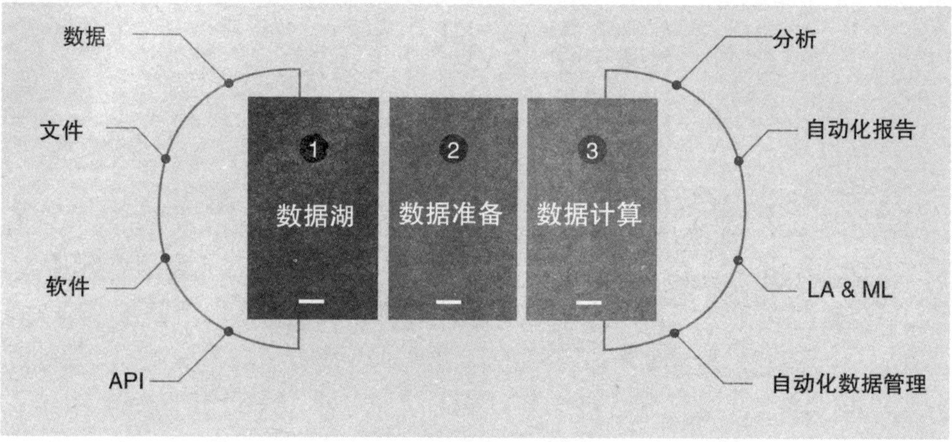

图 3—4 风险数据管理流程

资料来源：参考 Scaled Risk 官网 https://www.scaledrisk.com/home/。

（四）交易监控（Transaction Monitoring）

数字技术正在改变人们访问银行服务的方式，也造成数字银行欺诈行为的激增。当前，监管规则正在不断更新迭代，减缓相关风险。从 2018 年初开始，欧盟 PSD2 生效，迫使银行通过开放 API 与第三方服务提供商共享客户数据。对于历来注重保护客户数据的银行而言，PSD2 规则是一个巨大的挑战。同时规则要求，银行须对开放 API 而导致的客户账户上发生的未经授权交易负责。这迫使银行增强对客户交易的实时监控，确保交易的安全性。

交易监控类监管科技公司服务内容主要包括：实时监控所有客户的数据，

发现异常情况及时处理；识别加密货币可能从事的非法活动，并向监管机构和执法机构提供加密交易的可审计资料等。目前调查的欧洲交易监管类监管科技公司的客户可细分为资产管理（27.3%）、零售银行（27.3%）、投资银行（9.1%）和其他（36.3%）①。

例如，netguardians 是一家瑞士监管科技公司，其提供了首个为银行主动防范欺诈风险而设计的增强智能解决方案。它通过将预先设定的程序与银行核心系统连接，提取分析相关数据，发现并阻止实时交易中存在的欺诈行为。使用 netguardians 解决方案可以将银行欺诈交易的报误率降低 83%，节省了 93% 的欺诈调查时间，有效防止了新的欺诈案件发生。具体来说，该数字银行的防欺诈方案基于一个风险模型，该模型获取每个客户的历史交易记录，并根据他们的数字银行行为建立详细的行为模式档案——他们通常在何时何地进行交易、交易对手的范围、他们通常使用银行系统的方式以及通常的交易规模等。行为模式档案是模型的一部分，未来的每一个交易都与该模型相关联。当发生交易时，风险模型将根据交易发生的特定条件以及与该账户相关的行为模式的差异程度来计算涉嫌交易欺诈的可能性。反欺诈系统采用大数据技术，使其能够应用分析技术实时处理大量交易。同时，风险模型还使用机器学习技术来提高其敏感性和区分合法交易和欺诈的能力。

四、欧盟监管科技在监管端的应用实践

监管科技在监管端的应用指的是监管机构使用创新技术来改善监管流程，提升监管效率。目前，并非所有监管机构都采用了监管科技，但无论其是否采用监管科技，都可在组织内部建立创新枢纽，对监管科技的应用进行统筹推进。欧盟内部已有不少国家采用创新实验室，如法国审慎监管与决议管理局（The French Prudential Supervision and Resolution Authority，以下简称 ACPR）

---

① AEC，SIA，*RegTech Study European Landscape*，September 2018，retrieved from http://aec-fintech.com/wp-content/uploads/2018/09/european-regtech-landscape-aec-fintech-study-sept2018.pdf.

实施了一项“企业内创业”计划，旨在鼓励工作人员提出创新项目，以改善ACPR 的监管工具和流程①。

在市场监督方面，可通过监管科技进行大数据分析并对市场进行实时监视，检测出可疑的交易。金融市场每个交易日都产生巨大的数据，监管机构将其转化为可用于监控市场的量化指标，并进行可视化处理（见图 3–5）。欧盟的《市场滥用行为的监督条例》（*Market Abuse Regulation*）就制定了一系列异常交易的预警指标，将可能涉及量价的显著变化和影响市场的稳定性都纳入可疑交易范畴。例如，荷兰中央银行（De Nederlandsche Bank，以下简称 DNB）的交通灯监管项目就应用到了数据管理和市场监管中。DNB 把风险定义成一堆变量（观测值、基准），其中观测值是风险指标在特定时间点的特定值。基准

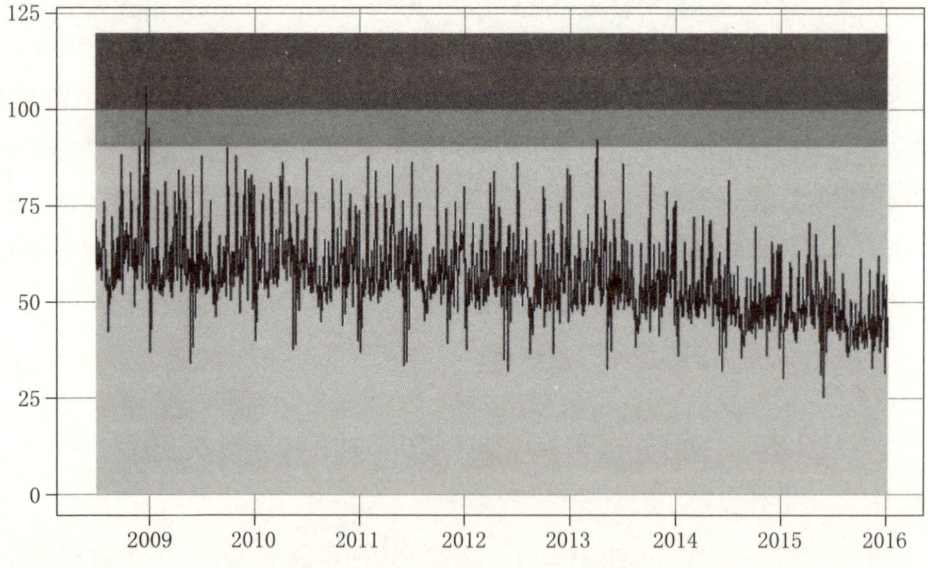

图 3–5 每日交易数据量（SLA 服务级别协议）

资料来源：Ron Berndsen and Ronald Heijmans，“Near Real-Time Monitoring in Real-Time Gross Settlement Systems：A Traffic Light Approach”，in *Journal of Operational Risk*，January 2020.

① D. Broeders，J. Prenio.，*Innovative Technology in Financial Supervision*（*suptech*）*–the Experience of Early User*，July 2018，retrieved from https://www.bis.org/fsi/publ/insights9.pdf.

值则是指基于大数据分析得出的风险指标的正常值。如果观测值偏离基准值一定程度，则表明存在风险。DNB 通过把 TRAGET2 级的金融市场交易数据转换为相应指标，通过观测值和基准值的偏离度实时提供有关操作风险和流动性风险的信息。同时基于偏离值设定相应的信号阈值，分别使用绿灯、琥珀灯或红灯来表示指示器的微小、中度或实质性变化，便于监管者的动态监管。

在审慎监管方面，监管科技可以通过大数据和 AI 分析一些结构化数据和难以解析的非结构化数据，识别出潜在的宏观和微观的风险因素。例如，意大利银行（Bank of Italy，以下简称 BoI）成立了一支由经济学家、统计学家和计算机专家组成的跨学科大数据团队。该团队建立了硬件和软件基础架构，包含 Matlab、python 在内的软件，以便搭建一个处理各种类大数据的环境基础。然后，该数据团队通过大数据和 AI 分析传统数据仓库中的结构化数据和社交媒体中的非结构化文本数据，提炼宏微观风险因素，研究相关问题。研究人员使用各种技术来识别预测房价和通胀，如通过观察主要的房地产交易网站的信息发现只要使用机器学习技术消除相关干扰性广告，网络反映的对于某个地区房屋的兴趣度则可以作为房价的领先指标，进而对宏观金融风险进行识别。另外还通过关注推特等社交媒体中折射出来的通胀预期和储户对银行的信任度信息，研究社交媒体信息与储户的投资储蓄决策之间的相关性，评估客户对特定公司的情绪以及对股票收益、波动率和交易量的影响。

五、欧盟监管科技的展望

在监管科技领域，欧盟取得了一定的成绩。欧盟提供了一个较为完善的监管生态体系，推动了金融机构和监管机构在合规端和监管端监管科技的应用。回顾欧盟发展监管科技的历程，可以发现四个因素共同促进监管科技飞速发展。第一个因素是强化的合规要求。金融危机之后，监管机构为控制系统性风险，要求被监管部门提供关于决策、风险敞口等详细的报告，不断上升的合规成本引发了欧洲金融机构的 RegTech 革命。第二个因素是欧盟通过的

GDPP。该条例一方面有效保护了欧洲公民的隐私权，避免其受数据泄漏的侵害；另一方面，其阻碍了个人数据的集中化，导致了一些个人数据驱动的行业发展受到阻碍，也促使相关机构重新审视其数据管理框架，并在安全边际下，寻求新的技术推进数据的应用。第三个因素是 PSD2 指令。PSD2 要求金融机构开放其客户数据给第三方机构，这种一定程度上加强的数据共享打破了银行业的垄断地位，便利与第三方机构（主要是金融科技创业公司）开展业务，促进金融科技和监管科技生态。第四个因素是欧盟的数字化单一市场战略。数字化单一市场的一大支柱是数据战略，欧洲数据战略旨在建立一个单一的数据市场，以确保欧盟的全球竞争力和数据主权，也在一定程度上推进欧盟共建共同数据空间，促进了监管科技发展。

展望欧盟监管科技发展的未来，仍有几点需要注意：一是监管科技不能消除风险，其只能通过大数据、API 和人工智能等技术使一些传统的风险被新的风险取代。例如，以人为基础的操作风险降低，而网络安全和技术风险将增加。监管层必须确保技术和金融的紧密结合，并增强对处理数据模块和监管流程的审查，最大限度避免新风险发生。二是要不断推动和加强监管机构和被监管机构的沟通、欧盟监管机构成员国之间的沟通。这可以深化金融机构对监管法规的理解，有利于缩短金融产品周期，增强机构的合规能力。监管机构也能加深对金融产品的了解，搭建合理的监管科技框架，促进监管生态完备性。三是合规科技并不是对监管科技的简单重复，而需要流程再造。合规监管并不应该简单把现有的监管过程转换为数据驱动环境下的监管，而是需要将这些监管流程进行重新设计。监管科技公司可以采用一种数字尽职调查的方式，将流程划分成多个步骤，放弃原来的流程结构，重新根据监管科技的特性进行设计。

第四章

澳大利亚监管科技的发展现状及趋势展望①

自澳大利亚开始实施金融自由化改革以来，金融管制措施逐渐放开从而使得其经济自 20 世纪 70 年代以来就保持着稳定增长。2008 年的金融危机让众多发达国家的经济衰退，金融体系遭受严重破坏。澳大利亚却幸免于此，不仅躲过了金融危机的冲击，还实现了经济的稳定增长。其类似于英国的“双峰”监管模式经受住了金融危机的考验，也让澳大利亚位列金融业和金融监管高度发达的国家之一。

随着科技对金融业的快速渗透，澳大利亚积极布局，高度重视金融科技的发展。毕马威国际与金融科技风投机构 H2 Ventures 联合发布的《2019 Fintech100》显示，澳大利亚在全球前 100 金融科技企业中占有 7 席，其中跨境支付提供商 Airwallex 排名第三②。监管科技作为金融科技的一个分支，近几年发展势头可观。根据澳大利亚证券和投资委员会的官方指南文件，监管科技被定义为更有效地解决监管和合规性要求的新技术，这些技术可能包括人工智能、自然语言处理、数据报告、监管法规和大数据分析技术等。据世界银行估计，发达经济体的国内生产总值（Gross Domestic Product，以下简称 GDP）的

① 本章原文发表于《经济社会体制比较》2020 年第 4 期。

② KPMG and H2 VENTURES，*2019 Fintech100 Leading Global Fintech Innovators*，February 2020，retrieved from https://h2.vc/wp-content/uploads/2020/02/2019Fintech100.pdf.

近 8%用于合规支出 [①]。庞大和低效的合规与监管支出使监管科技的应用十分必要，澳大利亚从 2016 年开始发展监管科技，在此领域做了很多创新性的尝试，也使其走在了发展监管科技国家的前列。本章将重点探讨澳大利亚监管科技的发展和实践。

一、澳大利亚的金融科技监管

澳大利亚开创的“双峰”监管模式是澳大利亚金融的总体监管框架，也是其在金融危机中保持经济稳定增长的关键。该模式认为金融监管应该聚焦于两大目标：确保金融体系稳定（指审慎监管）和保障消费者权益（指行为监管）。审慎监管以金融机构的总体稳健经营和金融市场的可持续发展为最终目的，要求金融机构保持充足的流动性、进行内部风险控制和必要的合规运营。行为监管则是指，通过制定个人信息保护、反欺诈、公平交易等一系列规定或指引，采取现场检查、评估、披露和处置等方法，对金融机构的经营行为进行监管，进而实现对消费者的诸如选择权、公平交易权和知悉权等合法权益的保护。

澳大利亚在 1998 年进行了金融监管体制改革，首次将“双峰”模式应用于实践。如今，四个机构及其彼此之间的协调机制共同构建了澳大利亚的金融监管框架（见图 4−1）。四大机构分别为：澳大利亚审慎监管局（Australian Prudential Regulation Authority，以下简称 APRA）、澳大利亚证券投资委员会（Australian Securities and Inuestment Commission，以下简称 ASIC）、澳大利亚储备银行（Reserve Bank of Australia，以下简称 RBA）和澳大利亚联邦财政部（Commonwealth Treasury of Australia，以下简称 CTA）。为了协调四大机构的职责，提高金融监管的效率，它们又一起组建了金融监管理事会（Council of Financial Regulators，以下简称 CFR）。APRA 是澳大利亚对金融机构进行审慎监管的部

① World Bank Group，*Doing Business 2020*，October 2019，retrieved from https://openknowledge.worldbank.org/bitstream/handle/10986/32436/9781464814402.pdf.

门，负责维护全国金融系统的稳健；ASIC 是行为监管的部门，主要负责保护金融消费者的合法权益，维护市场的公平交易；RBA 则扮演央行的角色，负责制定和实施国内的货币政策，同时由于承担“最后贷款人”的职责，也发挥着促进金融体系稳健运行的作用；CFR 则对储备银行和双峰机构进行统一管理。除此之外，审慎监管和行为监管的主要人事任免权由 CTA 掌握，财政部在监管措施的制定和实施中发挥着重要推动作用，也是 CFR 的组织者之一。

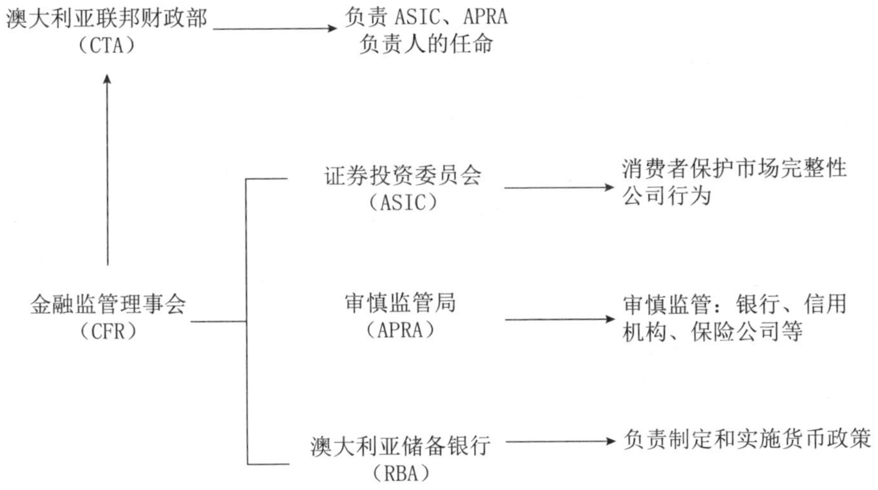

图 4—1　澳大利亚金融监管框架

资料来源：作者收集整理。

与英国“双峰监管”的金融监管框架相同，澳大利亚金融监管框架为金融科技的创新提供了丰富的可能。而不论是 APRA，还是 ASIC，都积极开展了金融科技创新。

（一）银行保险业的中立态度

APRA 是澳大利亚的审慎监管机构，监管目标是保护存款人、投保人和养老基金成员的利益，核心职责是监督银行、信用合作社、购房互助协会、一般保险和再保险企业、人寿保险企业、私人健康保险企业、互助会以及大多数退休金受托人。

在金融科技的监管方面，为了适应金融科技和监管科技的快速发展，APRA

采取可持续、开放和技术中立的政策，以防范它们给金融机构和系统带来的风险。具体而言，APRA 在 2018 年推出了限制性授权存款机构（Authorised deposit-taking institutions，以下简称 ADI）政策，指的是申请人可以通过申请 ADI 牌照开展有限的银行业务，并可以获得两年的时限来满足与其风险和规模相称的完整的审慎监管要求，如果两年内无法满足审慎监管的要求，ADI 持牌人必须有序退出银行业务。此政策的推出在实质上降低了存款业务机构的进入门槛，两年的缓冲时间可以让新生企业发展其能力和资源，进而提高其达到审慎监管要求的可能性。此项政策虽然不仅仅是针对金融科技企业，但是已经被很多金融科技企业成功使用。

随着金融科技和监管科技的渗透，受 APRA 监管的很多机构都开始引入新的技术，而新技术的使用可能引入新的风险因素，这些风险因素就是 APRA 监管的重点。对于通过外包业务来引入新的金融科技和监管科技产品的机构而言，APRA 的外包审慎标准 CPS 231 概述了受审慎监管的机构与外包业务相关的风险方面的要求，要求对所有涉及重大商业活动的外包安排均进行适当的尽职调查和持续监控。该审慎标准的关键要求是，受 APRA 监管的机构和小组负责人必须做到：维持重大业务活动外包应由董事会批准的政策；有足够的监控流程来管理重大业务活动的外包；对于所有与第三方进行的重要商业活动的外包，除非 APRA 另有规定，否则要签订具有法律约束力的协议；在将实质性业务活动外包给在澳大利亚以外开展活动的服务提供商之前，须咨询 APRA；签订将重要业务活动外包的协议后须通知 APRA。在信息安全和网络弹性方面，根据 APRA 的信息安全审慎标准 CPS 234，要求实体保持及时预防、检测和响应网络事件及其他信息安全事件的能力，并向 APRA 通报重大事件。该审慎标准旨在通过维持与信息安全漏洞和威胁相称的信息安全能力，确保受 APRA 监管的实体有弹性地采取措施应对信息安全事件（包括网络攻击），一个关键监管目标是最大限度地降低信息安全事件对信息资产（包括由关联方或第三方管理的信息资产）的机密性、完整性或可用性的影响。该审慎标准的关键要求是，受 APRA 监管的实体必须做到：明确定义董事会、高级管理层、理事机构和个人与信息安全相关的角色和职责；保持与其风险信息资产的规模相称的信息安全能力，使该实体能够持续正常运作；实施控制措施以保护与其信息资产的重要性和敏感性相称的信息资产，并对这些控制措施的有效性进行系统的测试和保证；将重大信息安全事件通知 APRA。

（二）证券投资业的创新中心

ASIC 是澳大利亚信贷和金融产品的主要监管机构，也是金融科技的相对主要的监管机构。ASIC 对于金融科技的监管理念包括四个方面：第一，灵活变通，加强对金融科技变化速度的适应，并了解其变化的实质；第二，在充分了解事态发展状况前，不轻易采取监管行动；第三，确保从技术上来说监管对策是中立的；第四，从自身角度来说，确保 ASIC 具有成为此领域有效监管者的技能和专业储备。

ASIC 于 2015 年 3 月建立了创新中心（Innovation Hub），创新中心是 ASIC 监管金融科技发展的核心平台。创新中心主要是为正在开发创新金融产品或服务的金融科技企业提供服务，帮助这些科技创新企业更好地适应澳大利亚的监管。创新中心作为连接 ASIC 和金融科技创新企业的中间平台，一方面为这些金融科技创新企业提供详细的指导，帮助它们了解现有的监管规则以及对他们的影响；另一方面也帮助 ASIC 监控和了解相关技术创新应用的发展，积极将这些反馈给监管当局，以完善其监管。创新中心的业务实质就是负责对接金融创新企业和一些工作组，这些工作组涉及数字财务咨询、市场借贷、基于股权的众筹资金和区块链等。总的来说，创新中心的业务可以分为三个板块：第一，为符合资质的创新型金融科技企业提供非正式的帮助，使其尽快拿到 ASIC 许可；第二，与金融科技界合作，咨询相关的金融科技和监管问题，包括众筹股权融资、智能投顾以及金融、技术和监管间的关系等等；第三，与外界咨询组合作，数字金融咨询小组（Digital Finance Advisory Panel）向 ASIC 提供有关金融技术和正规技术的咨询。创新中心设立以来，由其提供非正式帮助的企业在申请牌照时准备得更完整，获取法律许可或豁免也考虑得更充分，并从实质上减少了获得牌照的时间。与未申请创新中心帮助的创新金融科技企业相比，在提交牌照申请之前已与创新中心进行商务合作的企业获得批准的速度要快得多。

为了更好地促进监管科技行业的发展，创新中心下设了监管科技部门，监管科技企业可以通过监管科技部门与ASIC取得联系，进而申请非正式帮助。具体而言，只有正在开发或提供监管科技产品或服务的初创企业或者已成规模的企业才具备申请非正式帮助的资质，非正式帮助有几种类型，包括许可认证、国际业务推荐、参与监管科技主题活动或季度监管科技联络论坛等，具体类型取决于监管科技企业自身的业务。而ASIC对监管科技企业的甄选标准主要有四条：第一是优先考虑在监管科技领域具有“突破性创新”的或者是与现有产品或服务完全不同的产品或解决方案的企业；第二是考虑监管科技产品或服务是否可以为用户提供更好的结果，即提高效率或降低成本；第三是企业在业务计划流程中的请求时机；第四是在申请阶段信息提供的详细程度。此外，ASIC还积极鼓励监管科技企业提供反馈，以对现有的方式进行补充和完善。

（三）“监管沙盒”框架

“监管沙盒”是ASIC创新中心推动协助金融科技企业发展的一项关键举措。澳大利亚的“监管沙盒”于2016年12月启动，可让合格的金融科技企业在没有澳大利亚金融服务或信贷许可证牌照的情况下，对某些产品或服务进行长达12个月的测试，在测试期内，这些创新的金融科技企业可豁免牌照提供金融服务或参与信贷活动。测试期满后，获取了牌照或被持牌人授权为代表的企业可继续经营，若不满足上述情况则必须退出测试，结束金融服务或信贷活动。

从相关规则来看，澳大利亚的金融企业一般只有持有牌照才能发行金融产品、开展金融服务，或者参与借贷活动。澳大利亚的金融牌照分为两类，一类是澳大利亚金融服务牌照（Australian Financial Services Licence，以下简称AFS），一类是澳大利亚信贷许可证（Australian Credit Licence）。由于这两类牌照的申请难度较大，而且申请周期较长，因此对于创新金融科技企业来说，很可能因为漫长繁杂的牌照申请而错失发育良机。基于此，澳大利亚政府规定了相应的豁免制度，包括三类情况：第一，法律允许牌照豁免的情况，包括现有持牌人的授权代表和不需要牌照的产品和服务。现有持牌人的授权代表指当代表现有 AFS 和信贷许可证持牌人时，可以豁免其牌照而从事金融服务或信贷活动，不需要牌照的产品和服务指如需尽快结算的外汇合约、无客户和汇款人间常设安排的电子资金转账、只向个人付款的产品及提供给企业或出于商业目的的信贷等产品和服务，不受金融服务或消费信贷法律牌照约束。第二，根据 ASIC 相关法规，准许符合资质的企业无牌照测试相关产品和服务的情况。指的是 ASIC 提供了有条件的宽松政策，以允许金融科技企业在未根据《企业法》(*the Corporations Act*) 或《国家信贷法》(*National Consumer Credit Protection Act*) 获得牌照的情况下测试某些产品和服务 12 个月，并会在启用后的 12 到 18 个月内对豁免进行审查，以判断是否应扩大或更改其豁免范围。第三，ASIC 授予的个项牌照豁免，允许特定企业测试某些产品或服务。指的是在不满足上述条件或者希望扩大或改变金融科技牌照豁免的豁免条件，也可以申请个项牌照豁免。在确保符合相关规定的标准后，可以提交申请，并且需要缴纳相关费用。上述措施共同构成了澳大利亚的“监管沙盒”框架。

从运行机制来看，监管沙盒的运行可以分为四个阶段，分别为申请阶段、测试阶段、退出阶段和反馈阶段。在申请阶段，金融科技企业可以在上文所述的法律允许牌照豁免的情况、ASIC 对服务测试的金融科技企业牌照豁免的情况和 ASIC 授予的个项牌照豁免情况中选择其一进行申请，耗时大约为两周。若申请成功则可以进入“监管沙盒”测试阶段。企业进入测试阶段后，可免牌照提供金融服务或参与信贷活动 12 个月，即“监管沙盒”的测试期限。在 12 个月的测试期结束后就进入退出阶段，进入退出阶段后企业不能再提供金融服务或者从事信贷活动，除非在测试期内已经获得了 AFS 或信贷许可证牌照，或者已经成为持牌人的授权代表，又或已经获得了个项牌照豁免，测试期限得到延长。因此，如果有必要，企业应该提前计划并制定流程来规划测试期。如果临近测试期末尚未被授予牌照或个项牌照豁免，则必须在测试期末之前停止各项经营活动。在反馈阶段，测试企业根据要求要在测试期结束后两个月内向 ASIC 提供一份简短的报告，报告应详细说明测试期间测试业务的经验，并提供以下信息：测试期间的客户数量、有关客户人口统计的一般信息（例如年龄和地点）、收到及处理的投诉数目及性质、向外部纠纷解决机构（External Dispute Resolution）上报的投诉数目及性质、说明测试期间查明或面临的问题以及如何解决这些问题、被确定为发展障碍的相关监管要求、收入和支出信息（例如财务报告信息）。企业所提供的信息将帮助 ASIC 审查金融科技牌照豁免的运作及有效性，以及及时识别测试企业和消费者面临的主要风险或问题。

从效果与现状来看，自“监管沙盒”运行机制在澳大利亚启动以来，已经有很多金融科技企业参与并受益，包括 Circle 软件服务私人有限公司、Compeer Finance 私人有限公司、Destinationsecret.com 私人有限公司、First Rung 私人有限公司、Goodments 私人有限公司和 Wildcard Money 私人有限公司和当前的免牌照用户 Pearler Investments 私人有限公司。作为澳大利亚金融科技监管的关键举措，ASIC 不断根据金融科技的需求调整相关规则的适应性，“监管沙盒”取得了良好的成效，对金融科技的发展起到了一定的促进作用。当前，鉴于监管科技发展迅速而监管科技企业的产品推向市场却面临重重困难的情况，“监管沙盒”的监管是否适应监管科技行业的发展引起了讨论。澳大利亚监管科技协会（RegTech Association，以下简称 RTA）提议，将创新中心的金融科技“监管沙盒”范围扩大，可以设计一个专门监管监管科技企业发展的监管框架“设计沙盒”（RegTech Design Box），以更好地推动澳大利亚监管科技的发展。“设计沙盒”的主要思想和“监管沙盒”类似，ASIC 可以参照对金融科技企业的豁免情况，专门针对监管科技企业设计一些豁免条例，促进监管科技供应商产品及其生态系统的使用，并鼓励大型企业试用创新的监管科技解决方案，减少其对财务、技术和人力资源方面的义务的担忧，从而推动监管科技创新企业顺利融入市场。

二、澳大利亚监管科技的探索历程

澳大利亚对于监管科技的探索可以分为三个部分：第一是监管部门对监

管科技发展方向的探讨，第二是监管部门、行业协会和 RegTech 企业之间的交流与合作，第三是监管科技的应用与反馈。

（一）监管部门的方向性探讨

监管机构最初对于监管科技发展的探索可以追溯到 2016 年 4 月，澳大利亚生产力委员会（Australian Government Productivity Commission）发布了一份关于数据可用性和使用性的报告，并在 2017 年 3 月正式提交澳大利亚政府。该报告指出，澳大利亚应对当前的数据政策框架进行重大改革，并提出了一系列建议，如增强消费者的数据可得性、建立数据共享结构及开放更多的公共数据集。同样有关数据方面改革提议的还有澳大利亚众议院委员会（House of Rep. Committee）和 APRA，2016 年 11 月，众议院委员会提议银行在 2018 年 7 月前开放 API，以及提议 ASIC 开发数据共享框架；2017 年 8 月，APRA 的经济与金融统计（Economic and Financial Statistics）报告中提出要求进一步提高数据的精细度和准确性。以数据改革为引，监管部门对于监管科技的探索拉开序幕。2017 年 2 月，ASIC 举办了首次监管科技圆桌讨论会，讨论了在澳大利亚应用监管科技技术的机会和障碍。此后，以 ASIC 为主体的圆桌讨论会常态化，APRA、澳大利亚交易报告和分析中心（Australian Transaction Reports and Analysis Centre，以下简称 AUSTRAC）、RTA 和澳大利亚金融科技（FinTech Australia）会定期在圆桌讨论会上提供有关其监管科技计划和行业状况的见解，并研判监管科技的未来发展方向。

（二）不同机构间的交流与合作

2016 年中，ASIC 扩大了创新中心的业务范围，下设监管科技部门与监管科技业界展开合作。通过创新中心，ASIC 为开展监管科技业务的企业提供非正式帮助，进行监管科技的应用试验以及与国际监管部门开展合作交流。创新中心专门成立了监管科技联络小组，联络小组由行业专家、技术企业、学术界、咨询机构、监管机构和消费者机构共同组成，ASIC 在其中主要发挥一个组织者和推动者的作用。成立联络小组的目的在于组织多方共同交流监管科技的应用与发展，建立完善的监管科技体系，促进 RegTech 长期发展。在 ASIC 定期举行的产品展示会上，各个监管科技企业可以展示自己企业的产品及相关解决方案。此外，ASIC 还积极拓展与国外机构的合作，如与卢森堡签订协议，约定了金融技术（Fintech）和监管技术在监管机构之间的信息共享。RTA 于 2017 年 3 月正式成立，是一个非营利的行业协会组织，对 ASIC 提出了一系列有关监管科技行业发展的具体建议，旨在促进监管科技的应用和发展，并促进监管机构和被监管企业，以及监管科技企业之间的相互交流。

（三）监管科技的应用与反馈

ASIC 早在 2010 年就采用的 SMARTS 系统（SMARTS Market Surveillance System）是澳大利亚监管部门监管科技应用的首例，主要是对澳大利亚资本市场活动进行监控分析，随后于 2013 年替换成市场分析和情报系统（Market Analysis Intelligence，以下简称 MAI 系统）。2017 年 3 月，AUSTRAC 设立了 Fintel Alliance 智能监管计划，Fintel Alliance 是集合了政府、行业、学术界和国际合作伙伴的战略合作联盟，是世界上第一个以公私合作的伙伴关系来打击和破坏洗钱和恐怖主义融资的协作方式。此后不久，AUSTRAC 又将第二版反洗钱 / 反恐融资（the Anti-Money Laundering and Counter-Terrorism Financing，简称 AML/CTF）义务扩展应用到了行业中。在 AUSTRAC 之后，澳大利亚联邦科学与工业研究组织（Commonwealth Scientific and Industrial Research Organisation）推出了澳大利亚的数据创新网络 Data61，为机器可读法律开放了平台，并推动了监管科技行业发展的数字立法。在这之后，RBA 与相关银行和金融机构合作，启动了新型支付平台（The New Payments Platform），APRA 也开始转变数据收集方式。在实体企业中，监管科技的应用也越来越常见，从信息验证到自动化报告，再到数据的收集和整合，等等，全面铺展开来。根据 ASIC 发布的 2018—2019 年度监管科技研究报告，监管科技在澳大利亚金融服务行业的风险管理和合规中的作用日益明显：监管科技可以快速、实时地分析大量海量数据、实时监控大量信息等等，实施监管科技势在必行。但是同时也存在很多挑战：需要提高数据获取和存储的标准、监管科技带来了进一步的网络安全和隐私风险、监管机构的责任更大等等。

从上述对澳大利亚的监管科技的探索历程三个方面的梳理中可以看出，澳大利亚监管科技的发展方式总体呈现监管机构、行业协会和 RegTech 企业的三角发展模式，三者互联互通、相互促进，积极共享行业信息和探索未来发展模式。

三、澳大利亚监管科技在监管端的应用实践

监管端是指 ASIC、APRA 这两个“双峰”监管主体及其他相关监管机构对于监管科技的应用。相比于 RegTech 企业来说，监管机构的自身研发能力有限，因此监管机构会主动与行业合作研发，或者通过招标方式来挑选行业提供的监管科技解决方案。

（一）SMARTS 系统

ASIC 于 2010 年采用 SMARTS 系统进行市场监控。SMARTS 系统由一家位于悉尼的私人公司 SMARTS Group 提供，目前已为全球 30 个市场的 40 多个国家的交易所和监管客户以及 100 个经纪人提供市场监视技术。SMARTS 系统主要有两项产品和服务，为 SMARTS Integrity 平台和 SMARTS.broker。SMARTS Integrity 平台可以直接从一个或多个相关交易所的交易引擎获取实时数据输入，并对其进行实时处理，自动检测异常情况并生成警报。SMARTS Integrity 平台为交易所和监管机构提供了能不断检测和分析市场滥用情况的工具箱，并提供了对交易活动的相关见解和分析。迄今为止，SMARTS Integrity 平台已被 40 多家交易所和监管机构采用，并在一些世界上最大的、重要地区的交易场所以及许多快速增长的新兴经济体中运行。SMARTS.broker 是通过基于浏览器的应用程序为经纪人设计提供的一项托管服务，以确保其遵守市场法规和内部风险政策，并在监管机构之前迅速发现侵权行为。SMARTS.broker 还会针对市场滥用和可疑交易生成警报。

（二）MAI 系统

MAI 系统是 ASIC 于 2013 年起替代 SMARTS 系统用于监控市场的监管科技平台，该系统通过特定的 API 接口来接收交易所发出的行情数据，可提供澳大利亚一级和二级市场（ASX and Chi-X）的股票和衍生产品交易的实时数据和隔夜数据，以便对一、二级市场进行实时监控。MAI 系统的底层技术是一个基于内存列的数据 KDB/Q。此外，为了更好地对澳大利亚资本市场活动进行监控分析，MAI 系统每天都会在指定的交易存储库中接收有关场外衍生品交易的信息，并将其输入到交易后分析环境中。交易后分析环境的底层技术包括 KDB / Q，R，Python 和 MS-Excel。这些技术叠加一些附加技术，能够扩展到一个大数据平台（使用 Elasticsearch / SPARK / Kibana），附加技术包括可实现时间序列数据的可视化（报告、仪表板、网络图等），并为机器学习、警报生成提供内在支持并跨大数据集进行广泛搜索。MAI 系统具有两项主要功能：第一，实时监控市场中的异常情况并对异常情况发出实时警报。这些实时警报已集成到日常运营和员工工作流程中，进而进行更加深入的调查和分析。第二，基于大数据进行历史数据分析。此功能可以提供完整的市场分析报告以及对较大较复杂的系统风险的评估，并且这种历史数据分析可以在与其他案例或监视人员认为应优先处理的事项关联的集成环境中执行。交易后分析环境为 ASIC 提供了澳大利亚金融市场的不断发展的图景，丰富的数据也有利于深度挖掘市场并提出更多有意义的市场见解。ASIC 可以基于此数据集获取更多与实体和利益交易的算法、分析和报告。在不久的将来，ASIC 将跨数据集开启机器学习算法，以识别交易行为异常。

（三）D2A 的新方案

APRA 此前用于数据收集的平台为 Direct to APRA（D2A），为了使数据收集更加高效、灵活，APRA 自 2019 年 4 月起积极与监管科技提供商合作，设计并落实新的数据收集方案。APRA 选择了 Vizor Software 和 Dimension Data 两家企业合作，Vizor 将提供一个基于 Web 的系统集，以改善 APRA 的数据收集功能，Dimension Data 则负责提供新的解决方案，该解决方案将被 4500 多家金融部门实体所使用，以满足其监管报告要求。

报告实体通过 D2A 平台可选的提交渠道包括手动输入、XML 或 XBRL，即使对于最复杂的报告要求，某些实体也使用手动输入方法。新的解决方案为 APRA 设计的数据收集平台将允许更改数据收集方式，可以根据所需数据使用最合适的提交方法，方便 APRA 收集数据。手动或简单的提交方法仍可适用于简单的报告要求，例如 Microsoft Excel 模板。但是，更复杂的报告要求和更大的数据收集就要使用没有任何表格布局的数据文件进行报告。这意味着将来的许多数据收集可能不再是表格形式，并且可能没有手动输入选项。APRA 转向基于文件的提交格式，包括使用 API 提交数据，能满足更大、更详细的报告要求，为实体提供了一个日益自动化其报告的机会。总体而言，数据收集方式的转变就是应用监管科技简化数据收集工作，减少形成自动化报告的成本。

四、澳大利亚监管科技在合规端的应用实践

根据 BCG 咨询报告，亚太地区国家 / 地区中，总部位于澳大利亚的 RegTech 企业数量最多，为 27 家，全球来看仅次于美国和英国①。这些 RegTech 企业涉及的领域众多，具体来说，包括信息验证、自动化报告、监控、数据获取及整合、合规分析和培训、一般合规等等。

Verifier 公司整合了养老金数据库以在贷款申请期间启用实时收入验证，通过在贷款申请过程中提供实时收入验证将申请人的申请流程从四到五天压缩到了几分钟，大大改善了用户的体验，同时也降低了手动验证的成本。Verifier 已于多家澳大利亚银行进行试点，显著提升了整个贷款申请流程的效率（见图 4—2）。

---

① BCG，*FinTech Control Tower*：*RegTech in Financial Services*，January 2018，retrieved from https://regtech.org.au/resources/Documents/FinTech%20Control%20Tower%20-%20SFF%20（1）.PDF.

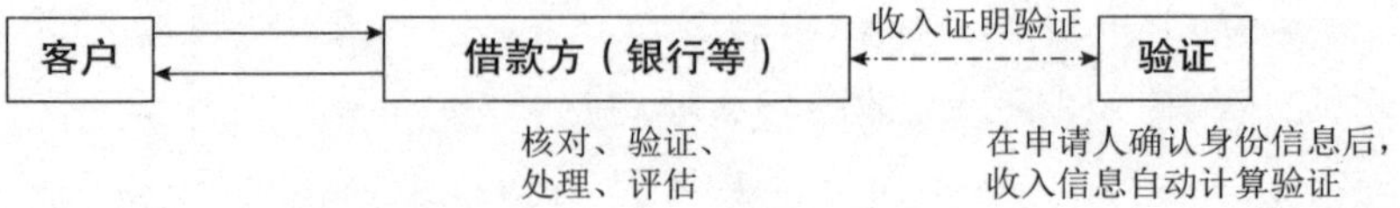

图 4—2 Verifier

资料来源：作者收集整理。

Simple KYC 设计的客户信息验证工具——Hero，大大简化了前线销售人员客户信息验证的工作流程。Hero 采用了全程审计跟踪，提高了合规性和风险控制，降低了企业的监管成本。Hero 工具进行客户信息验证的具体步骤包括：导航工具提供客户信息验证的操作指南→系统会根据 Simple KYC 的数据自动填充字段→客户信息验证的要求清单可自行定义→上传文件供机器识别→客户数字签名。

TRAction 公司提供的自动化报告服务大大地简化了澳大利亚企业向监管机构报送交易报告的流程，企业将信息从交易系统中推送到 TRAction，TRAction 对交易信息进行转换、补充和合规性验证，形成自动化报告每日报送监管机构（见图 4—3）。同时，向合规科技企业支付的费用是有上限的，不会超过企业直接向监管机构直接报告的费用，节省了企业的合规成本。

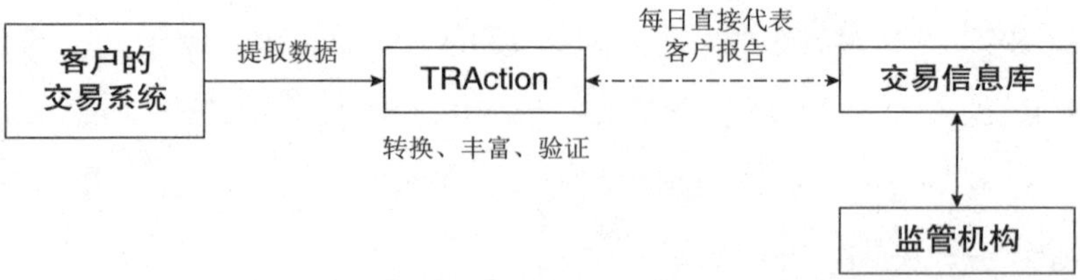

图 4—3 TRAction

资料来源：作者收集整理。

澳大利亚监管科技和数据分析企业 Lucsan 公司的产品可以对整个财务咨询的过程提供实时监控，以确保财务咨询过程满足监管要求。具体来说，对财务咨询过程的监控可以分为三个部分：第一是合规分析，包括是否满足 ASIC 的关键风险指标、是否存在无服务收费等；第二是明细审查，包括术语使用、免责声明和文件格式等；第三是对咨询建议的监控，包括咨询委员会的概况、客户概况和咨询的基准等。

Identitii 公司的合规科技服务能使银行通过分布式私有分类账来获取和共享交易的额外信息以达到收款方的合规要求。Identitii 公司提供的令牌位于安全的分布式私有分类账上，相当于在旧系统之上创建了一个信息层，可以使用户连接操作数据库、定义信息交流的规则并使用 Identitii 身份令牌跟踪和管理信息（见图 4—4）。此项合规科技主要适用于大银行，并且已经在 SWIFT 和多家银行试点。

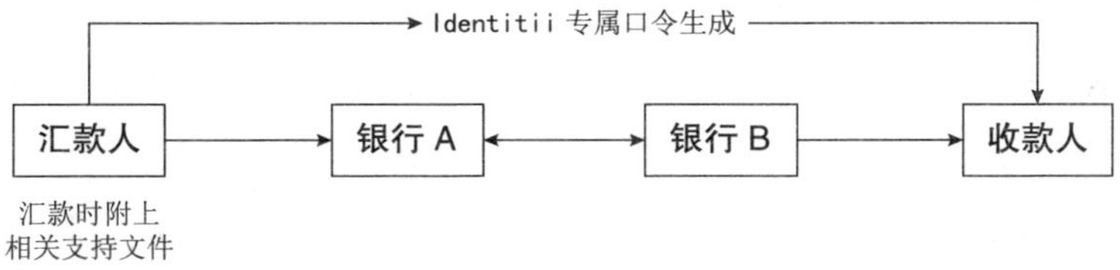

图 4—4 Identitii

资料来源：作者收集整理。

AML Accelerate 为受监管的行业开发了一套反洗钱程序手册，是由专家设计的一种易于使用的反洗钱解决方案，无论规模、行业或地理位置，所有企业均可使用。AML Accelerate 主要通过 6 个步骤自动执行 AML 合规性检测：第一，输入业务的详细信息；第二，进行洗钱和恐怖融资的风险评估；第三，完成反洗钱计划手册；第四，按 CDD 标准修改；第五，更新附录；第六，检查、发布和输出。

Checkbox 公司的产品可以根据监管的变化对信息进行快速的更新和部署，主要包括表单生成器、表格生成器和文档生成器三类。表单生成器可以引导和获取相关信息，表格生成器可以生成动态表直接响应用户输入，文档生成器可以自动生成报告、信函和合同等文档（见图 4—5）。

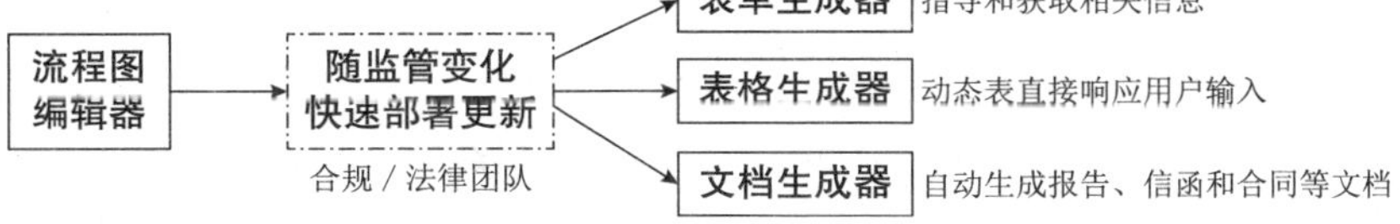

图 4—5 Checkbox

资料来源：作者收集整理。

五、对澳大利亚监管科技未来发展的展望

澳大利亚对于金融业的监管在国际上享有盛誉，如今监管科技的发展更是为数不多的走在前端的几个国家之一。以“双峰”监管为监管主体，APRA从宏观审慎的角度对监管科技行业的风险进行监管，ASIC从行为监管的角度具体指引监管科技行业的发展。在澳大利亚监管科技发展的过程中，监管机构、行业协会和监管科技企业呈现三角发展模式，三角之间互联互通：监管机构负责对监管科技企业的准入和运营监管；监管科技企业积极给予监管机构反馈信息；行业协会则扮演润滑剂的作用，一方面积极深入地参与监管科技企业的发展，另一方面对监管机构的监管措施提出建议。在这样的发展模式下，近几年澳大利亚的监管科技以非常快的速度发展起来，在全球范围内形成了发展的一极。

然而，随着监管科技在澳大利亚的快速发展，存在的问题也不可忽略，最大的问题仍在监管科技产品市场化应用方面。据RTA数据，当前监管科技企业从与客户对话开始到产品的全面应用平均所需时间为13个月，金融领域客户的这一数值为14个月[①]。此外，尽管监管机构对规范和促进监管科技企业的发展有所侧重，但是目前所采取的措施相比较于行业的发展来说，还有所不足。

展望未来，澳大利亚的监管科技发展方向总结如下：第一，监管科技将全行业覆盖。RTA创始人指出，监管科技与行业无关，所有受监管的行业都可以从监管科技中受益。不仅是从降低合规成本的角度来说，还是提高监管的效率来说，监管科技都存在全行业铺开应用的必要性。第二，监管端与合规端持续保持交流合作。ASIC带头提出将监管科技应用于监管端，打下了监管端与合规端交流合作的良好基础。监管机构除了自身建立研发部门外，与传统金

---

① RegTech Association，*RegTech Industry Report*，December 2019，retrieved from https://www.regtech.org.au/resources/Documents/FINAL_RegTechIndustryReport_61219.pdf.

融机构、金融科技企业和非金融科技企业等合作研发可以节约成本，也更有利于监管机构发现问题进而与合规端携手减少监管科技应用的阻碍。第三，加强监管科技的制度建设。目前澳大利亚对于监管科技的制度建设还不够完善，不够成体系，例如澳大利亚多个监管机构发布的有关监管科技的报告对数据充分性、精确性提出了倡议，但是未从法律制度上形成规范的条文。总体而言，随着监管科技发展的不断规范，澳大利亚有望在全球形成自身的领先优势。

第五章

加拿大监管科技的发展现状及趋势展望[①]

加拿大的金融系统一直以稳健著称，然而稳健的金融系统和审慎的监管机构并没有使加拿大趋于保守，相反加拿大政府对于在金融领域运用互联网新技术持包容态度，不断为大数据、人工智能等创新技术公司提供经济支持，吸引相关技术人才向加拿大转移。本章将聚焦加拿大的金融科技监管及监管科技的发展，探求在加拿大监管科技发展中值得借鉴之处，展望未来加拿大监管科技的发展方向。

一、加拿大的金融科技监管

加拿大金融系统一向非常稳健，世界经济论坛曾经连续 7 年将加拿大的银行系统评为全球最具稳定性的银行系统。以银行业为主导的稳健金融体系使加拿大在 2008 年金融危机时期不仅快速恢复了经济，也在很大程度上保证了金融业的稳定。加拿大稳健的金融系统离不开其审慎的金融监管体系，加拿大采用联邦级监管机构与省级监管机构平行的监管制度，两级监管机构不同的侧

① 本章原文发表于《湖北经济学院学报》2020 年第 5 期。

重点保障了系统的平稳运行。稳健的金融系统与审慎的金融监管框架为其金融创新发展提供了良好的基础。

(一)稳健的金融体系

加拿大金融系统的稳健性来源于其以银行业为主导的混业金融体系。加拿大银行业高度集中，在2008年金融危机前后，加拿大最大的六家银行资产市值占银行业的90%，占整个金融行业的70%，同时控制了全国85%左右的信贷投放①。银行业的高度集中确立了其在加拿大金融体系中的主导地位。加拿大的银行通过兼并收购逐渐控制了加拿大主要的信托与证券业务，在2016年，银行系证券公司控制了70%的证券业资产②。以银行为中心的金融监管体系，一方面可以加强风险控制理念在全金融体系内的推广，即使是证券、信托等风险较大的行业，风控仍然是各大机构的重心。另一方面，银行控股券商、信托与保险有利于统一监管，联邦政府可以通过监管银行对证券、保险行业进行间接监管。例如，银行联邦级监管机构包括金融机构监管署（Office of the Superintendent of Financial Institutions，以下简称OSFI）、存款保险公司（Canadian Deposit Insurance Corporation，以下简称CDIC）及金融消费者管理局（Financial Consumer Agency of Canada，以下简称FCAC），OSFI采用一套基于标准化程序及风险指标的风险评估制度对银行经营稳健性进行评估，CDIC与FCAC分别督促银行的存款保险制度与消费者权益保护制度的平稳运行。

加拿大发达的银行系统奠定了其金融系统的稳定性，而其安全的银行系统也得益于良好的监管框架。如图5—1所示，目前加拿大实施联邦与省两级平行分权监管体制，联邦监管机构主要构成部分包括财政部下属的机构、国家设立企业、其他监管主体。联邦政府负责监管所有银行、在联邦注册的保险公司、信托公司、信用社等金融机构。省级监管机构包括加拿大10个省和3个区设立的金融监管部门，负责监管证券公司和信用合作社。两级监管部

① 季凌鹏:《加拿大金融监管经验做法及对我国的启示》,《财经界（学术版）》2016年第5期。

② 党力:《加拿大金融体系研究》，全国社会保障基金理事会规划研究部，见http://www.ssf.gov.cn/yjypz/201803/P020180320551442774259.pdf。

门间无垂直领导关系，监管的侧重点也各有不同：联邦监管机构的重心在于各类金融机构的偿付能力及消费者保护措施，省级监管机构主要监管金融机构及公司的市场行为是否合规合法。双方协调配合，分级监管，监管范围覆盖加拿大几乎所有金融机构。除了联邦与省级监管机构外，加拿大还存在部分自我监管机构。

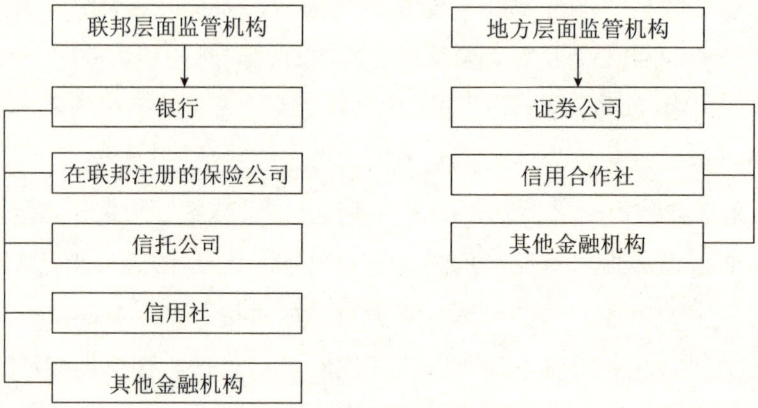

图 5—1　双层混业监管模式

资料来源：The Canadian Regulatory Technology Association（CRTA）/ Association canadienne de la technologieréglementaire（ACTR），*Canadian Regulatory Landscape*，January 2020，retrieved from https://www.canadianregtech.ca/uploads/1/1/9/5/119524383/regulatorylandscape15jan2020.pdf.

如图 5—2 所示，在联邦层面，财政部、加拿大银行（Bank of Canada）、OSFI、CDIC 和 FCAC 组成的金融机构监管委员会负责制定联邦的具体法律法规政策，并负责相应金融机构的监管。财政部负责制定金融政策法规；加拿大银行负责制定与执行货币政策；OSFI 负责监管 400 多家吸收存款的机构、保险商以及 1200 多家在联邦层级注册的私人养老金计划[①]；CDIC 主要为吸收公众存款的金融机构提供保险；FCAC 专门负责金融消费者的保护。其中，OSFI 是联邦最主要的单一监管机构，它在监管体系中处于核心地位，其监管范围覆盖加拿大绝大多数金融机构，包括系统重要性银行等，监管的资产总额超过全国资产价值的 80%。

① 季凌鹏：《加拿大金融监管经验做法及对我国的启示》，《财经界（学术版）》2016 年第 5 期。

省级层面，各个省拥有自己的证券委员会与金融服务委员会，负责监管本省内的相关金融机构。同时，为了协调联邦与省级、各省之间的监管标准，20 世纪 90 年代加拿大证券管理委员会（Canadian Securities Administrators，以下简称 CSA）成立。

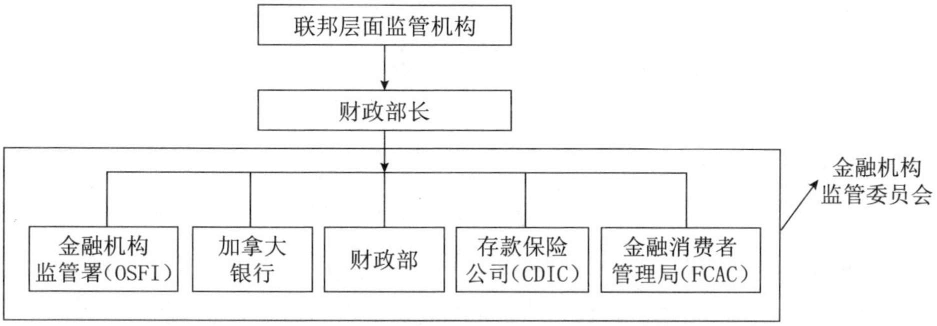

图 5—2　联邦金融机构监管委员会

资料来源：The Canadian Regulatory Technology Association（CRTA）/ Association canadienne de la technologieréglementaire（ACTR），*Canadian Regulatory Landscape*，January2020 retrieved from https://www.canadianregtech.ca/uploads/1/1/9/5/119524383/regulatorylandscape15jan2020.pdf.

（二）双层混业监管格局

双层混业监管框架下，各个部门各司其职，金融系统稳健运行，但也存在金融创新部门与创新鼓励机制缺失的问题。加拿大竞争局（Competition Bureau of Canada）于 2017 年发布的研究报告中提议，政府应该确定一个金融科技政策的负责部门并出台相应的政策指导，同时加拿大各地域监管机构应加强协调，解决监管分散、各省法律不一导致的金融创新抑制的问题。在近几年的反思与改进中，加拿大政府部门也在不断进步，虽然至今加拿大仍然没有成立统一的金融创新部门，但加拿大一些主管部门已经采取了类似的举措，例如由 CSA 发起的监管沙箱和各级政府建立的工作组。目前加拿大主要金融机构中，有部分金融机构在自身所在的领域应用或鼓励创新技术发展。

1. 加拿大银行：探索分布式账本技术在支付中的应用

作为加拿大金融系统的核心，银行业也在不断探索如何将金融创新运用至业务之中。作为央行的加拿大银行目前也出台了一系列计划提升自身的金融创新能力，主要手段为加拿大银行与私人部门及非营利机构合作研究如何将先进技术用于银行支付等领域。根据加拿大银行 2018 年的年度总结报告，其在金融创新领域的合作计划包括贾斯珀计划（Project Jasper）和创新与技术合作项目（Partnerships in Innovation and Technology Program）。

贾斯珀计划是世界上第一次中央银行与私营部门合作参加分布式账本技术（DLT）实验。公共部门和私营部门之间的这项合作研究计划旨在了解 DLT 如何改变批发支付系统。该项目目前已经进行了四个阶段：第一阶段加拿大银行调查了 DLT 在高价值银行间支付结算中的使用，第二阶段进一步测试该技术用于高价值银行间清算和结算的效率，第三阶段探索了将这种“分类账现金”与其他资产（例如外汇和证券）整合在一起的潜在好处，目前正在进行的第四阶段是与加拿大付款中心（Payments Canada）、新加坡金融管理局和英格兰银行合作，研究该技术在跨境支付中的可行性。

创新与技术合作项目则是指加拿大银行与私营部门和学术界的创新者合作，尝试使用数字工具和技术，例如人工智能和机器学习，改善银行日常运营效率。加拿大银行与私营企业的合作为银行业树立了典范，这可以推动银行业将更加先进的技术运用于日常运营中，乃至改善整个加拿大的金融创新环境。

2. 加拿大竞争局：积极组织开展金融创新研究和讨论

加拿大竞争局是一个独立的执法机构，设立该机构是为了更好地管理与执行《加拿大竞争法》(*Canada-Competition Act*)，以确保加拿大企业在竞争和创新的市场中繁荣昌盛。其主要的工作是审查与打击行业内违反公平竞争原则的欺诈等行为，同时与国内外机构合作调研，以便更好地推进政策实行。其管理范围涉及加拿大多个行业，主要专注于一些关键领域，包括数字经济、电信、卫生和生物科学与基础设施。

近年来，由于金融技术的蓬勃发展，加拿大竞争局将工作重心放在了金融服务业上，针对数字经济、大数据、现代支付等技术进行了一系列调研，了解其在加拿大目前的发展运用情况并提出了有关技术及其监管的建议。如前文所提到的该机构于 2017 年发布的研究报告，报告通过对金融服务业初创企业、联邦与省级金融机构的走访调查，研究金融科技与创新在加拿大的应用程度。报告得出结论，加拿大在采用金融科技方面仍落后于国际同行，仍然缺乏对金融科技的明确、统一的政策指导，同时以银行为主导的金融体系使得中小型金融创新企业在融资方面面临较大压力。该报告还对三个金融服务子行业（零售支付和支付系统、投资交易、P2P 贷款及股权众筹）以及平衡省级与联邦监管方面提出了 30 条改进建议。此外，加拿大竞争局在 2019 年初举办了国内第一个数据论坛，邀请国际和国内利益相关方讨论数据驱动技术的意义，探索数字时代方法竞争政策。这些报告与建议虽然不具有法律效应，但加拿大竞争局在相关方面的研究与调查为政策制定者提供了宝贵的参考资料，同时其基于行业发展的政策建议也十分中肯。

3. CSA：启动监管沙箱项目

CSA 目标是改善、协调和统一加拿大资本市场的监管。CSA 将各省和地区的证券监管机构召集在一起，交流想法，并在制定全国性的政策和法规时参与协商，确保加拿大证券业的平稳运作。通过在规则、法规和其他计划上的合作，CSA 减少了重复工作，并简化了公司筹资和从事投资行业的监管程序。

CSA 在金融科技创新的监管领域做出了不小的贡献，根据其发布的 2016—2019 年度报告，CSA 在 2017 年启动了监管沙箱，旨在培育创新技术或数字业务的公司；发布了 46—307 加密货币产品通告，以提供有关加密货币产品各个方面的指导；加拿大投资行业监管组织（Investment Industry Regulatory Organization of Canada，以下简称 IIROC）发布了 CSA / IIROC 联合咨询文件 21—402 加密资产交易平台的草拟框架，寻求金融科技界、市场参与者、投资者和其他利益相关方的监管意见；此外，CSA 近年来与全球领先的监管科技国家加强合作，与新加坡金融管理局、澳大利亚证券投资委员会、英国金融行为监管局等机构签订合作协议，扩大加拿大的监管沙箱范围，并加强双方技术运用与监管经验的交流。

4. 安大略省：率先设立 Launchpad 创新中心

在矩阵监管的格局下，各个省份与地区在金融创新及监管制度建设方面的进度与速度均有所不同。作为加拿大人口最多、资本市场发展最先进的省份，安大略省一直推进着监管科技的发展。为了利用其金融环境和人才优势，安大略证券管理委员会（Ontario Securities Commission，以下简称 OSC）于 2016 年 10 月设立了 LaunchPad 创新中心，与专家学者合作成立科技金融咨询委员会，为符合条件的早期科技金融业务提供支持，在可能影响证券监管的早期阶段提供非正式指导，企业通过与 OSC LaunchPad 团队召开会议的方式，探讨监管要求。

安大略省证券法规定，在安大略省从事证券经营相关业务的公司，或者创新类的金融科技公司（如初始代币发行、加密资产交易平台等）需要在线注册登记、拥有招股说明书并且说明书获得 OSC 批准认可。考虑到对于初创公司来说烦琐的业务流程及较高的发行成本会阻碍公司发展，在适当的情况下，OSC 将考虑对创新者进行有时限的豁免，从而帮助科技金融企业符合证券法要求，加快其推向市场的时间。以首次代币发行（ICO）为例，ICO 可以为企业提供筹集资金的新机会，但是也可能导致社会对于投资者权益保护的担忧。OSC LaunchPad 和 CSA 监管沙箱为公司提供了免税优惠，使他们能够进行代币发行，同时确保适当解决投资者保护问题。OSC 对 Impak Finance 公司授予时间有限的注册和招股说明书减免，以允许 ICO 和 MPK 代币转让以及 impak.eco（致力于影响经济的在线社交网络）的运营；对 Token Funder 公司给予时间有限的注册宽免，以允许 Token Funder 完成 FNDR Token 的 ICO，以为其智能代币资产管理平台的完成提供资金，旨在便利第三方发行人通过发行安全代币筹集资金。除代币发行领域外，OSC 也对如加密资产投资基金、在线咨询、在线风险投资平台、交易平台等领域的金融科技企业进行了不同程度的费用及程序豁免。相关豁免极大推动了加拿大金融科技企业的蓬勃发展。

（三）监管沙箱的创新

CSA 创立的监管沙箱是监管科技迈出的一大步，在功能监管的格局下，考虑到银行等行业为国家的支柱型产业，且银行业发展高度集中，不仅不易实行沙箱制度，且高集中度也无法体现监管沙箱的效率性与竞争性。因此先从占比较小的证券业入手改革。CSA 于 2017 年 2 月公布了监管沙箱计划。该计划联合加拿大3个地区和10个省的证券监管机构，在有效平衡创新与监管的基础上减少了各省法规不一而导致的合规成本，旨在支持加拿大科技金融企业的发展，加快其注册申请等流程的速度，以便在有限的时间内测试企业的产品服务与应用。沙箱为企业提供了一个全国性的测试空间，使得企业可以在定制的监督下进行放宽式经营。

从监管沙箱的运行原则与参与标准来看，沙箱的主要原则是参与企业在不损害投资者利益的前提下，免除可能阻碍企业创新的制度成本，包括注册流程简化、免税优惠等。但在CSA监管沙箱中授予公司的注册和免税优惠存在时间限制，同时公司也有进行合规性报告的义务，以确保投资者利益得到保障。目前，参与监管沙箱项目的企业包括初创企业与现有企业。若当前已注册的公司或大型金融机构已经开发出创新的业务模型，则也有资格申请。想要申请的公司应准备好进行现场环境测试，业务计划材料并讨论投资者利益保护问题（包括如何最大限度地降低投资者风险）。

从监管沙箱的运行流程来看，监管沙箱需要经过5个步骤：第一步是讨论。公司向其当地证券监管机构的工作人员介绍其业务模式。工作人员分析业务模型并提出问题，然后确定可能需要注册或免税的法规要求。工作人员还可以和公司讨论参加CSA监管沙箱的可行性，包括可能施加的限制和条件。第二步是申请，公司向其当地证券监管机构提出正式申请，以便可以进行注册或从监管要求中获得豁免。尽管公司是向其当地证券监管机构提交申请，但若该地域属于护照系统的管辖区域，该公司仍可以进入多个司法管辖区的资本市场。公司注册地证券监管机构的工作人员可以向公司或其顾问提供帮助，以指导公司准备申请。第三步是审核，CSA工作人员会尽快审核申请。第四步是复查，CSA员工在CSA监管沙箱中确定适用于该公司的限制和条件。第五步是运作，如果公司同意量身定制的计划，则它将获得在CSA监管沙箱中运行给定期间的权利，但要遵守对其注册或免税规定的限制和条件。

从监管沙箱的运作实例看，根据CSA官方网站的数据，一共有10家公司参与了计划，参与公司一共有三类，加密货币投资基金及相关服务的公司有6家，ICO及相关服务的公司有3家，风险投资与初创企业的融资平台公司1

家，未来CSA将接纳更多的企业进入，为加拿大科技金融提供优质的监管环境，力求在国际竞争中占据上风。其中，Impak finance公司是一家从事加密货币发行与平台运行服务的公司，它推出了Impak Coin（也叫MPK），这是加拿大首个合法且稳定的加密货币，旨在支持经济的增长。该公司在2017年申请加入监管沙箱，希望可以在ICO时豁免对招股说明书的要求。在公司提交了业务模型及说明后，CSA通过了审查，当地的证券监管机构也批准了对其招股说明书的豁免要求。同时，该公司也同意了其有关投资者保护的要求，并于每季度通过官方网站披露MPK的价值，每季度发行、回购或取消的MPK的数量和价值，未偿还的MPK数量等信息。目前公司发行的MPK总数达1,690,626个，总价值为1,414,860加元，投资者约2,266人，涉及89个国家或地区[①]。Impak货币可用于购买加本地的产品与服务，P2P贷款交易且可以兑换为本国货币，其交易速度只需要几秒钟（比特币需要10—40分钟，而信用卡需要4—7天），且不需要手续费，相反一定程度使用该数字货币还可以得到奖励。Impak.eco入围了*Fast Company*杂志2018年改变世界创意大奖，业务也拟在欧洲扩展。

从监管沙箱的独特优势来看，在加拿大双层混业监管背景下，监管沙箱的成立有其自身的优势。一方面，监管沙箱从证券行业入手，相比于银行业，证券行业的竞争更加充分，参与的公司范围更加广泛，同时省级的实施层面赋予监管机构及参与公司更多的自主性。这可以从市场角度更好地了解技术创新如何影响资本市场，评估监管影响的范围和性质以及现代化金融科技证券监管框架可能需要的条件。反观银行业，由于其在加拿大金融体系内的支柱性地位、高集中度以及现有的较为完善的风险评估体系，直接在银行业及联邦层面实行监管沙箱的效果并不十分显著。另一方面，CSA的一大重要职责就是促进联邦与省级监管机构直接对话。不可否认，监管沙箱在省级层面及证券业的运行成果与经验将会被联邦监管机构参考，未来也有可能将其进行改造后投入对银行业的监管之中，鼓励银行业创新并提高其运行效率。

---

① 柴瑞娟、常梦：《加拿大沙箱监管的制度建构与启示》，《证券市场导报》2018第10期。

二、加拿大监管科技的实践

加拿大近年来金融科技及监管科技市场发展迅速，相关领域的市场投资额在不断增长。据全球金融科技（FinTech Global）统计，2015 年至 2019 年，加拿大的金融科技公司在 420 笔交易中筹资超过 52 亿美元，其中监管科技公司获得的投资最多，筹集了金融科技投资总金额的 19%。而在 2019 年，加拿大十大投资金额最高的金融科技交易总计筹集了超过 11 亿美元，其中监管科技公司占了三笔，三家公司分别从事基础设施和企业软件、财富科技（WealthTech）和支付与汇款业务。预计 2020 年底，加拿大的监管科技相关投入及产业总额将达到 1060 亿美元[①]。加拿大监管科技发展的驱动因素很大部分来自相关公司与企业的发展，政府相关监管机构在自主开发监管科技产品的同时也与企业合作，将企业产品运用于实践。

（一）FINTRAC 监管科技

加拿大金融交易和报告分析中心（Financial Transactions and Reports Analysis Centre of Canada，以下简称 FINTRAC）是加拿大的金融情报部门，受犯罪获益法案和恐怖主义融资法（Proceeds of Crime（Money Laundering）and Terrorist Financing Act，以下简称 PCMLTFA）的授权，通过收集和分析加拿大的交易数据报告，侦查打击潜在的洗钱和恐怖主义筹资活动，将该信息提供给加拿大的国际执法和情报合作伙伴，并向加拿大政府提供战略建议。中心通过与各个机构及企业建立合作关系获取的报告或个人自愿提供的报告收集相关交易数据，并通过分析演算生成专门的研究报告和趋势分析，从而揭示了洗钱（Money Laundering）和恐怖主义融资（Terrorist Financing）的性质、范围和威胁，为相关机构提供所需信息。FINTRAC 提供的监管数据主要包括金融情报与合规性

① Fintech Global，*FinTech Investment in Canada Bounced back in 2019*，January 2020，retrieved from https://member.fintech.global/2020/01/22/fintech-investment-in-canada-bounced-back-in-2019/.

情报两方面。

1. 可疑交易报告处理系统

FINTRAC 每年会收到全国各地机构与个人发来的各种类型的报告，包括可疑交易报告（Suspicious Transaction Report，以下简称 STR）、大额现金交易报告、电子转账报告和赌场支出报告等。数据显示，FINTRAC 每年接收近 18 万个 STR，超过 1000 万笔大额现金交易报告以及超过 1400 万笔电子转账报告[①]。因此高效的报告处理工具可以极大提升机构运行效率，更快发现可能的违法犯罪行为。

STR 是报告的一种，根据 PCMLTFA 要求，任何个体如果有合理理由怀疑某笔交易与洗钱或恐怖主义融资犯罪有关，则必须向 FINTRAC 提交 STR。虽然 STR 报告数量远小于大额现金交易报告与电子转账报告，但由于 STR 是由机构与个人填写，其格式与规范性无法做到像银行出具的交易报告那样可以统一处理，因此快速处理 STR 也是 FINTRAC 的一个重要任务。FINTRAC 开发了文本挖掘工具来提升处理 STR 的效率。文本挖掘是数据挖掘的一种，能够从大量信息中寻找出背后的关键信息和目标信息。在 FINTRAC 利用文本挖掘工具对 STR 进行分析的过程中，FINTRAC 首先对获取到的 STR 进行预处理，去除一些不需要的信息（如固定模板类信息）。然后对预处理过的信息进行语言学处理，主要是将文本中词与词分开，并做词性标注以及无用词（语气词、标点符号等）删除。接着对获取的词进行数学处理（如计算词语出现频率等）找出文本特征词。再对文本降维得到结构化数据。最后利用各种算法深度挖掘数据识别可疑交易，如贝叶斯算法、决策树算法等（见图 5–3）。

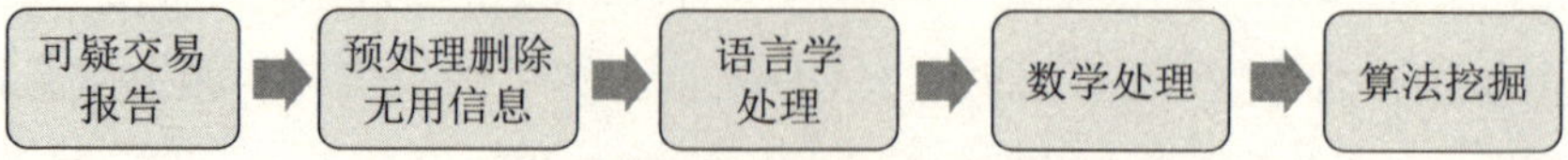

图 5–3　对可疑交易报告的数据挖掘流程

资料来源：Liu, R., Qian, X., Mao, S., et al., “Research on anti-money laundering based on core decision tree algorithm”, in 2011 Chinese Control and Decision Conference（CCDC）, August 2011.

---

① FINTRAC，*2018–19 Annual Report*：*Safe Canadians*，*Secure Economy*，March 2019，retrieved from https://www.fintrac-canafe.gc.ca/publications/ar/2019/1-eng.

FINTRAC 对 STR 的整体处理流程如下，首先 FINTRAC 制定了洗钱 / 恐怖主义融资（Money Laundering/Terrorist Financing，以下简称 ML / TF）指标。这些指标是通过对历史洗钱与恐怖主义融资案例进行调查分析，查阅国际组织出版相关文献得出，指标在进行洗钱与恐怖主义融资活动的交易时会显示异常，这便于相关部门和个体对可疑交易进行判定。然后，文本挖掘工具分析 STR 的叙述部分，并发现与 ML / TF 相关的关键概念，例如犯罪类型、犯罪集团、利益管辖区以及所开发的产品和服务的类型。接着工具会以这些关键概念为基础标记所有 STR，这使 FINTRAC 可以从多个角度查看 STR 并分析犯罪活动的新趋势，更新 ML / TF 指标（哪些指标可以更好的判定犯罪）并将分析成果提供给战略情报部门。相关成果还将帮助 FINTRAC 更有效地开发战略情报产品，进行投资者教育以提高相关主体对犯罪新类型与趋势的认识。

2. 运用数据分析进行风险评级

FINTRAC 还可以利用高级数据分析模型来评估金融机构的整体风险，在对部分金融机构的历史数据进行分析的基础上，该模型通常会根据参与洗钱与恐怖主义融资的可能性，为每个金融机构分配一个等级。FINTRAC 开发的启发式模型使用了与机构概况、合规历史、报告行为和其他情报有关的几种风险因素来评估某机构的特征。风险因素的确定使用了不同的方法，例如主成分分析法和地理空间分析（如与边境的距离越近，相关洗钱活动与恐怖主义融资就越便利），同时风险因素还会参考从以往报告中收到的大量历史数据源。基于这些风险因素，该模型将生成某特定机构违反法律的概率，然后对所有的评级机构进行排名。每年 FINTRAC 还会结合使用机器学习和启发式方法开发挑战者模型，将原模型产出的结果与实际情况比对，以检测模型的正确率并及时更新。

（二）Mindbridge AI 审计平台

加拿大政府在自主研发监管科技产品的同时也积极与企业合作，将企业开发产品运用于日常监管中。以人工智能为驱动的金融科技平台公司 Mindbridge AI 开发的 AI 审计平台可帮助政府和金融服务公司识别和管理复杂的市场，监管和运营风险，同时可对相关交易提供快速的风险分析。目前公司也正在与加拿大银行合作，参与创新与技术合作项目，在现有平台与技术的基础上开发出检测付款诈骗的工具。

AI 审计平台在 Microsoft Azure 云服务平台上运行，用户可以将提供的财务数据导入平台中，或者将平台与企业资源计划（Enterprise Resource Planning）系统同步，然后平台会将导入的财务数据进行归类。接着平台将对所拥有的数据进行分析，由于平台已经通过机器学习和数据分析掌握了传统的审计规则，平台可以运用上百条相关风险指标判断数据的异常与风险。在对数据进行分析和生成报告的过程中，平台利用正在申请专利的自然语言处理过程生成报告，客户可以在几秒钟内查询报告内的相关数据，无须再手动建立查询条件。

该平台拥有以下几点优势：（1）安全性。AI 审计平台在 Microsoft Azure 云服务平台上运行，并获得 SOC2 Type 2 服务审计报告，全球拥有该资质的企业仅为个位数。该报告表明平台能够从容应对互联网各类攻击，防范用户信息泄露，保护企业和用户的信息安全。客户数据（包括网络连接数据、主数据与备份数据）使用 NIST 认可的算法（AES 256）与最安全的传输协议进行加密。所有网络连接均已加密。同时每个平台客户都拥有自己的专用数据库和存储。（2）高效性。一方面平台识别、处理数据准确度大大提升，平台不会遗漏任何数据，对提供的数据进行 100% 分析，且经过专业教学的 AI 分析系统可以识别数据中的错误，同时机器学习可以找寻数据中的异常值；另一方面平台报告生成与查询速度很快。（3）操作简易性。平台界面直观简洁，易于使用，操作者不需要编程或其他专业训练。

目前该公司的 AI 审计平台已经用于政府审计办公室、财务办公室与选举办公室。政府审计办公室将 AI 审计平台用于数据分析与监管交易，检测各政府部门和国有企业中的会计数据异常。AI 审计平台可以帮助审计人员使用热图和趋势图等工具可视化风险，发现隐藏的数据问题。政府财务办公室将平台用于财务交易分析。MindBridge 被委托在每个月结束时检查政府账簿，以此控制费用支出。该平台利用从全球各地政府机构收集的费用数据库，结合了人工智能和机器学习技术，计算相关支出项目的一般金额与潜在风险，帮助减少不当支出与隐藏的费用造假。选举办公室将平台用于候选人贡献和费用分析：由于需要处理海量数据，一个选举办公室以往需要花费两年多的时间来处理所有候选人缴费和费用审计的工作。AI 审计平台被用于调查选举人财务状况的工作中，识别隐藏的未报告的支出，并在较短的时间内生成相应的数据分析报告，从而缩短相关工作的时间。

三、加拿大合规科技的发展与实践

除了监管科技，加拿大企业也致力于合规科技的发展，帮助金融机构与企业满足了解你的客户、了解你的业务（Know Your Business）与反洗钱要求，加拿大合规科技公司提供的服务集中在合规性管理和身份识别与管理。

（一）合规性管理

Ethidex 是一家为加拿大企业提供合规性服务，使企业满足加拿大和国际法律法规的服务提供商。其主要业务包括 Compliance Office 和为企业提供监管模块。

Compliance Office 是一款基于网络的、并以简单语言编写的安全应用程序商店，它可提供高效可靠的解决方案与相应的工具，使企业满足行业监管机构，董事和内部审计师的要求。该程序从公司的基本业务流程开始，并用通俗易懂的语言草拟一套清晰的控制目标，使客户可以将合规性作为其常规管理结构的一部分进行管理。Compliance Office 内的合规性工具包括仪表盘、日历工具、报告工具、控制数据库、政策数据库、定制文件、合规要求更新、热图、数据集中化和问卷工具，均用于提醒或帮助企业完成相关合规性操作以满足监管需求。例如仪表盘（Dashboard）是用于展示企业合规性情况的图形摘要；日历工具可以通过邮件提醒企业在规定的日期前完成提交报告或数据等合规性任务；远程合规要求可以实时更新加拿大相关的政策，提醒并使企业自动掌握最新的合规性要求。

Ethidex 监管模块是一组数字文档，可以使企业在相应的业务框架内满足相应的法律要求。该模块与 McMillan、Fasken 和 Borden Ladner Gervais 律师事务所合作，将加拿大和国际法规通过通俗的语言概括并发送至企业，且每季度更新一次。该模块目前主要客户为相关的金融机构与个人，包括银行、信托、贷款公司、保险公司与投资经理。

（二）身份识别与管理

Trulioo 是一家全球即时身份识别服务提供商，公司基于自己开发的 Global Gateway 平台，为金融机构、企业及个人提供身份验证、文件验证与业务验证三大服务。此外公司也为客户提供监视列表服务，使企业满足 AML 与反恐融资要求。

1. 身份识别

Global Gateway 是公司开发的提供数据与身份识别服务的平台，其数据来源于全球上百个可信的数据源，包括移动网络运营商、各国政府、信用局和国际观察名单，能认证核实所提供的姓名、出生日期、住址、邮编、电话号码、护照号码、驾照、国家 ID 等元素，身份数据源覆盖了 50 亿人和 3.3 亿个企业，可靠的数据源使得服务更加安全准确。

该平台拥有以下两个特征：（1）调整性。平台的标准化界面根据输入的数据与条件自动调整覆盖的地区，以便提高识别的准确性。同时用户还可以输入邮政编码等辅助信息进一步缩小匹配范围。（2）持续性。一旦平台搜寻到了满足条件的个体，平台将自动追踪其交易行为并保留数据，客户可以通过平台查看财务数据或生成详细的报告。

2. 验证服务

身份验证服务可以利用平台拥有的庞大数据，验证客户身份信息。该服务可以帮助平台使用者扩展国际业务，提供的数据不仅可以使企业进入新市场，还可以使企业满足当地的法律法规要求。

文件验证服务是指当企业的客户创建账户时，文档验证服务可以自动化和简化入职流程。客户可以使用移动设备或网络摄像头拍摄相关身份文档（例如驾照、护照、身份证和居留许可），平台可以捕获文档中的数据和图像。该服务适用于任何行业，并且可以将数据轻松导入到任何环境中。客户还可以通过移动设备提交自拍照。平台将应用面部识别技术来验证自拍照中的人与ID文档图像中的人是否相同。此外，在客户尽职调查期间企业还可以将身份验证服务和文件验证服务结合使用，检测伪造的身份证件，从而帮助企业满足AML、KYC和CTF的要求。

业务验证服务改进了传统验证效率，使得公司可以将精力集中于合规性与效率改进。传统的业务验证较为烦琐，对于金融机构和业务实体而言，验证业务实体都是一项技术含量低且烦琐的过程。进行业务验证的机构需要被调查公司提供正式文件，还需要从官方网站上查找收集信息，例如从官方注册表中订购公司的正式文件以验证账户持有人提交的信息；然后确定最终受益人，并对每个最终受益人进行KYC检查。Trulioo的业务验证服务可自动执行并简化此过程。公司验证会实时返回全面的匹配信息，并同时提供来自多个数据源的有关公司的基本情况，包括公司名称、注册号、地址、成立日期、运营状态和电话号码。同时，业务验证中的结果矩阵可以使数据可视化。此外，该服务使用成熟的RESTful API，客户可以自定义业务流程与验证程序，同时生成及时报告供客户参考。它为195多个国家和地区的业务实体分析，验证并提供数据情报。在尽职调查过程中，业务验证可帮助客户自动化合规工作流程，降低欺诈风险，减少人工操作，使员工专注于关键合规注意事项。

3. 监视列表

该服务主要使企业满足AML义务与KYC义务。相关企业需要对已知或可疑的洗钱者、恐怖分子或其他被认为具有高风险的人进行实时和定期的身份检查。此类高风险个人被称为政治公众人物（Politically Exposed Person），在全球范围内的各种名单中都有所标识。

Trulioo提供了全球AML风险数据源，包括国际制裁名单（由OFAC、联合国、欧盟等提供）、执法名单（由国际刑警组织、特定国家的政府和州机构以及警察部队提供），以及世界各地的监管机构（包括金融和证券委员会）。监视列表通过匹配公司的客户数据与上述的数据，识别具有犯罪历史或可疑人员的数据，处理相关结果并保存记录，这使得公司将精力集中在最高级别风险和合规性要求上，也节省额外的人工成本。

四、加拿大监管科技展望及对中国的启示

加拿大对于监管科技发展的投入是有目共睹的，加拿大政府也决心成为未来世界上的监管科技强国。加拿大致力于成为科技金融与监管科技发展领先国度的意图不言自明。未来加拿大对于监管科技的发展聚焦于以下几点：第一，在监管机构与制度方面，考虑到现行联邦、省级平行监管不利于全国监管科技的统一推进，加拿大政府也没有覆盖全国的、专门管理监管科技技术与应用的部门，加拿大当务之急是建立一个全国性、统一的监管科技部门，对监管科技的发展有明确、统一的政策指导，同时要对各省各地区监管科技发展进行统筹协调。对于交叉监管、监管缺失等问题，该部门也应促进责任落实，厘清监管机构相应的责任，提升效率。第二，扩大监管科技在银行业应用规模。加拿大银行业高集中度与健全的风险管理体系虽然保证了其金融体系的稳定，但也部分阻碍了其创新的步伐。加拿大政府也逐渐意识到了这一点，开始不断促进银行业创新，加快银行业开放的步伐。近年来，加拿大银行与外部企业与机构合作，成立创新与技术合作项目，加强金融科技在本行业的应用，此外加拿大财政部发布了关于开放银行的咨询文件，将“开放银行”定义为“消费者和企业可以授权第三方金融服务提供商使用安全的在线渠道访问其金融交易数据的框架”，征求了加拿大消费者对开放银行的看法以及联邦政府在加拿大运行开放银行应扮演的角色意见。可以预测，未来加政府将进一步扩大加银行业的开放程度，促进监管科技在加拿大银行业更广泛的应用，从而促进监管科技在国家金融体系内的推广。

中国与加拿大在金融体系与监管科技发展方面存在一定的相似之处，如银行在两国金融体系中均占据主导地位，中国目前无法满足混业经营监管要求的分业监管模式，与加拿大双层混业监管模式均在一定程度上产生了监管交

叉问题。中加两国都将大力发展监管科技，中国在一定程度上可以借鉴加拿大发展的经验。一方面，中国可以加强政府机构与企业的合作，加拿大企业开发产品、政府运用的模式值得借鉴。当前，中国的监管科技还主要依托监管当局自身的科技力量。加拿大拥有数十家监管科技公司，其中也有较多公司开发的产品供政府使用，如前文提到的 Mindbridge AI 公司开发的审计平台用于政府部门与国企的审计检查，公司也与加拿大央行合作开发预防转账诈骗的新技术，此外加拿大的 Allagma、Alessa、Secure Fact 等多家公司也与政府合作，提供交易监管、监管报告生成等服务。中国也可以鼓励相关公司的发展，为真正拥有技术与产品的公司提供更加良好的发展环境，加强与企业的交流合作。另一方面，中国可以以监管科技为杠杆撬动跨境监管合作。目前我国合规端监管科技的运用仍然集中在国内市场，在此方面加拿大的 Trulioo 公司值得借鉴。Trulioo 的业务遍布全球，为各个国家与地区的客户提供身份验证等服务，其与国际机构、国际移动运营商、世界各地政府合作，这为其提供了广泛的数据源，拓宽了其业务范围。此外 Allagma 公司的 eTaxMan 产品也被美国华盛顿州政府采用。我国监管科技公司应放眼世界，加强与国际组织与各国相关机构合作，不仅可以拓展自身业务范围，还能够为跨境监管合作提供基础，争取更大的主动权。

第六章

新加坡监管科技的发展现状及经验借鉴

新加坡作为全球排名第四的国际金融中心、亚洲最大的外汇交易中心和全球第三大外汇交易中心，已经成为亚洲金融发展的领头羊之一。近年来，金融科技已经成为新加坡金融发展的另一面旗帜，亚太地区大部分的金融科技资金已经在新加坡集聚，仅 2019 年前 9 个月，新加坡便吸引金融科技投资达到 7.35 亿美元[①]。2019 年全年，新加坡金融科技企业 IPO 交易数量仅次于伦敦和纽约，位居全球第三。在《全球金融科技指数城市排名 2020》报告中，排名分析公司 Findexable 将新加坡评为亚太地区金融科技领袖，新加坡金融科技综合实力在全球城市中排名第四[②]。截至 2018 年 10 月，新加坡共有 756 家金融科技公司，到 2019 年 8 月，这个数字已经达到 1148 家，在东盟金融科技企业的占比突破 50%[③]。因此，新加坡被认定为东盟国家中吸引新进入者最多的国家，也是该地区最具导向性的金融科技生态系统。金融科技是新加坡金融业的发展重心，因此，对金融科技的监管是新加坡监管科技最主要的应用场景。鉴

① CB Insights，*Global Fintech Report Q3 2019*，October 2019，retrieved from https://www.cbinsights.com/research/report/fintech-trends-q3-2019/.

② Findexable，*The Global Fintech Index 2020*，December 2019，retrieved fromhttps://findexable.com/wp-content/uploads/2019-/12/Findexable_Global-Fintech-Rankings-2020exSFA.pdf.

③ Lin Lin，“Regulating FinTech：The Case of Singapore”，in *Banking and Finance Law Review*，November 2019.

于新加坡蓬勃发展的金融科技、稳定的金融基础设施、法律服务中心的地位和坚定的金融监管，新加坡具备成为全球监管科技领导者的许多要素，值得全球金融监管者和业界学习借鉴。

一、新加坡的金融监管体系

新加坡的金融服务业包括以下几个方面：商业银行、金融公司、保险、证券、期货及基金管理、财务顾问、货币经纪公司、兑换、汇款业务、商业信托、信托公司以及支付结算系统，实行混业经营。金融创新对金融行业的监管属于统一功能监管模式，即由统一的综合性监管机构对金融业实施功能监管。功能监管是指对金融产品不再按照机构类型来划分，而是按照产品的功能和特性进行划分，同类产品适用同等规则，用以弥补交叉性金融业务的监管漏洞。相较于机构监管，功能监管模式更加契合新加坡金融高度创新的现状，而实施监管的是新加坡金融管理局（MAS）。MAS 既负责整个行业的宏观审慎管理，又负责各个金融机构的微观审慎监管，承担着中央银行调控、金融行业监管和促进金融市场发展的三重职责。

（一）MAS 的组织结构

MAS 在新加坡金融版图上的角色，不仅是金融业的监管者，促进和维持经济增长也是 MAS 的重要职责。MAS 采取董事会—常务理事—职能部门的治理模式，其组织结构如图 6-1 所示：

董事会是 MAS 的最高决策机构，由政府官员及财政金融界、法律界的资深要员组成，董事会主席即为央行行长。常务理事办公室是 MAS 负责处理日常业务工作的常设机构，其主要职责是接受董事会委托，定期处理各种政策和行政事务，直接管理四大职能部门，并向董事会提交年度报告。MAS 的职能部门有经济政策部门、市场与发展部门、金融监管部门及组织发展部门，各部门根据分管的业务活动自行划分日常业务小组。

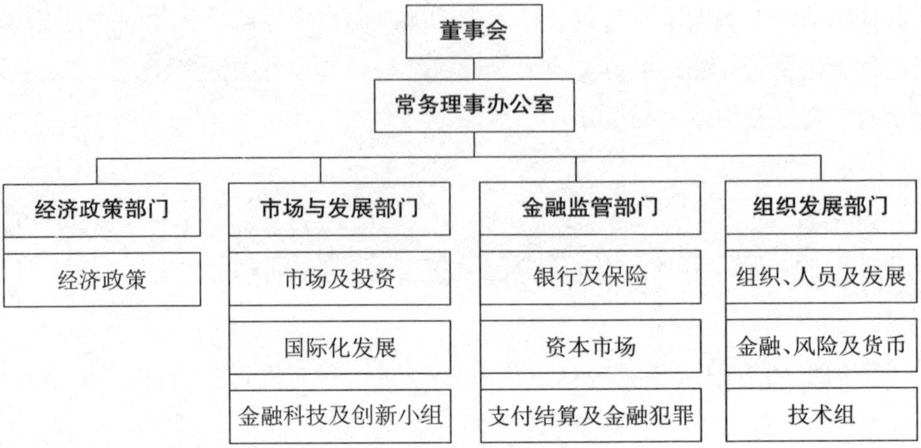

图 6—1 MAS 的组织结构

资料来源：参考 MAS 官网 https://www.mas.gov.sg/who-we-are/Organisation-Structure。

其他新加坡监管组织也与新加坡的金融业务运作普遍相关，但不作为完全独立的监管机构运行，对 MAS 负责并报告工作。会计和公司监管局（Accounting and Corporate Regulatory Authority，以下简称 ACRA）是新加坡的商业实体（包括经营金融服务业务的实体）的监管组织，所有新企业的注册都需要通过 ACRA 进行。新加坡交易所（Singapore Exchange）是新加坡唯一的证券交易所，在上市、发行人监管、会员监管和市场监督方面也发挥着监管职能。

(二) MAS 的监管边界

MAS 主要监管银行和保险业、资本市场、支付结算以及金融犯罪等行业的金融机构。

一是银行和保险业。MAS 监管超过 150 家储蓄机构，包括全能银行、批发银行、商业银行及金融公司。新加坡的信用卡和签账卡发卡机构受银行法管辖。截至 2019 年末，新加坡银行业的总资产规模接近 2 万亿美元，为新加坡贸易和基础设施领域提供了大量的融资服务，同时形成了一个成熟的全球私人银行中心[1]。同时，MAS 还负责监管所有保险企业（含注册保险公司、再保险

① MAS, *Banks: Assets of DBUs*, retrieved from https://secure.mas.gov.sg/msb-xml/Report.aspx?tableSetID=I&tableID=I.3B.

公司和金融控股公司)、保险经纪人和财务顾问。

二是资本市场。资本市场实体包括经纪自营商、基金经理、房地产投资信托基金经理、企业财务顾问、证券运营商、信用评级机构、独联体国家(Commonwealth of Independent States)核准受托人、注册信托公司和金融顾问。MAS 根据《证券与期货法》(*Securities and Futures Act*)、《信托公司法》(*Trust Companies Act*)和《金融顾问法》(*Financial Advisers Act*)获得许可并受其管辖。

三是支付结算及金融犯罪。支付服务提供商和支付系统均受《2019 年支付服务法案》(*The Payment Services* 2019，以下简称 PS 法案)的监管。根据 PS 法案，支付服务提供商被授权提供指定的支付服务，支付系统协助市场参与者之间转移资金。PS 法案授权 MAS 收集新加坡所有支付系统的资料，以监督新加坡支付系统行业的发展。

(三) MAS 对金融科技的监管

MAS 作为新加坡的金融监管机构，一直致力于金融科技监管制度的创新，意图为本国金融科技营造一个稳定且充满活力的发展环境。这对新加坡这样一个自然资源稀缺的国家来说尤为重要。新加坡金融科技发展计划的核心是更为广泛的政策支持，即把金融科技发展作为国家建设的一个关键方面。

1. 金融科技及创新小组

MAS 于 2015 年 8 月成立的金融科技及创新专项小组(FinTech & Innovation Group，以下简称 FTIG)是其负责金融科技及其监管的主要机构，作为其金融科技专责办公室，负责统筹各项措施，特别是制定与金融科技有关的监管政策，以及在金融业界动员企业运用科技进行金融创新。

目前，FTIG 由四个办公室组成：支付开发和数据连接办公室(Payments Development and Data Connectivity Office)，主要负责制定支付和其他金融服务技术创新的具体方案；金融科技基础设施办公室(FinTech Infrastructure Office)，负责为金融部门开发安全、高效的技术，提供基础设施支持，如云计算等；金融科技生态系统办公室(FinTech Ecosystem Office)，致力于寻找可能应用于金融行业的尖端技术，并为相关的创新测试提供便利；人工智能开发办公室（AI Development Office），为新加坡金融业制定和实施人工智能战略，并为全国范围的人工智能项目提供便利。

从组织结构上看，FTIG 与金融监管部门下各功能监管小组属于平级关系，但 FTIG 隶属于市场与发展部门而非金融监管部门（详见图 6-1）。这主要是因为 MAS 对金融科技秉持高度支持的态度。在实际工作中，FTIG 为金融科技的创新提供制度上和技术上的支持，但这并不意味着对金融科技的监管与统一的功能监管模式有所冲突。相反，金融科技的创新产品不仅受金融监管部门监管，还受 FTIG 指导，可以说监管模式更加严格，体现了新加坡政府对金融科技的高度重视，强调风险意识。

在金融科技监管工作中，FTIG 聘请了各种各样的人才，包括技术人员、法律顾问、创业专家和商业顾问，以更好地履行其职责。MAS 还从私营部门聘请专家来领导 FTIG，从而提高了其内部的专业水平，并吸引了技术人才来提高其技术能力。

2. 监管沙箱

为促进金融科技创新，新加坡 2016 年 6 月提出建立金融科技监管沙箱制度。监管沙箱计划旨在让金融创新者能够在一个监管宽松的环境中试验他们的想法。这个过程可以帮助监管机构评估特定的法规或政策是否会阻碍有益的新技术的发展，也是管理与金融创新相关的固有风险的重要工具。监管沙箱最初是由英国金融市场行为监管局开发的，在英国模式建立后的一个月内，MAS 就在新加坡开设沙箱征求公众意见。

相比英国，新加坡的监管沙箱更关注创新者，降低了进入门槛，更强调行业利益①，这一点也得到了金融科技初创企业的证实。最值得注意的是，新加坡的监管沙箱不仅摆脱了沙箱实体在行政和财政上的负担，简化了合规流程，还拥有更广泛的试验场（而受许可的运营商可能只接触到有限的集团客

① Christopher Chen，*Regulatory Sandboxes in the UK and Singapore*：*A Preliminary Survey*，September 2019，retrieved from https://papers.ssrn.com/sol3/papers.cfm?abstract_id=3448901.

户），这对精炼金融科技企业的核心技术是至关重要的。

此外，新加坡使用监管沙箱的一个显著特点是，它的监管重点是政策，而不是技术。通过允许实体在放松监管要求等条件下运营，沙箱旨在就当前政策的实用性和适当性提供反馈。这使得 MAS 可以在适当的时候修改其监管方式。这与以创新为重点的英国方式形成了鲜明的对比，在英国，进入监管沙箱的许可可以被授予不属于任何现有监管框架的公司。

二、新加坡的监管科技生态

金融基础设施是金融市场安全高效运行的基石，是实施宏观审慎管理和强化风险防控的重要抓手。近年来，为建立全面"监管科技生态系统"，新加坡政府不断完善其监管基础设施的建设和整合，主要是身份识别和支付结算两大方面。

（一）身份识别的公用事业项目

身份识别——KYC 是一个广义的术语，这里指金融机构识别客户身份的过程，以便能够确定和降低与该客户相关的洗钱或恐怖主义融资风险。国际报告中 KYC 与客户尽职调查常互换使用，后者反映了获取足够的客户信息，从而评估和减轻任何风险。KYC 对金融行业的平稳运行至关重要，但获取信息过程存在"成本过高"和"信息孤岛"问题，这为金融机构执行 KYC 带来巨大挑战。为解决这一困境，MAS 与众多金融机构和金融科技企业开展合作，试图为金融行业开发一个实用的行业 KYC 应用。

MAS 于 2017 年提出建设 e-KYC 公用事业项目，目的是让金融机构能够以无缝的方式识别和核实潜在客户的详细信息。该项目是由一个新加坡本土银行和大型国际银行组成的行业公用事业指导委员会进行的，该委员会向新加坡银行协会理事会报告。目标是创造一个集中的公用事业项目，能在最大限度上执行点对点的 KYC 任务的企业客户，共同分享每一个这样的记录，以减少重复和防止罪犯利用机构之间的信息不对称[①]。

目前，MAS 正探索在国家数字身份项目（National Democratic Institute，以下简称 NDI）基础上建立 e-KYC 运营的共享服务平台，如果成功的话，这个集成平台将协调各银行的 KYC 政策要求，并获得显著的系统效率。NDI 项目允许新加坡的每一位居民进行在线交易时以安全的方式建立自己的合法身份。此过程使用双重身份验证和公钥-私钥对进行加密，并建立在现有的 SingPass 系统上。更重要的是，NDI 最重要的组成部分是 MyInfo 平台，这是一种数字服务，使公民能够授权第三方访问他们在许多不同政府机构中的个人数据。至今为止，MyInfo 平台运行稳定，有超过 20 家金融机构使用 MyInfo，为客户提供超过 110 项数字金融服务。

（二）支付结算的基础设施

MAS 希望构建世界领先的支付结算生态系统，来支持“智能国家”战略的实现。新加坡试图打造一个电子化、可操作、高效安全的支付系统。为了实现这一最终状态，MAS 努力促进支付领域的创新，促进市场参与者之间的合作，创造可持续和普遍接受的高效、可操作的解决方案，同时应对关键的治理挑战，以确保基础设施的稳定。

2016 年，MAS 成立了支付委员会以推广电子支付，并促进行业内的创新和协作。该委员会推动建立了一系列基础支付设施，最新的动态是于 2019 年 1 月通过了 PS 法案，以统一和简化新加坡各种支付服务的监管要求，包括电子支付。PS 法案采用模块化和以风险为中心的方法，根据每个支付服务的范围和风险调整 MAS 的规则。这使 MAS 能够灵活应对快速变化的支付环境，并在促进新加坡电子支付的创新和增长的同时保持稳定性。

在支付委员会的统筹推进以及一系列的政策措施的支持下，新加坡的支付基础设施发展迅速，如图 6−2 所示，目前有较多可用的设施：

---

① Financelatvia，*KYC Utility Report*，June 2019，retrievedfromhttps://www.financelatvia.eu/wp-content/uploads/2019/07/KYC-utility-report-June-2019.pdf.

FAST，一个 24×7 实时资金转移的基础设施，它使参与银行的客户几乎可以立即将新加坡元资金从一家银行转移到另一家银行。

UPOS，一种接受所有主要信用卡品牌的统一销售点终端。UPOS 终端允许消费者通过一个单一的接口进行零售支付，该接口接受所有主要的借记卡和信用卡品牌。自 2017 年以来，UPOS 终端已在新加坡广泛部署。

PayNow，一种利用 FAST 实现向法人或企业即时转账的服务。PayNow 本质上是一个基于 FAST 基础设施的中央寻址方案，它使用户能够使用收件人的 NRIC 号码、电话号码或唯一实体号码（UEN）转移新加坡元资金。

SGQR，一种可以代表多种支付方案的标准化二维码。SGQR 是世界上第一个通用的电子支付二维码规范，为每个商家创建一个单一的多租户二维码，由一个中央基础设施支持，有利于银行和其他行业参与者在新加坡支付生态系统。

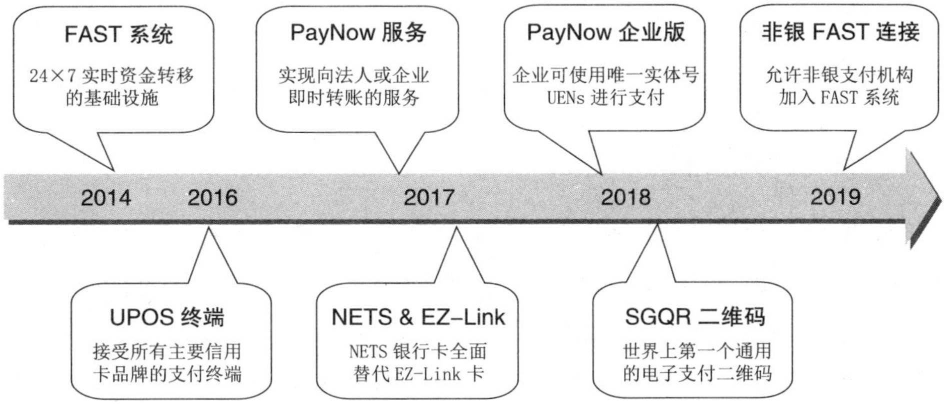

图 6—2　新加坡支付系统发展路径

资料来源：MAS, *Singapore Payments Roadmap*, retrieved from https://www.mas.gov.sg/development/e-payments.

基础设施建设对于维护新加坡金融市场的稳定具有重要意义，而更加稳定的金融市场减轻了监管科技的运用难度。同时，身份识别和支付结算两大基础设施也为监管科技提供了数据和技术上的支持，是监管的先导环节。具体来说，KYC 公用事业缩小了客户、金融机构和监管者三方之间的信息不对称程度，为监管科技提供了更多的个人数据；MAS 自建的支付结算系统则保留了大量个人和金融机构间的交易数据。丰富的数据量极大程度上简化了监管科技的数据获取环节，不仅如此，KYC 项目提供的数据共享机制可应用于监管科技在数据整合领域的应用开发。

三、新加坡的监管科技体系

在新加坡，对金融科技的监管是监管科技最主要的应用场景。目前，新加坡已经制定了一套系统的、完善的、具有创新性的金融科技监管制度，并以建立一个全面的“金融科技生态系统”为目标不断丰富制度框架。在这一过程中，新加坡的监管科技框架也逐渐成型。MAS 以监管科技的技术创新为核心，对内寻求新兴监管科技公司合作、研发监管相关应用程序，提升新加坡监管科技水平；对外加强国际交流、与各国监管机构签订合作协议，进一步扩大了其全球影响力。

（一）监管科技应用领域

监管科技是监管机构自身为支持监管而使用的创新技术，即监管过程中使用的具体技术。它帮助监管机构将报告和监管程序数字化，从而更有效、更主动地监控金融机构的风险和合规情况。许多监管机构已经在使用创新的方法来有效地实施基于风险的监管方法。现在，技术进步和数据可用性为从根本上改进现有的监控工具或通过监管科技应用程序开发更好的工具提供了潜力。

图 6—3 展示了使用监管科技的金融监管领域。监管科技目前主要应用在数据收集和数据分析两个领域。数据收集领域的核心在于数据管理，包括数据验证、数据整合和数据可视化三个关键任务。数据验证是指按照报告规则对格式和计算的完整性、正确性和一致性进行质量控制检查；数据整合实现不同数据源的对接；数据可视化为使用者提供可交互的可视化工具。数据分析领域的关键任务是文本和图像的识别，机器学习（Machine-Learning，以下简称 ML）

和深度学习（Deep-Learning，以下简称 DL）是这方面的核心技术。通过训练获取的结构化或非结构化数据，对受监管实体的行为模式进行识别，从而监控市场波动，防范金融风险。

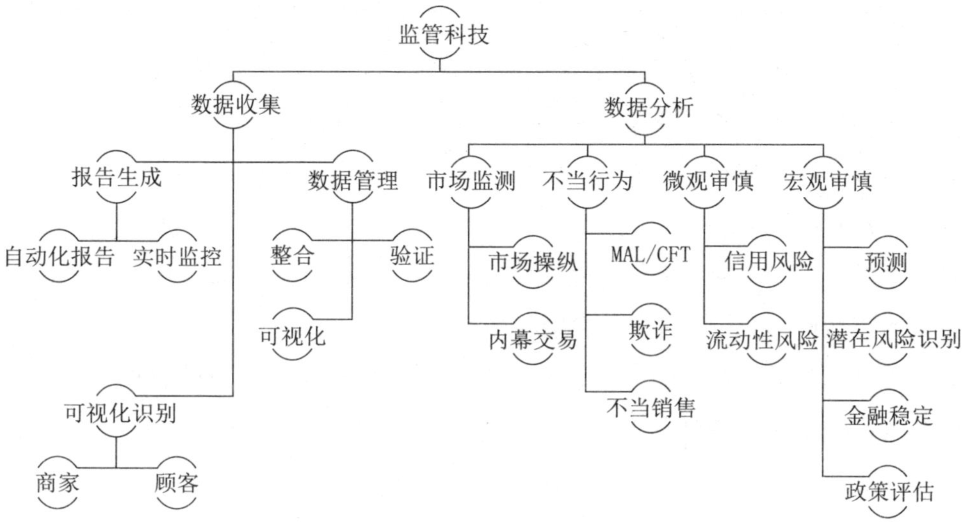

图 6-3　应用监管技术的金融监管领域

资料来源：FSI，*The SuptechGenerations*，October 2019，retrieved from https://www.bis.org/fsi/publ/insights19.html.

数据收集领域的应用程序用于报告生成、数据管理系统和虚拟助手。例如，直接从银行的 IT 系统提取数据的能力、数据的自动验证和整合，以及回答消费者投诉的聊天机器人。数据分析领域的应用程序用于市场监督、不当行为分析以及微观审慎和宏观审慎监管。例如，监测内幕交易活动、识别洗钱、监控被监管实体的流动性风险以及预测房地产市场状况。这些应用程序处于不同的开发和实现阶段，从学术研究问题到概念验证和用例验证，再到全面运行。

（二）新加坡的监管科技

新加坡一直努力完善监管科技生态系统（RegTech-Ecosystem），通过监管科技类公司或组织，如新加坡金融科技协会（Singapore FinTech Association，简称 SFA），以确定潜在的监管科技解决方案，解决数字经济中的复杂监管问题。目前 MAS 正致力于多个项目，包括使用机器学习、自然语言处理、数据可视化和大数据技术来解决棘手的问题，包括可疑交易报告网络分析、证券交易所市场操纵检测以及为银行和保险业创建仪表板等。

新加坡的监管科技在数据分析领域是领先世界的。2018 年 11 月 13 日，MAS 制定并发布了《新加坡金融业使用人工智能和数据分析“促进公平、道德、负责和透明”的原则》[*Principles to Promote Fairness*，*Ethics*，*Accountability and Transparency*（*FEAT*）*in the Use of Artificial Intelligence and Data Analytics in Singapore's Financial Sector*，以下简称 FEAT 原则]①。FEAT 原则规定了金融机构在金融服务中必须负责任地使用数据，在评估现有内部框架或开发新的内部框架时应当遵守的相关准则。目前，MAS 正牵头实施一个名为 Veritas 的项目，为金融机构提供一种可验证的方式，将 FEAT 原则融入到人工智能和数据分析领域之中。Veritas 项目组成员包括 MAS 在内的 17 个金融机构或组织，将通过研究实际案例，验证评估 FEAT 原则落实的情况，并在 2020 年下半年给出项目报告②。

FEAT 原则和 Veritas 是新加坡国家人工智能战略的一部分，有助于在金融领域建立一个渐进和可信的人工智能应用环境。“FEAT+Veritas”已经成为新加坡数据分析生态系统的实践指南和独特优势，随着公司越来越多地采用技术工具和解决方案来支持业务战略和风险管理，这一模式将增强对使用人工智能和数据分析的信心和信任。

同时，MAS 依旧在不断开拓监管科技在数据分析领域的应用。一个新兴的领域是开放银行，这是一种使用应用程序接口（API）在金融机构之间共享数据的系统。API 可以在没有人工干预的情况下直接在数据库之间传输大量数据，从而克服了通过电子邮件或网页传输文件的大小限制，并减少了耗时和容

① MAS，*MAS Introduces New FEAT Principles to Promote Responsible Use of AI and Data Analytics*，November 2018，retrieved from https://www.mas.gov.sg/news/media-releases/2018/mas-introduces-new-feat-principles-to-promote-responsible-use-of-ai-and-data-analytics.

② MAS，*MAS Partners Financial Industry to Create Framework for Responsible Use of AI*，November 2019，retrieved from https://www.mas.gov.sg/news/media-releases/2019/mas-partners-financial-industry-to-create-framework-for-responsible-use-of-ai.

易出错的手工提交，是数据收集与传输领域中应用广泛的算法。虽然新加坡银行协会（The Association of Banks in Singapore）制定了一个 API 标准，但并未要求强制性遵守。一些评论人士敦促制定开放的银行业标准，但这是否会成为现实还有待观察。在国际方面，MAS 正在探索各国数据标准标准化的方法，认为"各国之间的数据连接协议将变得和今天的自由贸易协议一样重要"。

应用程序开发是另一个关键领域。为了支持这一领域，MAS 于 2017 年启动了一项 2700 万新加坡元的资助计划，旨在支持金融领域的人工智能和数据分析的研发。这项计划至今已收到 30 多份来自金融和研究机构的申请。此外，MAS 已开始与麻省理工学院媒体实验室（MIT Media Lab）合作，进行金融科技研发，新加坡知识产权局（Intellectual Property Office）也建立了一个针对专利的金融科技快速通道计划（FinTech Fast Track Initiative），这可能将专利申请的时间缩短至 6 个月，而行业等候的时间约为两年①。

（三）国际交流与合作

新加坡在发展监管科技上积极寻求与其他国家和地区的合作。截至 2019 年 12 月 31 日，MAS 已经与法国金融审计监管局（Autorité de Contrôle Prudentiel et de Résolution）、法国金融市场管理局（Autorité des Marchés Financiers）、瑞士金融市场监管局（Swiss Financial Market Supervisory Authority）等众多监管机构签订了监管科技合作协议，与 28 个国家或地区签署了金融科技合作协议，以促进有关金融科技和监管科技的密切合作，推动区域型金融服务创新。

同时，MAS 积极推动建立跨国金融创新平台的建设。2016 年 8 月，MAS 牵头成立国际技术咨询小组（International Technology Advisory Panel），该小组就金融科技的国际发展以及新加坡如何利用新技术加强金融服务提供方案支持，成员包括国际各大金融机构的首席创新和科学官员、金融科技企业领袖、风险投资家以及技术和创新领域的思想领袖。2017 年 11 月，MAS 联合东盟银

① MAS, *New S$27 million Grant to Promote Artificial Intelligence and Data Analytics in Financial Sector*, 2017, retrieved from https://www.mas.gov.sg/news/media-releases/2017/new-27-million-grant-to-promote-artificial-intelligence-and-data-analytics-in-financial-sector.

行家协会和世界银行的国际金融公司设立东盟金融创新网络（ASEAN Financial Innovation Network，简称 AFIN），为东盟银行、小额信贷机构、非银行金融机构和区域金融科技公司之间的合作提供一个综合平台。2018 年 11 月，MAS 和信息通信媒体发展管理局（IMDA）建立中小型企业跨境创新平台——无国界商业（Business sans Borders）。2019 年 1 月，MAS 和其他国家的金融监管当局及有关组织组建了全球金融创新网络（GFIN），旨在为创新型企业提供一个更有效的与监管机构互动的方式，帮助它们在国际上寻求金融创新的同时熟悉当地监管要求。

四、新加坡监管科技的应用实践

应用程序开发是完善监管科技生态系统的关键环节。为了支持这一环节，MAS 在 2017 年便启动相关计划，以支持金融监管领域的人工智能和数据分析的程序研发。目前 MAS 正致力于多个项目，旨在通过开发具体的应用程序，确定并解决数字经济潜在的复杂监管问题。

（一）运用文本挖掘技术监管代币发行

新加坡在首次代币发行（ICO）方面领先世界，是全球第三大 ICO 市场。一些在新加坡运营的加密交易所，不仅为新加坡投资者提供交易和其他服务，还经营其他几个国家的业务。然而，新加坡政府对于数字货币的监管却稍显落后。到目前为止，MAS 还没有为新加坡的散户投资者注册任何证券代币 ICO 的招股说明书，关于代币 ICO 的相关监管条例也仍在完善中。新加坡对数字货币的开放性以及相关监管法律的不足，使得新加坡代币流通市场容易被不法分子利用，甚至用于洗钱。为解决这一问题，MAS 开发出一套基于文本挖掘技术的可疑交易报告分析系统来识别代币 ICO 活动的合法性。

文本挖掘是一种流行的 ML 技术，用于反洗钱和涉及大量文本数据解析的反欺诈用例。MAS 于 2018 年开发了一个事件影响分析工具，从新闻网站上抓取网络数据，使用自然语言处理自动检测到的所谓的“热点事件”，并将其归类为“洗钱”或“非洗钱”。这种技术被 MAS 用于检查 ICO 是否被用于非法融资。

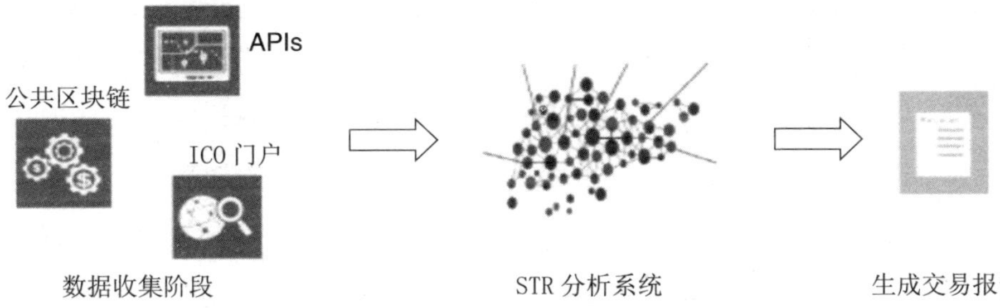

图 6—4　利用 STR 分析系统监管 ICOs

资料来源：根据公开信息整理所得，参考 https://www.mas.gov.sg/-/media/MAS/Regulations-and-Financial-Stability/Regulatory-and-Supervisory-Framework/Anti_Money-Laundering_Countering-the-Financing-of-Terrorism/Guidance-for-Effective-AML-CFT-Transaction-Monitoring-Controls.pdf。

1. 数据收集

MAS 采用先进的方法来收集和分析数字代币交易和投资的信息，并生成代币交易报告。它的技术和数据源包括：（1）加密交换器的 APIs；（2）来自公共加密区块链的信息；（3）来自在线 ICO 门户的信息聚合，特别是新加坡元和比特币之间的交易信息已经被收集。

2. 可疑交易报告识别

MAS 利用自建的数据分析系统（STR 分析系统）来识别可疑交易报告，系统的训练集是 3000 份洗钱和恐怖融资的 STR 和 MAS 文件。STR 分析系统将使用自然语言处理和机器学习技术来分析报告，它将产生一个 STR 子网络，这是所有 STRs 生成的整体 STR 网络的一部分。监测人员会利用已发现的 STR 子网络做进一步调查。STR 子网络包括从原始 STRs 生成的信息，如 STRs 中的实体以及这些实体之间的关系。基于这些信息，监管者将能够查找更多的数据，例如可疑实体的交易。

3. STR 分析系统的优势

这项技术将大大提高效率和效力。手动创建一个识别潜在反洗钱违规行为的网络大约需要两年时间，而在ICO领域，由于区块信息会实时更新，手动创建同样的网络需要更长的时间。使用AI和ML来做同样的事情只需要几分钟。此外，人工智能可以获取人类无法获取的数据模式。目前，STR分析系统的应用程序已于2018年底投入试点使用，系统的有效性有待进一步验证。

（二）监督仪表板

许多监管机构应用数据可视化技术。毕竟数据不等于信息，考虑到数据的数量、密度和复杂性，需要强大的可视化工具以一种容易理解的方式向使用者提供信息。主流的信息方案是开发数据和网络可视化分析的应用程序，例如荷兰中央银行投入大量精力将数据输出转换成逻辑指标，开发自动化交通灯和仪表盘程序。MAS使用交互式仪表板和网络图来处理成像数据，用于监管金融机构，目前主要是试点银行业监管。

可视化技术是指利用某种数据接口，对获取的数据进行加工，生成以图表和其他交互式界面为主的数据报告。目前MAS正在利用可视化技术开发一种监督仪表板，简化数据使用的体验，并为监管者提供对其监管的金融机构健康状况“一目了然”的可见性（见图6—5）。

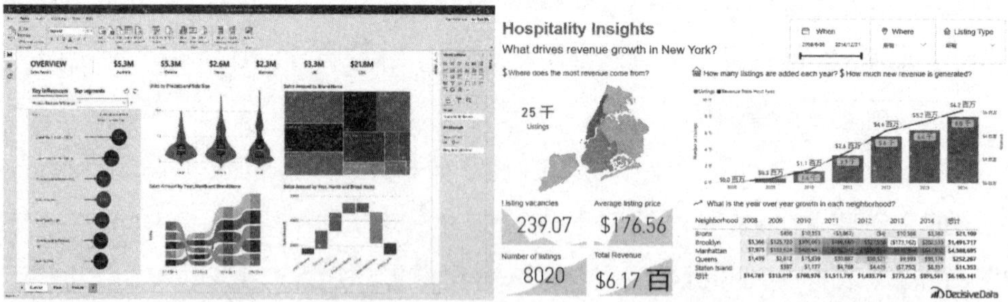

图6—5　监督仪表板效果图

资料来源：EY，*Fintech Ecosystem of Singapore 2018*，May 2019，retrieved from https://www.invoiceinter-change.com/fintech-ecosystem-singapore/.

它还可以方便地比较不同金融机构和同行之间的业绩，提醒用户异常值或指标的重大变化，并允许向下挖掘以获得对某些风险的更深入的了解。

MAS采用的数据接口是位于大数据架构之上的接口，这些接口以最小的延迟提供无缝交互的用户体验，代替需要手动更新的静态电子表格生成的仪表板。为了从数据中提取最有意义和可操作的见解，大数据仪表板允许进行许多分析操作，例如向上钻取（即沿一个维度总结数据）和向下钻取（即沿一个维度深入导航），以及跨多个维度对数据进行切片、切割、旋转和覆盖。

目前，该应用程序仍处于试验阶段，仅应用于部分银行企业，用于动态监控银行的风险敞口，试点成功后将对整个新加坡金融服务企业开放。据悉，该应用程序适用于 IOS、Android 和 Windows 的本地移动应用程序，MAS 相关部门可以在任何设备上安全地访问和查看实时仪表板和报告。

五、新加坡监管科技对中国的启示

得益于市场、技术和政府的完美融合，新加坡监管科技得到了迅速发展，形成了具有新加坡特色的发展模式：依托于先进的底层技术，立足于发达的金融市场和基础设施，受益于国家战略支持，聚焦于应用程序开发。在中美贸易磨擦和中国香港动荡的地缘政治背景下，新加坡提供了亚洲最好的商业连续性和金融稳定性，为监管科技发展带来了新的全球节点，有望成为全球监管科技的引领者之一。新加坡在监管科技上的实践经验和研究成果，对我国监管科技发展具有很大的参考价值。

一是积极制定国家相关战略。新加坡的监管科技发展离不开政府强有力的战略支持，从“智能国家”战略到“国家人工智能”战略，为监管科技发展提供了资金和政策上的保障。新加坡的实践经验表明，制定合适的发展战略，有利于引导市场健康发展。尽管我国在 2017 年的《中国金融业信息技术“十三五”发展规划》中强调加强金融科技与监管科技的研究与应用，从政策角度对监管科技提供支持，但仍未将促进监管科技的发展提升到战略高度。短期来看，政策可以引导市场资金进入监管科技和底层技术产业，市场竞争将进一步带动监管科技的发展。从更长远的角度来看，要发展监管科技，必须制定国家相关战略，加大对科研和相关领域的资金投入，培育兼备科技和监管能力的人才。

二是完善相关体制机制和基础设施建设。监管科技作为金融科技的一个全新分支，也需要制定相应法规来规范行业发展。但相比于英美发达国家，我国监管体制和法律体系尚不成熟，这也阻碍了监管科技的进一步发展。在我国，监管科技的使用还存在许多争议。例如，监管过程中运用的技术手段该不该监管以及如何监管；对于监管科技所造成的问题，责任如何判定；等等。法律制定过程中可以参考外国的实践经验，但还需要结合本国实际情况，考虑本国企业建议。新加坡在制定“监管沙箱”制度前充分征求公众意见，对英国的沙箱模式进行了诸多调整。另外，我国金融基础设施建设还有待完善，尤其是征信市场和社会信用体系建设。只有完善相关体制机制和基础设施建设，为监管科技提供制度上和数据上的支持，才能使监管技术更好地应用于金融监管，降低企业的合规风险。

三是制定通用的技术原则和应用框架。目前，我国监管部门在监管中使用的监管技术基本由大型互联网公司提供，在这一过程中需要注意技术标准问题。尽管目前工信部已经制定了人工智能和区块链等技术的众多监管准则，但监管科技使用的技术还需要专门的标准，如技术的应用标准和数据接口的标准。由于技术标准是监管技术开发过程中的重要参数，技术标准的频繁调整将加大监管技术的开发难度，降低开发的编程效率。MAS 的“FEAT 原则 +Veritas”模式或许具有非常高的借鉴价值，即由监管当局牵头，为行业和业内企业制定一个通用的技术标准和应用框架。由政府来制定通行的技术原则和应用框架，为企业技术创新提供测试环境，有利于规范监管技术提供企业的行为，降低企业的合规成本。

四是鼓励政企学合作，加强国际交流。技术的成熟是监管科技发展的技术基础。虽然我国庞大的市场规模为监管科技提供了丰富的应用场景，金融科技的发展在相当多的领域已经走在全球的前列，但在监管科技方面起步并不算快，技术成果尚不成熟。新加坡的实践经验表明，实现监管科技的升级离不开深层次的国内外合作。在我国，监管科技涉及的关键技术集中于高校和少数互联网企业，监管当局自身缺乏专业人才。因此，实现监管技术升级最迅速且最有效的方法，就是深化政学企合作。其次，我国有关监管机构要加强与其他国家监管部门在监管科技开发上的合作，借鉴他国经验为我国所用，搭建具有中国特色的监管科技体系。

新加坡监管科技实践为我国提供了大量经验，但两国的制度基础和技术水平有所不同，新加坡的发展模式并不能完全适用于中国。在借鉴新加坡先进经验的过程中，应充分考虑中国实际，实现创新者、投资者和监管者的良性互动，探索一条中国特色的监管科技发展道路。

第七章

日本监管科技的发展现状研究及经验借鉴

近年来，日本政府不断加大对于金融科技及监管科技的投资与支持力度，这使得日本相关产业与技术迅速发展。根据全球金融科技（Fintech Global）的数据，日本金融科技平均交易规模从2015年的690万美元增加到2019年的4770万美元[①]。当前，日本金融科技创新发展主要集中于加密货币与无现金支付/移动支付等领域，然而其整体金融科技的发展与运用相较于美国、新加坡、英国等国家仍存在一定差距：日本政府金融机构的金融技术工作尚停留在验证阶段，很少进入到实施阶段；区块链技术在金融领域正在积极推进，但公共或非金融领域的成功案例仍然很少；使用应用程序编程接口的金融服务也没有很高的市场渗透率。相较于近年来发展较为迅速的金融科技，日本的监管科技似乎并没有跟上脚步。

一、日本的金融科技监管环境

当前日本的金融监管权较为集中，形成了以金融厅（Financial Services

① Fintech Global，*Five of the top 10 FinTech Deals in Japan were Raised by Payments & Remittances Companies since 2015*，March 2020，retrieved from https://member.fintech.global/2020/03/06/five-of-the-top-10-fintech-deals-in-japan-were-raised-by-payments-remittances-companies-since-2015/.

Agency，以下简称 FSA）为核心，日本银行（Bank of Japan，以下简称 BoJ）为重要机构、存款保险机构，财务省与地方财务局共同参与的监管框架。金融监管权高度集中于 FSA 与 BoJ 两个部门，其中 FSA 于 2002 年正式成为内阁府直属机构，负责银行、保险、证券的统一监管，作为政府部门主要负责事后对违法违规的金融机构进行处罚；而 BoJ 则侧重于对金融系统性风险进行识别与预防。同时，FSA 与 BoJ 还肩负鼓励金融创新的职责，积极制定鼓励金融创新的政策，推动金融科技的发展。

日本统一监管的架构与监管权高度集中的特点决定了 FSA 与 BoJ 在金融创新方面也发挥着重要作用。从组织架构上来看，日本的金融科技创新自上而下可以分为三层：FSA 作为最高层次，负责金融创新政策的制定与相关法案的修订；BoJ 则负责开发金融科技的底层技术并推动具体技术运用于实践；日本科学协会（Japanese Science Society，以下简称 JSS）等民间组织加强国际及日本金融科技业内交流。

（一）FSA：金融科技政策的顶层设计

根据《金融厅设置法》规定，FSA 负责维持金融市场的稳定并保护银行储户、保险购买人与证券投资者利益。近年来，FSA 通过围绕区块链、加密货币和 API 等领域的相关法律制定以推动金融科技创新，并通过降低税负、简化流程等措施支持新的金融科技初创公司。

一方面，FSA 通过修订相关法律法规，适度放松对金融科技的管制以鼓励其发展。自 2016 年以来，FSA 对于《银行法》进行了两次修订，从宏观政策角度放松了对于金融创新企业的管制，建立行业规范并鼓励发展。2016 年 5 月的修订一定程度上放开了银行对于金融科技公司的出资限制，规定了银行如果购买非金融企业不超过 15% 的股份，无须获得日本 FSA 审批。银行得以与金融科技初创企业建立合作关系，同时支持非银行机构开展相关金融业务；2017 年 5 月的修订明确了用户与银行之外的第三方金融机构业务规范，这使得金融机构和金融科技公司更易于在规范的环境下提供金融服务。类似地，《支付服务法》也经历了两次修订，在支持虚拟货币发展的同时强化了其监管要求。2016年5月的修订明确了虚拟货币的法律地位，完善了对虚拟货币交易平台等虚拟货币交易商的规范，搭建了消费者保护的政策框架，同时规定对虚拟货币转让收入停止征收消费税，转而征收所得税；由于在2017年日本发生了大额虚拟货币流失案，FSA探讨了如何解决制度上的问题并强化监管，并于2019年提出修正法案交国会审批，修订的法案于2020年5月1日生效，修订规定了虚拟货币交易商的偿付能力，要求交易商必须保持其净资产额和可偿付资产（同种、同量以上的虚拟货币）高于线上管理的客户虚拟货币的金额，加强对于具有投资性质的首次代币发行的监管。更新后的法规促进了数字货币行业的规范发展，在保护投资者的同时，鼓励公平交易并吸引传统金融机构将投资向数字货币市场转移。

另一方面，FSA积极为金融科技初创企业提供信息咨询服务。2015年FSA设立了金融科技服务台（FinTech Support Desk），平台的主要功能是作为金融科技企业的一站式咨询渠道，为意图开展金融科技业务的企业提供咨询服务，方便其查询和交流金融科技信息。企业的咨询信息涵盖金融科技的各个领域，包括虚拟货币、ICO业务、电子支付业务、众筹业务与电子投顾业务等，内容主要包括准入标准、公司注册流程等，方便了相关金融科技企业的初步发展。平台自成立至2017年6月底，共收到222笔金融初创企业的咨询（平均每月12笔咨询）。此外，在FSA官网，平台也根据不同行业（虚拟货币、电子支付、智能投顾、众筹等）整理出了企业最常咨询的问题及答案，包括初创企业注册和通知的规定、程序和监管要求。这些解答可以使得后续从事该行业的企业直接查询到相关信息，节省了发邮件咨询及沟通的时间，提高了企业注册与运行效率。

（二）BoJ：推动技术研究与具体运用

2016年，BoJ设立了金融科技中心，旨在关注金融科技在金融服务中的运用，促进日本创新经济的发展。中心成立以来积极研究了解金融科技及其主要技术，与大量企业进行沟通，且通过举办各种论坛和会议促进各方沟通与合作；同时中心还积极参与国内外各种会议吸取经验（见表7-1）。与FSA创立的金融科技服务台不同，BoJ 的金融技术中心更偏重于具体技术的理论研究及运用，这也满足了 BoJ 作为具体技术推动机构的连贯性——对具体技术进行相应的学术研究并运用于实践，而 FSA 更加注重政策性与实践性，旨在解决企业注册与运行当中的程序性问题，作为政策统筹机构对政策进行解释与普及。

表 7—1　金融科技中心（FinTech Center）相关研究与活动

相关活动	金融科技论坛	金融科技与信息安全
		金融服务领域的开放式创新
		分布式记账技术（DLT）在金融服务中的利用
		金融科技中的大数据用例
		区块链和 DLT 的前景
	会议	金融科技与货币的未来（由东京大学和 BoJ 金融高级研究中心共同主办）
		人工智能和金融服务 / 金融市场
相关报告	付款和结算系统报告系列	从国际清算银行（Bank of International Settlements）结算统计数据看日本零售和大额结算系统的特征
		借记卡的最新趋势
		移动支付与清算的现状与挑战
		金融科技特别版——金融创新与金融科技
	BoJ 研究系列	数字货币的特征和国际讨论
		央行数字货币——海外讨论与实验
		实时付款和结算服务的发展
		致力于提高欧元在欧洲的便利性——欧洲基础设施的整合与发展
		金融科技时代的银行风险管理
	研究论文	区块链和 DLT 的法律与经济学

资料来源：Bankof Japan, *Research Papers and Reports Related to Payments and Markets*, retrieved from https://www.boj.or.jp/en/paym/r_menu_ron/index.htm/.

（三）日本金融科技协会：组织国际及本国业内交流

日本金融科技协会（Fintech Association of Japan，以下简称 FAJ）是一个

成立于2015年的一般社团法人，是私人性质的非营利组织。组织目前包括135个初创企业会员与263个加盟企业会员，同时与当地政府机构、国外金融科技协会［包括新加坡金融科技协会、瑞士监管机构金融市场监管局（Swiss Financial Markets Supervisory Authority］等保持合作关系。该组织旨在加强日本金融科技企业之间、企业与政府、本国与国际的金融科技相关信息交流，研究新技术新趋势，以此促进日本金融科技行业的创新。组织通过为其会员和金融科技界举办活动，就主要金融科技子行业和兴趣领域成立工作组，研究市场趋势以及其他活动来促进日本金融科技行业的开放式创新。

FAJ举办的会议主要包括四类：小组委员会主要负责针对不同金融科技领域，加强金融科技企业与政府主管部门的沟通，涵盖的领域包括合规、API、支付与清算以及保险等；活动报告会议介绍协会的新成员并介绍其公司的情况，同时分享最新的政策与法律信息；金融科技聚会为初创企业、金融机构和风险投资人提供了一个交换信息的平台，在聚会上各领域代表将分享金融领域最新的创新成果；"日本金融科技（Fintech Japan）"论坛邀请来自日本和海外金融科技行业前沿的企业家和专家分享世界各地的金融科技发展情况与成果。

二、日本的金融科技发展特征

近年来，日本的科技发展始终处于全球第一梯队。2015国际权威研究机构"汤森路透"发表了新的一年全球企业创新排名TOP100，日本上榜企业有40家，超过美国的35家位列第一。《经济学人》(《*Economist*》) 杂志发表2015国家创新质量报告，日本位列世界第三；在技术研发方面，日本有4个指标名列世界前茅：一是研发经费占GDP的比例列世界第一；二是由企业主导的研发经费占总研发经费的比例世界第一；三是日本核心科技专利占全球80%以上；四是日本的专利授权率高达80%，可见其专利申请的质量。在美国国家专利局（United States Patent and Trademark Office）的专利申请数中，日本仅次于美国，这一直被视作日本创新能力的一个重要指标。在全球大学的排行榜和对世界科技贡献度上，日本的大学也仅次于美英。进入21世纪以来，日本已经涌现了18位诺贝尔奖得主[①]。然而，受制于外部环境和内生动力等因素，日本的科技在金融领域的应用尚未展现出应有的优势，主要呈现以下三个特征。

一是长期通缩经济中的消费需求不足。当前日本的消费主力“80后”“90后”经历了日本“失去的20年”，其消费观念提倡简约与方便。BoJ数据显示，日本家庭金融资产中储蓄占比较高，其中53%是现金和储蓄，29%是保险和年金，14%是股权等。造成这种现象的原因除了传统观念，还在于日本较大的生活压力：FSA在2019年的报告中提出了“养老需要存款2000万日元”的观点，这让民众不得不考虑存钱养老。而从日本《2018国民生活基础调查》中可见：存款有2000万日元的家庭中，60岁以上的家庭占到了59%，30—40岁的家庭仅占10%[②]。日本家庭肩负房贷和子女教育的双重压力，一般在60岁之前难以实现财务自由，这也使得日本中年人更倾向于存款而非消费。

二是传统金融机构更关注现有系统的维护。日本消费者认知度高的金融科技仍停留在利用电脑和智能手机的网银服务等，甚至出于对网银账户以及信用卡信息被盗用的顾虑，日本消费者的网银利用率有进一步下降的趋势，从2010年的75%下降到2020年的65%[③]，部分消费者仍然选择通过银行窗口、ATM甚至现金等更低风险、更安全的渠道进行交易。德勤调查报告数据显示，日本对于IT系统的投资中，79%的资金用于已有系统的维护与修理，只有21%用于发展新的系统与技术，对应地，美国则将42%的资金投入与新技术相关的系统建设中[④]。消费者使用习惯及稳健的金融基础架构使得日本的金融

---

① 搜狐：《令人窒息！日本在创新领域已经强大到什么地步？》，2016年11月，见https://www.sohu.com/a/118177222_464023。

② 日经中文网：《谁阻碍了日本金融科技的发展》，2020年5月，见https://cn.nikkei.com/columnviewpoint/column/40120-2020-05-09-05-00-26.html?start=1。

③ 同上。

④ Deloitte，*How does Fintech in Japan Compare to the Rest of the World*，retrieved from https://www2.deloitte.com/jp/en/pages/financial-services/articles/bk/jp-fi-fintech-in-japan.html.

创新缺乏足够的动力从内部进行变革。

三是金融科技企业的发展缺少一定的外部支持。根据咨询公司埃森哲的数据，2015 年以前日本投资界几乎没有涉及过金融科技领域，在 2015 年，中国的金融科技初创企业共筹集 27 亿美元，印度 15 亿美元，美国 74 亿美元，而日本金融科技初创企业仅筹集到 6500 万美元①。这一数据在 2015 年后有所改善，2016—2017 年日本金融科技初创企业融资额达到了 2.7 亿美元，2018—2019 年上半年日本金融科技初创企业共筹集了 14 亿至 15 亿美元②，但这相较于美国、中国等国家仍有一定差距。日本投资界对于新兴互联网等行业的“不感冒”也使得金融科技企业的发展受到一定阻碍。

三、日本监管科技在监管端的应用实践

具体到监管科技领域，目前日本的监管科技仍处于起步阶段，相关政府部门构建了未来监管科技的框架及可能的应用场景，同时开展了相关实验，探求金融科技在监管中的运用。但目前看来，距离日本在监管机构中广泛运用监管科技仍需时日。

（一）FSA：金融科技概念验证中心

2017 年 9 月，FSA 成立了金融科技概念验证中心［FinTech PoC（Proof-of-Concept）Hub，以下简称 PoC］，中心旨在通过评估金融科技公司、金融机构和其他机构在合规性与风险性方面潜在的问题，进而促进 FSA 与机构合作开展实验，尝试运用金融科技改进相关问题。目前该中心已进行了四个项目，项目内容主要涉及金融科技在身份验证领域运用、简化数据处理流程等方面，成功

---

① 逐鹿网：《日本金融科技滞后于其他国家，原因何在？》，2016 年 4 月，见 https://m.huxiu.com/article/147092.html。

② Norbert Gehrke，*Japan FinTech Fundraising 2019*，December 2019，retrieved from https://medium.com/tokyo-fintech/japan-fintech-fundraising-2019-a5ceb7310d2b.

后有望进一步推广，运用到真实的生活场景之中。

项目一：运用区块链技术验证客户身份。2017 年 11 月中心进行了第一个实验项目，该项目与瑞穗金融集团（Mizuho Financial Group）、三井住友金融集团（Sumitomo Mitsui Financial Group）、三菱日联金融集团（Mitsubishi UFJ Financial Group）、德勤集团（Deloitte Touche Tohmatsu）、日兴证券（SMBC Nikko Securities）等公司合作，考虑使用区块链技术构建一个用于共同验证客户身份的系统，参与此系统后，客户与合作金融机构进行新交易时不用再次确认身份。该项目在日本区块链协会（Japan Blockchain Association）区块链合作平台上构建了一个系统。实验的具体步骤如下：（1）身份验证。首次交易前，客户需要填写系统的网络注册表格，以进行初始的个人身份识别。（2）过滤、筛选信息。在客户的个人信息提交之后，相关机构对其资质进行评定，若认为其无资格参与该系统，则在区块链上记录相关信息。（3）当客户打算在金融机构 A 进行特定交易时，系统将客户的个人身份信息和过滤 / 筛选信息传递给金融机构 A。金融机构 A 来实现对顾客的识别，确定是否与其进行交易。（4）当机构 A 确定与客户进行交易后，进行开户等特定交易时，交易明细也会被记录在区块链中。（5）当客户打算在金融机构 B 进行特定交易时，系统将客户的个人识别信息和过滤 / 筛选信息传递给金融机构 B。金融机构 B 可以查看到该身份已由金融机构 A 确认，当然机构 B 也可以再次验证客户信息以确定是否与其进行交易（这取决于每个金融机构的判断）；同样，若机构 B 与客户最终进行交易，相关交易明细也会被记录在区块链之中。实验结果表明，通过使用区块链技术构建的高级身份验证平台，简单身份验证需求已基本满足。但是，该项目仍有很多改进的空间，只有在解决用户需求、便利性和相关法律问题之后，该系统才能投入实际使用。

项目二：运用人脸识别技术改进客户身份验证效率。该项目于 2018 年 3 月开始，与日本西部银行等公司合作，在发行银行卡时运用售票（KIOSK）终端对客户进行身份验证。KIOSK 终端首先从驾驶执照等的 IC 芯片中读取客户面部照片数据，并确认驾驶执照等的真实性，然后 KIOSK 终端用摄像头拍摄游客的脸部，安装在 KIOSK 终端上的脸部使用认证技术将比较两张照片的面部特征。实验结果表明，无论年龄和性别，大多数客户平均可以在 2 分钟内完成该设备的操作。另外，通过该设备可以在较高的正确率下验证身份文件的真实性，以及顾客和身份验证文件的所有者的身份。预计将来这种新的身份验证方法的实际使用将提高用户的便利性以及银行等的效率。

项目三：运用 AI 进行初步数据筛选与分类。该项目 2018 年与三菱日联银行（MUFG Bank）、日兴证券等公司合作，测试在审核客户资料过程中运用 AI 技术，以便检验 AI 能否提升工作效率。过去，这些审核由工作人员手动进行。该项目应用 AI 来对包含自然语言的每条记录进行评分和优先级排序，然后确定应由哪些人审阅哪些文档。在人工审阅之前，AI 先充当了一级审阅者对文档资料进行分类。结果表明，与现有方法相比，利用 AI 的新方法能够在短时间内完成更多的确认工作，同时保持与当前方法相同或更高的确认工作精度，提高了工作效率。将来，通过适当地利用 AI 进行金融机构的确认审核工作有望提高金融机构的效率，该技术也可能应用于监管科技领域。

项目四：使用用户身份识别模块（Subscriber Identity Module，以下简称 SIM）卡进行个人身份验证。该项目于 2018 年 5 月开始，与日本电信有限公司、千叶银行、德岛银行等公司合作。项目建立了 SIM 上的金融科技平台 FPoS，用于验证金融交易中的电子签名，并验证该平台上交易（账户查询、转账、地址更改）的安全性和便利性。首先，平台将存储电子证书的子 SIM 卡和相应的加密密钥（私钥和公钥）连接到用户拥有的智能手机的 SIM 卡，连接智能手机 / SIM 卡和子 SIM 卡的每个终端信息。当用户使用智能手机进行金融交易时，交易信息将通过 SIM 卡发送至银行与相关金融科技公司，该过程持续加密。银行或金融科技公司在确认与从子 SIM 卡发送的交易信息相关的电子证书的有效性并验证电子签名后，执行交易。此外，平台还开发了生物识别（面部识别）和随机键盘，在保证正常操作的同时实现更高的安全性。实验结果表明，在确保安全性（包括防止交易内容被篡改）的同时，使用子 SIM 卡的新个人认证方法比使用一次性密码等的当前方法更加方便，将 SIM 卡用于个人认证可以有助于确保金融交易的安全性和便利性。将来这种新的个人认证方法有望广泛投入使用。

该中心目前正在筹划第五个实验项目，该项目与瑞穗银行有限公司（Mizuho BankLtd）、野村综合研究所有限公司（Nomura Research Institute）和谷歌云日本GK公司（Google Cloud Japan GK）合作，在使用互联网银行时对用户进行身份验证，并管理地址等注册信息。在这种情况下，银行将利用用户的智能手机或其他设备的位置信息以及人脸的照片来进行验证实验，以在确保高安全性的同时平稳地管理客户数据。该实验计划通过API合作提供“利用面部识别技术的个人身份验证/个人识别服务”，将使用智能手机相机拍摄的面部照片与存储在银行服务器中的面部照片进行对照与核实。

（二）BoJ：斯特拉项目（Stella Project）

2016年12月起，BoJ的支付与结算系统部与欧洲中央银行合作开展Stella项目，项目聚焦于DLT及其市场基础设施领域的运用前景。该计划目前的四个阶段研究了DLT技术在大额支付、证券交付、跨境支付的应用前景与该技术的隐私性与可审计性的平衡。

阶段一：DLT在央行实时清算系统中的应用。在第一阶段，项目研究了DLT在金融市场基础设施中的可能用途，主要是大型中央银行实时总结算系统（the Real-Time Gross Settlement Systems，以下简称RTGS）。项目将BOJ-NET和TARGET2（两个中央银行的实时总结算系统）的流动性节约机制复制到了公开可用的DLT应用程序中，并运行了多次测试。项目结果表明，基于DLT的解决方案可以满足RTGS系统当前的性能需求。在受限的测试环境中，BOJ-NET和TARGET2的平均和峰值支付流量均可轻松处理。研究还证实了DLT环境的预期模式。网络越大（即节点数越多），并且网络节点之间的距离越长，处理付款所需的时间就越长，一个或多个节点发送的消息被忽略的可能性就越大。此外，经过测试的DLT解决方案可以抵抗单个网络节点的故障，并能够承受大量格式错误的消息。尽管测试方案并不详尽，但值得注意的是，执行的测试系列对整个系统的可用性影响有限。第一阶段的测试结果虽然较为乐观，但就生产中的潜在用途而言，该技术还相对不成熟，DLT在央行实时总结算系统的大规模应用还存在一定时日。

阶段二：DLT在证券现金兑付中的应用。在第二阶段，项目探索了如何在DLT环境中概念性地设计和运行现金兑证券的交付。它借鉴了现有的券款兑付（Delivery-versus-Payment，以下简称DvP）方法以及目前正在讨论的创新解决方案。项目结果表明，从概念上和技术上可以设计出基于DLT技术的DvP方法，使其在同一分类账中（single-ledge DvP）或在交叉分类账上（cross-ledger DvP）实现证券与现金的兑付。但是，DvP的具体设计取决于DLT平台的特征，包括参与者之间共享的信息范围、数据结构和交付资产的锁定等。第二阶段已经证明，从概念和技术的角度来看，在DLT环境中可以遵循不同的设计以实现现金证券结算，并且在分类账之间不需要任何连接。但是，鉴于将DLT应用于DvP安排的讨论仍处于早期阶段，因此有必要对各个方法的安全性和效率进行进一步分析。此外，法律方面的内容也需要进一步探讨。

阶段三：DLT在改善跨境支付中的应用。跨境付款是涉及多个司法管辖区中的各个实体之间的付款。与国内支付相比，它们通常具有速度慢和成本高的特点。项目第三阶段在前两个阶段的基础上，扩展了交叉分类账的研究范围，并研究了可用于交叉分类账各种付款方式的安全性和效率。结果表明，无论是通过账本本身还是通过第三方，只有具有强制机制的付款方式可以确保在交易过程中完全履行其职责的交易方不会承担遭受交易损失的风险。此外，使用哈希时间锁定合同（Hash Time Locked Contract）付款方法的实验证明了在不同类型的分类账之间进行同步结算的技术可行性。总之，从技术角度来看，可以通过使用同步付款并锁定付款链中资金的付款方式来改善跨境付款的安全性。但是，应该指出的是，在考虑采用这种新方法之前，需要对法律和合规性问题、技术的成熟度以及成本效益分析进行进一步的考量。

阶段四：DLT在隐私性与可审计性之间的平衡。结算资产，如稳定币、中央银行数字货币或其他类型的数字资产等，可以在基于DLT的平台上使用。由于参与实体拥有节点并在彼此之间共享交易信息，因此DLT网络上的交易无疑会引发有关隐私的问题。目前已经出现了所谓的增强隐私技术/技能（Privacy-Enhancing Technologies/Techniques，以下简称PETs）来解决这些问题，例如限制第三方对信息的访问。同时，在基于DLT的支付和结算系统中需要安排包括可以检查交易的第三方，即审计员，以确保问责制。但当审计员检查使用 PETs 保密的交易时，就会出现挑战。因此，项目第四阶段分析了在分布式分类账环境中如何平衡机密性和可审计性，项目探索了 PETs 将如何确保机密性，以及适应基于 DLT 的金融市场基础设施（Financial Market Infrastructures）中的交易审计的安排。项目实验结果确保交易机密性的基本功能，并评估了即使确保机密性也可以有效地进行审计。项目结果可以用作选择 PETs 以及设计交易审计流程的起点。

四、日本监管科技在合规端的应用实践

日本对于监管科技的框架构建仍处于起步阶段，而日本从事监管科技的企业规模也十分有限，虽近年来有一定改善，涌现了 GCA TECH、GAIAX 与 SAPPHIRE 等监管科技公司，但仍主要集中于了解你的客户（KYC）、了解你的业务（KYB）与反洗钱（AML）领域为企业提供合规性服务。

（一）Trustdock 身份验证 API 平台

Trustdock 是由日本 GAIAX 公司开发的身份验证 API 平台，它是目前日本唯一提供 e-KYC 和身份认证 API 服务的平台。该平台使用 JavaScript 编译，可以嵌入各种应用程序之中，以便客户可以随时使用 KYC 功能。

公司的 API 平台针对不同的客户与对象提供不同类型的服务，包括针对个人客户的个人身份识别、个人号码获取、账户信息确认服务，针对企业的公司业务识别、AML 合规性及风险识别服务。对于针对个人的认证服务，平台通过在线上传个人的“驾驶执照 / 驾驶历史证明 / 护照 / 身份证”等证件对个人进行认证，经过平台验证后的个人信息可以用于满足其他企业的验证要求。个人识别 API 将用户提交的身份证明与单独输入的服务注册信息（应用程序信息）进行匹配来确认用户身份；ID-Selfie API 通过比对身份证明上的相片与提交身份证明的客户脸部特征进行远程身份验证。针对公司的验证 API 通过比对目标

公司注册信息与该公司历史业务记录验证相关公司业务的真实性；AML / 政治公众人物（Politically Exposed Person，以下简称 PEP）风险确认 API 则是根据法律规定，对相关公司业务与数据库进行检查以保证其符合 AML 规定。该平台具有操作简易的优点，同时平台也会实时根据日本法律变更及时升级。

此外，Trustdock 目前正在开发一款新的、日本唯一的身份验证和数字 ID 应用程序，通过与公司的 API 服务链接，该应用程序可以完全实现在线身份验证。这样，Trustdock 可以加快任何数字服务提供商的账户开设过程。它将运用日本新的《反洗钱法》(《防止犯罪收益转移法》) 中定义的 e-KYC 流程，以及官方身份验证（通过读取“个人号码卡”上的 IC 芯片）。Trustdock 同时已经开发并使用 PoC 项目四中的个人号码卡来管理身份验证应用程序的操作，它计划推动使用个人号码卡进行政府和私人服务的身份验证，并为实现日本政府领导的数字社会做出贡献。

（二）GVA TECH 公司的法律服务产品 AI-CON Pro

GVA TECH 是一家日本监管科技公司，运用 AI 与 IT 技术为企业提供法律服务，帮助公司解决合同中的法律差异。公司成立于 2017 年 1 月，核心产品是 AI-CON 及 AI-CON Pro，产品为企业提供 AI 合同审查服务。

AI-CON 是在浏览器上运行的产品，用户上传要审阅的合同文件，AI 将对合同内容进行分析，并且通过机器学习学会了法律知识的 AI 会为每份合同确定“不利”、“有利”和“中间”三种评价。如果是“不利”，则 AI 可以检查原因，指出合同风险、历史类似情况以及更正示例。以此为参考，用户可以根据实际业务情况与对方进行协商，并根据需要修改合同文本。2019 年公司又推出了 AI-CON Pro，该产品针对的客户为那些拥有内部法律部门、且拥有自己的合同检查标准的大公司，旨在解决 AI 判断与公司内部标准不符合的问题。AI-CON Pro 在 Microsoft Word 上运行，使用 Word 的加载项功能安装 AI-CON Pro，上传用户自己的合同模板并使用它。用户在审查第三方合同时，Word 界面右侧将会显示已导入 AI-CON Pro 的内部合同，并通过研究两者之间的区别进行审查。AI-CON Pro 通过分析每个合同每个条款的内容相似性来匹配条款，当用户选择要考虑修改的另一方合同的一部分，则合同的相应条款将自动显示在右侧。AI-CON Pro 的主要能力是实现个人定制，在 AI-CON Pro 中收集并积累各个公司的内部标准，从而可以更广泛地满足客户需求。即使负责人变更或退休或新成员加入时，也可以快速共享公司规则。总结来说，AI-CON Pro 被用于具有清晰内部标准及高法律素养的公司，而 AI-CON 被用于没有内部标准并希望通过 GVA TECH 标准有效对冲风险的公司。通过将所建议的产品按客户细分，可以满足不同的需求。

除了 AI-CON 合同检查服务，公司还提供由律师监督的合同模板下载服务，在公司网站用户可以下载并使用适合自身业务的模板。目前网站拥有 37 种合同模板，包括保密协议、许可协议、经销商合同、销售合同与服务条款等。此外公司还提供注册服务，该服务通过上传所需的文件并进行一些必要的文字输入，在最少 15 分钟的时间内自动创建公司注册所需的文件。涉及的业务包括公司搬迁、人员变更、股份发行等，已有超过 800 家公司使用该服务。

（三）AI 成本审查平台 SAPPHIRE

Miletos 公司建立的 SAPPHIRE 是一个运用 AI 云服务进行欺诈检查的费用审查平台，该平台从费用数据中识别出高风险费用申请，并且提升了费用检查效率。随着公司合规意识与成本意识的提升，费用支出检查并确保正当的支出是保证公司平稳运行的前提，然而人工检查流程的高成本与低效率需要改善。SAPPHIRE 平台可以在减少检查工时的同时，通过 AI 机器学习识别新型欺诈手段，提升费用检查的准确性。

SAPPHIRE 运行步骤包括三个：首先根据用户业务类型确定费用审批流程、定义数据类型与费用检查内容，并建立分析环境。其次，用户将公司费用数据导入平台的环境中，AI 平台通过比对历史数据以及该公司与行业内其他公司数据对该公司数据进行分析，并通过确定公司所适用的法规调整对数据进行风险评估。最后平台会出具公司的费用分析报告，并提出流程及业务的改进建议。平台的优势在于其可以在不改变会计计量方法的情况下快速检测到欺诈行为，同时运用多个行业数据来源判定最新型的费用欺诈方式。

五、日本监管科技展望

基于日本金融科技的监管环境和发展现状，结合国际监管科技发展的路径和趋势，我们认为未来日本监管科技的发展将聚焦于以下几点：第一，明确金融科技创新和监管科技的发展路径。目前，在监管机构设立方面，日本对于金融科技的管辖较为零散，只是在FSA与BoJ下设立了相关的小组，没有设立专门的部门，也没有针对金融科技与监管科技的发展规划与途径；在立法方面，日本在虚拟货币及支付领域较为先进，但在金融科技的总体发展与其他子领域方面的法规仍然缺失。这使得日本金融科技发展在政府层面缺少统一、明确的政策规划和法律约束。第二，拓展日本监管科技的应用范围。从文中搜集到的数据及案例来看，日本监管科技企业的发展大多集中于合规端，为企业与个人提供KYC、合同检查及费用控制服务，而在监管科技的监管端运用上仍然以政府为主导，缺少开发相关产品或提供服务的企业。第三，加大对监管科技企业发展的扶植力度。日本监管科技企业数量与规模仍然较小，运用场景较为有限，更多还是靠企业自身去发掘应用场景并设计产品，鲜有与政府合作的企业，相关企业也缺乏政府的资金、技术支持。未来日本政府可以设立监管科技小组，对于初创监管科技企业可以为其提供顾问服务与技术支持，帮助企业拓展应用场景并涉及开发产品；对于已初具规模的监管科技企业，小组可以帮助其扩大服务范围，将其服务与银行体系、政府部门相对接。总而言之，未来日本应从宏观上针对金融科技发展设立单独的部门，明确监管科技的发展路径并提供法律规范，微观上应加大对于监管科技企业的扶持力度，鼓励监管机构和企业不断拓展监管科技的应用场景，并将监管科技广泛运用于监管和合规领域。

第八章
中国监管科技的发展现状评估

我国金融科技的发展位于世界领先地位，但监管科技起步较晚，近年来我国也开始致力于监管科技的研究与应用，但无论是从技术创新还是从实践应用来看，监管科技都还处于相对初步的位置，监管机构面临的监管科技需求依然比较旺盛。

一、监管科技发展的背景

2017 年中国人民银行（以下简称央行）成立金融科技委员会，明确提出强化监管科技的应用实践，这是监管科技首次正式出现在监管部门的对外表述中。同年，央行印发《中国金融业信息技术"十三五"发展规划》，提出加强金融科技和监管科技的研究与应用，监管科技开始全方位发展。虽然我国有关监管科技的政策文件出台相对较晚，但监管部门此前对于科技手段的尝试为我国当前监管科技的发展奠定了良好的基础，如成立信息科技部门开展信息科技风险防范工作，此后采用一系列科技监管手段加强对金融风险的排查和分析。除了监管部门对监管科技发展的支持与规划外，金融机构和科技公司也是监管科技领域的重要参与者和推动者。综合而言，我国监管科技取得发展的原因如下。

从监管框架看，金融创新对分业经营模式的挑战有望通过监管科技缓解。当前，我国金融监管体系是分业监管的格局，近年来金融创新层出不穷，金融机构业务出现跨领域交叉与融合，且金融科技催生的新金融业态频频触及现行监管盲区，因此分业监管格局下多头监管与监管缺位现象屡屡发生。然而，分业监管模式下金融基础设施被割裂，各监管部门各自为政，信息孤岛现象普遍存在，缺乏统一的信息数据平台从整体上把握金融体系的风险状况。而监管科技可以利用大数据、云计算等技术在不同监管机构间建立数据共享平台，促进监管机构之间的协调运作，解决现行监管体制下存在的问题。

从监管边界看，金融创新对属地监管模式的挑战可以通过监管科技对冲。长期以来，中央与地方的监管边界模糊，地方促发展与防风险之间的冲突以及地方属地监管与当前金融机构去实体化跨区经营之间的冲突，是我国金融监管体系面临的挑战之一。地方金融监管采取属地化管理，而科技的发展导致金融机构的去实体化及金融业务的跨区域经营，这加剧了地方监管机构片面追求区域经济发展而弱化风险治理的现象。而监管科技自身的科技属性可以在一定程度上缓解这些问题，通过利用大数据、云计算等手段对海量数据进行整合与分析，可以减轻人力负担，且监管科技可以突破地理辖区的限制获取交易信息，缓解互联网金融业务跨区域经营导致的监管困境，并可通过在央地间、不同区域间建立数据共享平台增加地方金融风险处置的透明度，强化中央对地方以及地方之间的监督与协调。

从监管模式看，传统监管模式存在的诸多痛点倒逼监管部门寻求创新监管模式。在金融数据的报送中，传统监管方法依托统计报表的定期报送，报送频率包括月度、季度和年度，存在报送频率较低、出错率较高等问题。在金融风险识别方面，传统监管方法的数据处理能力有限，信息获取渠道多依赖于金融机构报送的定期报告，对于金融机构的监督和金融风险的识别存在滞后性，且由于监管双方信息不对称的存在，监管机构或较难分辨信息的正确性。在金融风险监测方面，由于金融科技会加剧金融活动的顺周期性，加剧金融市场波动，放大风险对金融市场的冲击，而传统监管指标侧重于对微观主体进行监测，对于新金融业态金融活动相关性、隐蔽性难以捕捉，对在此基础上聚集的系统性风险也缺乏预警。监管科技可以通过数据的实时传送降低监管双方的信息不对称及监管的滞后性问题，通过多渠道、多来源的数据实现数据验证，并对不同主体的同质性、相关性及其带来的系统性风险提供前瞻性的判断。

从风险本身看，监管复杂性的上升和新型风险对监管提出了新的要求。2008年金融危机以来，为了反思危机提升金融体系抵抗风险的能力，监管要求的复杂性大幅提升，从而使得金融机构合规成本大幅增加。据统计，2008年金融危机以来监管罚款达3000亿美元①，48亿美元被花费在监管合规领域②。而同时，随着金融科技的发展，金融风险日益复杂化，金融机构自身也需采用科技化手段以应对新的风险形式，但同时也催生了一些新型风险，传统监管模式对这些新型风险既不熟悉，识别和监测的能力也较低，这均提升了金融机构对监管科技的需求。监管科技可以凭借其快速而全面的信息获取能力与强大的数据运算能力，协助监管部门对复杂的金融体系进行解构与分析弥补监管漏洞，提高监管效率。

因此，在多方需求下，我国监管科技亟待发展。虽然监管科技已在国际上广泛运用，但对于监管科技尚未有统一的定义。本文讨论的监管科技分为两个角度，一方面表现为监管机构利用科技手段提高监管效率，另一方面表现为金融机构利用科技手段满足合规要求、降低合规成本。

二、传统金融监管体制下的监管科技发展

2017年以来，我国金融监管框架初步形成，采取中央为主、地方为辅的双层监管体制，在中央层面，设立国务院金融稳定发展委员会、央行、中国银行保险监督管理委员会（以下简称银保监会）、中国证券监督管理委员会（以

① MEDICI and EY，*RegTech Top 21：A Global View of RegTech Innovation*，July 2018，retrieved from https://gomedici.com/uploads/RegTech-Top-21.pdf.

② Alvarez & Marsal and Burnmark，*RegTech 2.0*，January 2018，retrieved from https://www.alvarezandmarsal.com/sites/default/files/regtech_2.0_report_final.pdf.

下简称证监会），形成“一委一行两会”的监管格局，央行更多地承担宏观审慎监管职能，银保监会和证监会则更多地承担微观审慎监管及行为监管的职能。在地方层面，地方金融监管机构主要由央行分支机构、两会派出机构、地方金融监督管理局和其他相关职能部门构成，地方金融监管可以帮助弥补中央垂直监管下的监管漏洞，目标在于谋求地方经济金融发展以及做好地方金融风险防控工作。监管科技作为提升监管实力的手段，其发展格局与现行监管体制相辅相成，一方面依附于现有监管体制而存在，另一方面也促使现行监管体制的创新。

（一）中央层面的监管科技现状

监管科技作为一种监管手段，其发挥作用仍离不开金融监管实体的执行、运作和推广，在中央监管层面，我国监管机构主要通过新设科技事业部或利用原有下属事业单位牵头搭建监管科技框架，或由其自主研发，或通过与外部技术服务供应商合作实现。

从顶层设计看，央行于 2017 年 5 月设立金融科技委员会，主要负责金融科技领域的政策指引和统筹规划，成员单位包括科技司、货币政策司、金融市场司、金融稳定司、支付清算司、征信局、反洗钱局等相关司局，旨在加强金融科技工作的研究规划和统筹协调。2018 年 8 月，证监会印发《中国证监会监管科技总体建设方案》，该方案把监管科技的发展分为监管科技 1.0、监管科技 2.0、监管科技 3.0 三个阶段，指出监管科技 3.0 工作的核心是建设覆盖整个资本市场的监管大数据分析平台，以此为基础综合运用数据挖掘等技术，实现全方位监控，并于 2020 年 6 月正式成立科技监管局，以统筹协调监管科技建设工作、推动落实监管科技发展规划，为数据标准化治理、数据资源共享、监管平台建设等领域开展工作提供有力支撑。

从系统落地看，银行领域已经尝试运用金融科技对已有的信息化系统进行更新和完善。例如，监管部门通过建设检查分析系统（Examination & Analysis System Technology，以下简称 EAST）提取银行数据，形成了一系列粒度细、穿透性强的数据资产。一方面监管机构可以通过云计算、人工智能等技术对 EAST 基础数据进行建模处理；另一方面，EAST 数据本身作为银行的数据资产，银行同样可对其进行数据治理与挖掘，以提升自身的合规管理水平。当前该系统已步入 4.0 阶段，共包括 10 个监管主题域、66 张数据表、1852 个数据项，基本实现了对银行财务、交易、管理层面数据的全覆盖，从而形成了大数据平台。云计算技术可对 EAST 收集的海量数据进行整理，人工智能技术可利用 EAST 数据实现监管合规自动化监测，从而对银行的业务合规情况进行判断。另外，由于 EAST 数据细化至交易层面，当发现异常数据时，可通过追溯具体交易信息实现违规行为的精确定位。

从分支机构看，反洗钱监管部门于 2016 年 10 月起开始建设反洗钱监测分析二代系统，在经过系统的大数据平台集成方案设计、业务流程设计、逻辑模型设计后，该系统自 2018 年 12 月起逐步上线运行。其大数据分析平台运用分布式架构，可以解决传统技术架构面临的非结构化数据处理等问题，该系统涵盖银行、保险、证券、信托、消费金融领域等从事金融业务的各类机构，对反洗钱监测业务流程实现全面覆盖，提供了反洗钱数据库，是重要的金融基础设施。证券领域的相关部门也在数据分析与技术开发方面，通过与外部监管科技公司合作，将大数据、云计算、区块链等新技术应用于现有金融基础设施，以完善现有监管措施。

（二）地方层面的监管科技现状

地方金融监管机构主要通过与外部技术服务供应商合作发展监管科技。当前，承担技术服务供应商角色的机构主要包括互联网公司、金融软件服务公司和聚焦监管科技服务的技术公司等，此外，还包括辅助输出监管科技服务的信用征信公司。目前，地方金融监管机构已通过成立反诈骗实验室、大数据监管平台等方法对各类金融风险进行识别与监测，并成功应用于打击网络借贷等领域的非法集资和欺诈行为。

例如，某机构与地方金融监管局共同建立的金融安全大数据监管平台，可以提供从数据的存储、清洗、计算到最终呈现的一站式解决方案，该平台将自有数据与金融监管部门本地数据整合，运用机器学习技术根据地方监管机构提供的金融案情构建风控模型，并围绕信用风险、流动性风险、操作风险、市场风险等构建风险量化指标，助力监管机构实现对 P2P、ICO 等高风险领域的穿透式监管。此外，该平台也可以应用于地方金融机构以帮助其降低合规成本。目前该平台已在北京市和深圳市成功上线，同时该机构正在推进与其他省市的合作，该平台的应用范围有望进一步扩大。

（三）行业自律组织的监管科技应用

近年来，随着监管科技的迅速发展，各金融行业自律组织也尝试将科技手段应用于各项管理活动，其中比较有代表性的是在证券市场和期货市场的应用。

证券市场领域。当前证券市场领域环境日趋复杂，繁杂的数据资料给监管人员增加了负担，企业之间隐蔽的关联关系提高了监管的复杂度，且企业在财务方面愈发难以辨别的违规行为给监管带来了挑战，对于违规线索的挖掘已成为监管的重心，部分交易所自主研发的“企业画像”系统可在这一领域帮助提升监管水平。该系统于 2018 年 10 月上线，系统依托深交所历年来积累的上市公司监管数据，利用关联分析、大数据、自然语言处理等技术，对企业的股权关系、工商信息、财务信息等进行运算和分析，将公司的风险标签化。另外，“企业画像”系统的关系图谱功能可以穿透识别企业的关联关系，探寻关联交易。上述系统能够多维度实现企业股权质押等风险点的可视化，帮助监管人员发现潜在的违规线索，目前二期项目已成功上线。

期货市场领域。期货市场领域的高杠杆、高投机性易引发一系列不正当行为，如内幕交易、操纵市场等行为，这些行为扰乱了期货市场的价格形成机制，并会严重损害投资者利益，因此对于异常交易行为的识别是防控期货市场风险的重要着力点。部分交易所通过建设大数据平台，利用机器学习、知识图谱等技术提高监管的智能化水平，在交易合约、关联账户等角度对交易实体进行多维度画像，并通过自然语言处理技术引入舆情分析辅助监管，从而大幅提升异常交易监测效率。

三、中国版的监管沙箱：金融科技创新监管试点

如前文所述，监管沙箱概念最早由英国金融行为监管局于 2015 年 3 月提出，旨在保障消费者权益、防范金融风险的前提下，为创新金融产品提供真实快捷的测试环境，实现金融创新与监管的平衡。当前金融监管与金融创新的矛盾在金融科技的催化下日益凸显，而监管沙箱作为创新监管模式，可在确保金融稳定、防范金融风险的前提下，最大限度实现金融创新。金融科技创新监管试点作为中国版的监管沙箱，在理念上与国际上的监管沙箱较为相似，同样秉持柔性监管理念，把握创新金融产品的创新价值和潜在风险。此外，监管沙箱规范的申请和测试流程可以降低金融创新的合规成本，从而减轻金融机构通过监管套利等手段发展金融创新而造成的金融乱象。

（一）中国版监管沙箱的发展现状

目前监管沙箱已在国际上广泛应用，我国亦加快了监管沙箱实践的脚步。2019 年 12 月 5 日，央行正式宣布在北京市率先启动金融科技创新监管试点，探索构建包容审慎的中国版监管沙箱。

3 月 16 日，北京金融科技创新监管试点六项应用完成登记，正式向用户提供服务，待创新应用产品顺利通过测试，出箱后便会纳入正常的金融监管。这六项应用中，有部分应用在入箱前便已上线运营，这意味着监管创新试点并非一味地追求项目的创新性，还应考虑沙箱建立初期对稳健运行的要求，而较为成熟的产品风险较低，更适用于沙箱建立初期的摸索阶段。另外，第一批入箱项目的实施机构被要求必须为持牌机构，同时允许金融科技公司与持牌金融机构合作入箱。

3 月 27 日，第二期北京市金融科技创新监管试点创新应用项目的征集公告发布，其中指出项目申报主体可以是持牌金融机构，也可以是金融科技企业。这本质上体现为竞争中性原则在沙箱准入层面的实现，准入机制的重点应

在于金融创新项目本身存在的风险和带来的社会效益，而不应将是否持牌作为限制条件，非持牌金融机构项目入箱可以减少监管漏洞，而监管机构的早期介入也可减少监管不确定性，还能够降低相关风险在非测试环境下可能存在的高传染性。

此外，各入箱项目的《金融科技创新应用声明书》明确指明了项目的风险补偿机制、退出机制和应急预案，反映出监管机构对于风险防范机制和消费者保护的重视。目前我国仍处于创新试点建设初期，出入箱管理流程等配套细则仍在完善中，未来在观察入箱项目的进展及相关试点情况后，监管部门会制定相应监管细则，完善相应评估标准，对项目从入箱到出箱的完整流程进行规范。

（二）中国版监管沙箱的特色

英国作为最早实施监管沙箱的国家，运行模式已相对成熟，而我国目前正在探索符合自身发展阶段的监管方式，在实施目标和监管模式方面与英国略有不同。

在实施目标方面，中国版监管沙箱更关注金融创新业务的规范和引导。由于英国本身没有庞大的市场，创新动力相对较弱，因此创建监管沙箱的目的主要在于鼓励金融创新，而我国金融科技创新发展势头强劲，因此设立监管沙箱的目的在于加强对金融科技创新业务的规范与引导。此外，金融发展的本质应是服务于实体经济，因此我国在入箱项目的选取上更注重解决中国经济运行中存在的实际问题，如通过鼓励引入具有业务普惠性的项目帮助解决小微企业融资难等困境。

在监管模式方面，中国版监管沙箱引入了社会监督和行业自律。监管机构披露拟入箱项目信息，向社会征求意见，社会公众可以通过建议、投诉等方式对创新产品进行监督，因此该种监管模式可以纳入专家和消费者对于项目的反馈以更全面地评价项目。但也应注意到，由于社会监督可能会错杀创新和姑息套利，因此应只将其作为辅助措施，仍需重视监管部门和专业人士对项目的评价。

四、合规端的监管科技应用

监管科技在合规端的运用同样值得关注，通常表现为金融机构利用下属科技部门或与第三方科技公司合作，利用云计算、大数据、区块链等技术来降低合规成本、提升合规水平。

在客户身份认证方面，京东金融打造安全魔方风控方案，目前已成功运用于工商银行、大连银行等金融机构。该风控方案基于生物探针、人脸识别、机器学习等多项技术，利用京东金融在多领域的结构化和非结构化数据形成用户画像，通过挖掘大数据背后的用户信息进行验真，并通过社群探测等技术增强风险识别能力。其自主研发的循环神经网络（Recurrent Neural Network）时间序列算法可基于用户浏览网页的行为进行建模，增强用户识别的准确率，且生物探针技术可以有效应用于客户身份验证方面，通过收集用户使用手机时的按压力度、触点位置等行为数据，利用算法对传输至后端的数据进行识别，从而判断是否为用户本人。此外，京东金融采用的图计算技术不仅涵盖了用户自身维度的信息，还涵盖了与用户行为相关的行为信息，从而提高了用户识别的准确度。

在合规政策解读方面，和合信诺与招商银行共同建设智能合规知识引擎项目，该项目主要解决监管趋严下合规成本快速上升的问题。该产品主要包含以下三个功能：一是知识数字化，即通过大数据分析、人工智能等技术，将大量复杂合规文档中的政策要求等合规知识通过计算机系统的合规知识入口来对内梳理和承载；二是知识系统化，即通过建立合规知识图谱，将复杂的专业知识对外体系化输出；三是知识智能化，即利用上述功能实现文档的快速检索，减少文档查询时间，并实现智能合规政策咨询，帮助业务人员解答客户问题，对客户交易进行分析。该系统改变了传统的合规政策的解读和传播方式，帮助招商银行节省了解读繁杂监管文档的时间成本和人工成本。

在风险预警方面，百度在信贷领域打造风险预警系统，百度云和百度大脑在大数据收集和建模、机器学习和自然语言处理等方面的优势是系统成功运行的保障，该系统可通过建立风险识别模型来对已授信企业和新增授信企业进行全面风险监测（见图 8-1）。具体而言，主要分为以下阶段。第一阶段是进行数据收集与整理，系统可以实现对企业相关数据的全网收集，从而多维度对企业进行评价，百度云天算平台对包括非结构化数据在内的银行底层数据进行解析和转换。第二阶段为数据分析，百度云天智平台通过感知 API，利用正文提取、关键词提取、情感分析等技术对数据进行自然语言处理。第三阶段为预警管理，系统通过大数据平台及深度学习平台对上游经过处理后的数据进行分析和处理，据此生成企业画像，进而判断异常企业产生风险信号，传送至下游风险预警系统，并对接行内风险信号处理流程。目前该系统已成功运用于民生银行、中新力合征信等。

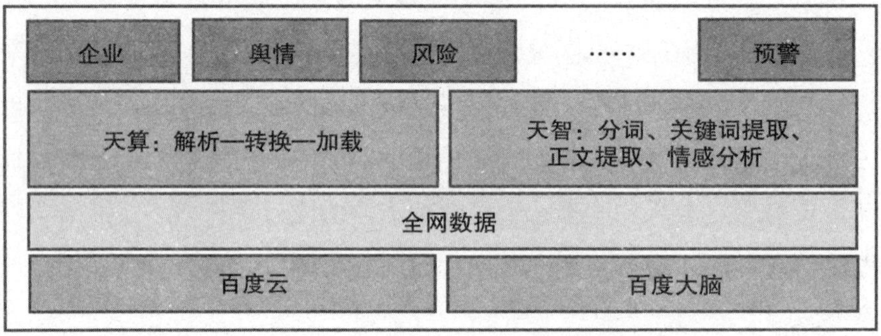

图 8-1 百度云风险预警系统

资料来源：根据公开资料整理，参考 https://www.sohu.com/a/127800801_115080。

五、对我国监管科技发展建议

一是积极推动监管科技制度建设。良好的监管环境有利于监管科技的发展，我国监管科技的发展更依赖于监管部门的推动，因此更需建立起适合监管科技发展的监管制度。一方面，应继续加强我国监管科技的顶层设计，明确监管科技的发展规划以及各部门在其中承担的角色，具体可由金融科技委员会负责监管科技发展的总体协调工作；另一方面，加强央地之间、地方与地方之间的协调，并成立跨部门的协调机制，以减少各部门监管科技平台的重复建设或建设漏洞。

二是完善监管科技的配套基础设施建设。应重点关注各机构的技术设施，包括监管报告的自动化报送系统、风险分析和监测系统。加快完善数据的标准化体系，通过制定统一的数据标准，规范数据的收集、存储和处理等各个环节，确保监管机构从多方收集的数据具备一致性，从而增强数据在横向和纵向的可比性。而在数据共享的过程中，促进隐私保护、加强数据安全治理极为重要，因此应注重在数据传输过程中的加密设置与数据查询时的权限设置，减弱各机构对于数据泄露的担忧，从而保证数据共享机制的实现。此外，不断完善行业标准，建立各类技术在金融领域的应用规范，同时也应尽快树立创新试点的准入标准、测试标准和退出标准，从而提高监管科技发展的规范性。

三是以监管沙箱为抓手，为稳步突破现有监管规则打开空间。监管沙箱本质上是为未能达到监管要求或缺乏相应监管细则的创新企业提供测试环境，以检验其业务开展对于经济社会的影响。若其业务可以提高经济效率且风险可控，则可通过完善或修订现行监管规则来为其营造适宜的发展环境，从而实现创新与监管的协同发展。在这一方面，监管创新试点同样为我们提供了良好的试错容错机制，我们可以通过赋予沙箱内的监管机构相应的规则审批权限，使其可以在测试区域内根据创新项目的发展情况调整现行监管规则，即在监管沙箱限定的区域内率先进行监管法规体系的探索，若修订后的法律有利于创新业务的发展，则可逐步推广至全国。

四是为监管科技提供有限的监管豁免，避免监管科技资源的过度集中。目前，我国监管科技资源主要集中在监管机构和头部科技企业手中，市场渗透率较低。可充分借鉴国际监管沙箱实践，在沙箱测试期限内为入箱机构提供监管豁免政策，如英国监管沙箱向被测试企业提供的限制性牌照、个别指导、规定豁免与修改、无异议函和非正式引导五类监管工具，澳大利亚采取的牌照豁免等。在测试阶段为创新企业提供一定的监管豁免，而此类特殊的豁免制度仅在沙箱测试期内有效。例如，为金融科技公司等非持牌机构发放限制性牌照，允许其在测试期间持牌经营；在创新企业不违背相关强制性法规的情况下，为其免除执行部分监管条例的责任等。

五是加强内外部的交流与合作。监管科技从顶层设计阶段到具体的落地实施都会涉及多个领域、多方主体，因此须促进各参与主体的交流与合作。一是对内促进金融机构、监管机构、科技公司的交流合作。可以通过借鉴美国的创新办公室模式，促进监管机构对金融机构进行更具有针对性的指导，从而帮助监管机构了解新业态以完善相关监管措施，同时也使得金融机构或金融科技公司熟悉相关监管政策。另外，监管科技的发展离不开先进技术，而不同机构间的技术交流可以帮助形成更高效的解决方案。当前我国监管机构对监管科技具有较强需求，因此可多通过技术外包的方式将部分研究开发工作交由外部科技公司承担，这样一方面能够在监管科技市场形成更合理的成本分担机制，另一方面能够增强我国监管科技市场的渗透率。二是对外促进国际的交流合作。通过参加国际组织或建立双边机制，我国可以吸收借鉴国外的先进技术和创新监管理念，并与中国的国情结合，探索适合中国的监管模式。

下篇 场景应用

第九章

监管科技在数据管理领域的应用与展望①

一直以来，金融机构作为信息中介，为金融市场参与者提供金融服务，缓解交易双方信息不对称问题。这一过程使金融机构积累了大量数据，麦肯锡的研究报告显示，从数据规模和应用潜力来看，金融行业无疑是大数据生产的主力行业。随着人工智能、区块链、云服务等新兴技术的快速发展和广泛应用，数据已逐渐成为金融企业最重要的无形资产之一。海量的数据为科技赋能金融行业提供了可能：对金融企业而言，数据是金融科技创新的逻辑起点；对监管机构而言，数据是监管科技的应用基础。只有拥有足够多的数据供新兴技术使用，才能使技术更好地应用于特定的金融场景。数字经济时代的重要特点之一是海量大数据。

全球数据的增长速度之快前所未有，数据的类型也变得越来越多，对数据的管理与应用也逐渐成为金融行业的热点和难点。金融大数据管理也为监管科技带来了机遇和挑战。有效的数据管理方案可以为监管科技提供更多的应用场景，从而简化金融监管环节，提高监管效率。但随着监管数据的边界逐渐模糊，监管过程中使用数据涉及的种类越来越丰富，包括结构化的表格数据和非结构化的网络内容，在一定程度上也加大了监管科技在数据管理上的难度。在

① 本章原文发表于《金融发展研究》2020 年第 8 期。

2019年6月日本大阪的G20峰会上，各国领导人呼吁制定全球科技规则，建立数据监督体系。监管科技在数据管理领域的应用也越来越受重视，各国监管科技在数据管理上的研发投入逐渐加大，数据管理体系日趋成熟。

一、监管科技在数据管理领域应用的背景

数据管理是指为了达到监管合规和企业战略目标，使用特定的技术，对数据的形态、内容和关系等层面进行规范管理，提升数据服务能力，以实现数据价值最大化的过程。如果将数据比作“原油”，那么数据管理，就是把“原油”加工成“汽油”的过程。数据管理使原始数据成为有价值的数据资产，为数据所有者的精准化经营和精细化管理提供了强有力的武器和工具。

一方面，数据管理是金融科技创新与监管的逻辑起点。金融科技，就是面对种类多样、结构复杂的金融数据，有效地获取、整合、存储、分析，并在分析中挖掘利用金融数据，为客户提供有价值且及时的增值服务。因此，有效的数据管理方案是成功实现一个可扩展、高性能的金融科技方案的基础。在金融科技高速发展的今天，建立基于支撑金融科技创新的数据管理体系，实施有效的数据管理，是金融企业提升自身核心竞争力的关键。在金融科技的重要分支监管科技中，数据管理亦是监管科技应用的核心环节。一方面，数据的存储效率不仅代表从数据生成到收集的时间间隔，还影响监管机构将数据转化为报告和决策的能力。另一方面，数据的质量还决定数据的有效性。为了防止“无用输入，无用输出”的问题，监管机构必须对数据进行验证检查和其他质量控制，否则就不能保证数据提供的信息真实可靠。因此，有效的数据管理对监管科技的使用至关重要。

另一方面，监管科技应用于数据管理可以推动数据资产化进程。目前，随着企业对于大数据的依赖程度越来越高，数据带来的经济效益价值也在不断凸显，数据要素逐渐成为企业的无形资产。然而，数据资产化进程并非一蹴而就，还有很长的道路要走。监管科技应用于数据管理领域向市场传递了一个信

号，即明确了数据在数字监管领域的重要地位。这一信号指引企业更加重视数据要素以及提升数据管理对数据要素价值的释放作用，有助于推动数据资产化进程。于企业而言，数据作为一种新型生产要素，具有乘数效应。数据可以放大劳动力、资本等生产要素在企业和行业价值链流转中产生的价值。于监管当局而言，数据要素将推动监管从“业务驱动”向“数据驱动”转型，提升监管现代化水平。数据赋能监管科技，为监管科技提供底层数据支持；监管科技反作用于数据，在应用过程中不断释放底层数据的价值，促进现代监管技术的市场化应用。二者相辅相成，相互作用，共同推动整个数字金融产业形成和发展，进而加速数字经济新业态、新模式和新优势的诞生。

二、金融监管中数据管理面临的重要挑战

近年来，随着金融科技的发展，金融数据急速膨胀，监管机构在这愈演愈烈的数字化浪潮中难免面临监管挑战。过去监管机构面临的挑战主要是如何收集受监管实体的行为数据，而现在的问题是如何去处理并管理这些海量数据，通过分析数据获取有用的信息，从而做出更有价值的决定。尽管监管科技的发展使数据管理手段更加丰富，但金融监管在数据管理上还是存在以下几点挑战。

（一）数据确权存在困难

不仅仅是监管机构，任何机构和实体将数据变成资产之前，需要先摸清数据归属，否则数据资产化将无从谈起。然而，数据作为一种虚拟物品，其权属不同于传统物权。数据在经济和社会活动中自然产生，可以多主体使用，且不会被消耗。数据权在数据的全生命周期中有不同的支配主体，其所有权并不一定完全属于某个经济主体，有时甚至很难定义出归属主体。

随着数字经济日益蓬勃发展，数据权属生成过程愈加复杂多变。以金融监管过程中的信息保护为例，如果个人金融信息归属于个人，那么通过数据的

分析、加工、处理得到的信息属不属于个人金融信息？在数据归属得到清楚的界定之前，从全球范围来看，数据确权及定价问题均是巨大挑战，数据所有权、使用权、管理权、交易权等权益没有被相关的法律充分认同、明确界定和完全保护。

（二）数据安全问题频发

数据要素区别于传统要素资源的特点是虚拟化的数据要素更易泄露，数据安全和隐私保护的要求空前提高。根据数据泄露水平指数（Breach Level Index）监测，自 2013 年以来全球数据泄露高达 130 亿条，其中很多都是由于管理制度不完善造成。而威瑞森《数据泄露调查报告》显示，2019 年全球 86 个国家共发生 41686 起安全事件和 2013 起数据泄露，使得相关机构蒙受巨大损失[①]。此外，IBM《2019 年全球数据泄露成本报告》显示，近 5 年来数据泄露的年平均成本已达 392 万美元[②]。

出于监管的目的，监管机构需要掌握金融实体大量交易信息，是金融市场的数据中枢。一旦发生数据安全问题，将会导致市场失灵。因此，监管当局在与金融实体共享和传输数据的时候，需要考虑一系列数据安全问题。例如，哪些数据明确不可共享或交易；哪些信息出于“安全”或“隐私”等重要考虑，必须以加密或其他形式进行保护，否则不得用于共享或交换。只有明确信息安全和隐私保护方面的边界认定，聚焦在信息安全和隐私保护方面的监管框架，监管当局才能更高效、更安全地开展数据工作。

（三）数据质量有待提升

数据数量与数据质量并没有直接的联系，数据量变大并不意味着可使用的数据一定增多。对于金融行业而言，只有可控制、可量化、可记录、可共

---

① Verizon，*2020 Data Breach Investigations Report*，retrieved from https://enterprise.verizon.com/resources/reports/dbir/.

② IBM Security，*2019 Cost of a Data Breach Report*，March 2020，retrieved from https://www.ibm.com/security/data-breach.

享、可服务、可变现的数据才是高质量、有价值的数据，低质量的数据甚至错误的数据将引起“无用输入，无用输出”问题。但对数据质量的控制不仅需要避免操作失误，还涉及对数据的识别，因此在实际操作中存在很大的困难。

由于监管机构身负宏观审慎监管和微观审慎监管双重职责，错误信息导致的错误决策的调整成本巨大，因此监管科技对数据质量的要求更高。监管科技对数据质量的控制可以说贯穿数据管理的全过程，如在数据获取阶段保证数据的完整性和格式的正确性，在数据加工阶段保证数据内容的合理性和可用性，在数据调用传输阶段保证数据接口的匹配性等。其中，数据验证技术是监管科技保证数据质量的核心技术。

（四）数据分析能力较弱

数据管理是数据分析工作的先导环节，无效的数据管理体系很容易造成数据分析失效，即“无用输入，无用输出”问题。但归根结底，数据管理工作是为后续的数据分析工作服务的，因此，搭建数据管理体系应该以更好地服务数据分析工作为核心目标。

然而，在过去的金融监管操作过程中，数据管理和数据分析工作的脱节较为严重，往往是数据管理部门在收到数据分析部门数据请求之后，调取所需数据后再发送给数据分析部门，少有监管机构能够做到一体化操作。在这种模式下，每一次的数据调取都相当于一次新的操作，这样不仅加大了数据管理环节的工作量，更造成了资源和存储空间的浪费。

三、监管科技在数据管理中的应用场景

按照各个环节所实现的功能，数据管理可以划分为数据存储、数据传输、数据验证、数据整合和数据可视化五个细分领域。不同领域里的数据管理工作侧重点不同，并没有主次之分，但由于不同领域的技术成熟度存在差异，监管科技的应用程度也有所不同。

（一）数据存储

数据存储是数据管理的起点，数据管理往往需要对同一数据进行多次使用。因此，需要为数据设计存储基础设施，通行的方案是建立数据库。但对于如何划分数据，或者说如何对数据库进行分类，并没有一个统一的标准。尽管在大多数数据管理方案中，管理者倾向于按照特定功能建立多个数据库，但学界认为，最好的数据库需要从业务策略开始设计，而不是从单个应用程序和特定功能开始。

纵观国际上监管科技的实践情况，建立通行数据库是比较成熟的做法。从监管机构的监管战略出发，根据所需和期望的数据范围、质量、结构和可用性来划定数据存入标准，在此基础上，可以创建质量保证机制来提高数据的准确性和精密度。基于这种方法，可以得到一个数据集，这个数据集就是通行数据库。使用者可以根据管理需求和用户访问模板对通行数据库进行二次建模。通行数据库可以从根本上改变监管者的数据管理方法，使其朝着更精简、更高效的数据基础设施方向发展。

（二）数据传输

数据传输指的是数据在不同数据源或存储设备之间的传递，目前国际上较为成熟的数据传输方案主要有三个。一是应用程序编程接口（API）。API是一个应用程序如何与另一个应用程序交互的协议集，通常用于促进数据交换。二是基于云计算的数据传输方案。云计算是一种高效和可扩展的数据存储解决方案，可以实现TB量级的大数据传输。三是分布式账本技术（DLT）。DLT允许通过一种一致的算法进行自动验证，该算法在不同地点复制、共享和同步数据。

从各国的监管科技实践经验来看，基于云计算的传输对基础设施要求严格，分布式账本的传输效率较低，API作为数据传输介质的应用最为广泛。API可以在没有人工干预的情况下直接在数据库之间传输大量数据，从而克服了通过电子邮件或网页传输文件的大小限制，并减少了耗时和容易出错的手工提交。

（三）数据验证

数据验证是指按照报告规则对格式和计算的完整性、正确性和一致性进行质量控制检查。一般来说，自动数据验证检查包括：数据接收检查、数据完整性检查、数据正确性检查、合理性检查和一致性检查。这些检查提高了分析数据的效率，节省了管理者的决策时间，使数据使用者能够更专注于挖掘数据的潜在价值。随着大数据时代的到来，数据验证已不再是数据管理的难点所在，应用机器学习（ML）的数据验证模型可以较好地完成这项任务。只要提供足够多的数据样本供模型训练，机器学习尤其是深度学习（DL）模型可以自动地识别异常数据，将其标记为统计过程或数据提供源的潜在错误。

数据验证在各国监管科技使用中较为广泛。例如，新加坡金融管理局使用数据验证技术，包括数据清洗和数据质量检查；奥地利中央银行（Oesterreichische National Bank，以下简称 OeNB）开发了一个基于 ML 和非监督学习的数据验证模型，用来去除错误的数据。

（四）数据整合

数据整合涉及不同格式的数据集成，这些数据一般来自多个数据集。不同的数据集通常包含关于同一主题的不同维度的相关信息（如公司、个人），但由于存在数据接口不一致等问题，将它们集成起来可能非常麻烦。尤其是当不同的数据集之间没有可用的唯一标识符（键值）时，传统的数据整合方法几乎无法使用。使用 ML 可以有效地解决这个问题，ML 算法依据数据的概率分布来匹配数据集，以此来整合不同的数据库。

数据整合是很多监管科技应用程序的重要组成部分。监管科技应用程序能够结合多个数据源来支持分析工作，这通常涉及连接结构化数据和非结构化数据。意大利银行将可疑交易报告（结构化数据）与新闻评论（非结构化数据）结合起来，用于反洗钱检测；卢旺达国家银行（Banque National du Rwanda，以下简称 BNR）将监管数据与来自内部系统的数据相结合，为监管者和决策者提供有意义的信息 ①。

（五）数据可视化

可视化用例指的是位于大数据架构之上的接口，这些接口以最小的延迟提供无缝交互的用户体验。它们常常代替需要手动更新的静态电子表格生成的仪表板。为了从数据中提取最有意义和可操作的见解，大数据仪表板允许进行大量的分析操作，例如向上钻取（在一个维度上总结数据）和向下钻取（沿一个维度更深入地挖掘数据），以及跨多个维度对数据进行切片、分割、转置和覆盖。

许多监管机构需要应用数据可视化技术。毕竟数据不等于信息，考虑到数据的数量、密度和复杂性，需要强大的可视化工具以一种容易理解的方式向主管提供信息。例如 MAS 开发的监督仪表板，它简化了数据使用的体验，并为监管者提供对其监管范围内金融机构健康状况的“一目了然”的可见性；澳大利亚证券投资委员会使用 iBase 程序来表示结构化数据源的时间、关联和因果关系；荷兰中央银行投入大量精力将数据输出转换成逻辑指标，如自行开发的动态网络可视化 ②。

四、监管科技在数据管理领域的应用案例

有效的数据管理体系是监管机构开展数据分析工作的依托，监管科技的注入则大大缓解了金融监管中面临的数据管理难题，使监管当局可以更高效地利用数据进行决策。因此，各国监管机构纷纷探索监管科技在数据管理领域，

---

① FSI，*The SuptechGenerations*，October 2019，retrieved from https://www.bis.org/fsi/publ/insights19.html.

② Ronald Heijmans，Richard Heuver，Clement Levallois，et al.，*Dynamic Visualization of Large Transaction Networks*：*the Daily Dutch Overnight Money Market*，March 2014，retrieved from https://www.dnb.nl/en/binaries/Working%20Paper%20418_tcm47-305800.pdf.

尤其是上述五个场景的实际应用程序或实施方案。

（一）欧洲央行的 AnaCredit 项目

分析信用数据集（以下简称 AnaCredit）是欧洲中央银行（ECB）为银行体系建立的一个标准的通用数据库，里面存放了欧元区所有成员国各个银行贷款的详细信息，包括贷款人、借款人和贷款协议等。该数据库支持多种中央银行职能，包括货币政策决策和宏观审慎监管等。

ECB 于 2011 年与欧元区和一些非欧元区国家中央银行一起启动了该项目，于 2016 年 6 月 1 日发布了《分析信用数据集法规》（*AnaCredit Regulation*）的最终版本。该项目计划分三个阶段实施：第一阶段，在 2018 年 9 月之前，信用机构向其所在国央行提供贷款金额在 2.5 万欧元以上贷款信息；第二阶段，2018 年 9 月开始，汇总欧洲央行监管下的重要机构的信息，为欧洲央行系统（European System of Central Banks）建立共享数据库；第三阶段（计划于 2020 年年底），将开始收集有关家庭抵押贷款和个人业主信贷的匿名信息。由于该数据库的数据具有统一的结构和数据标准，AnaCredit 可以对这些数据进行分析和比较，这是以前的汇总数据无法实现的。

一方面，AnaCredit 将信贷数据细化至企业。由于中小企业是欧洲经济的主要参与者，因此有关中小企业的信贷信息对于货币决策非常重要。过去，有关企业的信贷可用性必须通过某些调查获得，而现在，AnaCredit 可提供直接详细的数据。不仅如此，AnaCredit 收集的详细数据还可以用于评估这类公司的债务可持续性。另一方面，AnaCredit 将风险数据细化至部门或地区。例如，如果某个成员国的银行体系没有很好地分散，并且过度暴露于特定地区或行业，那么 AnaCredit 可以突出显示这一点，并能够对（部门或地区）信用风险及其潜在的风险进行更准确的识别，预防系统性风险的产生。

AnaCredit 是欧洲央行数据战略的重要组成部分。欧洲央行统计职能也在金融业的参与下，正在设计和实施一种协调的数据管理，包括在不同的统计和法律框架下收集的信息，以简化数据报告并减轻报告人的负担。以 AnaCredit 为中心，欧洲央行还提出了两项倡议：一是欧洲报告框架（European Reporting

Framework），该项目旨在收集不同统计目的所需的所有数据，并在所有国家以综合和协调的方式进行银行监督；二是银行综合报告词典（Banks' Integrated Reporting Dictionary），它描述了银行需要向当局报告的输入信息的可能字段，以及生成这些报告所需的转换规则。这两项倡议的目的是向金融机构提供一个综合框架，以减轻金融机构的合规压力。

（二）澳大利亚的通用数据结构 SBR

澳大利亚监管当局规定金融企业在提交监管报告时，采用标准业务报告（Standard Business Report，以下简称 SBR）这一通用数据结构。SBR 报告由多个监管机构合作设计，由监管机构定义报告中的字段名，通过这些字段名能够访问特定的数据。最早采用 SBR 作为通用数据结构的国家是荷兰，但是在澳大利亚，SBR 计划实现了扩展，包括通过共享政府中心提交数据的统一流程和渠道（见图 9—1）。

图 9—1　澳大利亚 SBR 模式

资料来源：根据公开信息整理得到，参考 https://www.sbr.gov.au/about-sbr/media-centre/how-sbr-works。

从 2008 年开始，澳大利亚政府开始对其监管机构从行业收集的信息采用统一的标准化数据结构。2010 年，政府发布了第一个版本的综合分类，即数据字段列表，涵盖了澳大利亚公司向多个监管机构提交的报告。与此同时，政府与澳大利亚软件行业合作，鼓励科技公司使用这些数据字段来构建软件，以实现自动化合规。此外，澳大利亚政府还调整了法规，使报告过程以数据为中心。

SBR 通用数据结构降低了企业的合规成本，被监管机构使用 SBR 可以同时满足多个监管报告要求。据澳大利亚税务局估计，澳大利亚的 SBR 计划在

2015—2016 年为政府和企业节省了 11 亿澳元的合规成本。同时，SBR 减少或消除了重复的报告，提高了监管效率。目前，澳大利亚的软件供应商仍在积极开发标准化的数据结构，以构建新的合规解决方案。对澳大利亚来说，通用数据结构只是监管科技在数据管理领域的开始，但这些在法规、技术和数据方面的协调方案创造了一个真正的监管科技转型。

（三）新加坡的开放金融行业 API

新加坡致力于打造“API 经济”，MAS 于 2017 年宣布开放金融行业 API。注册的金融机构可以使用 MAS 提供的 API 接口，对行业内绝大部分数据进行查询，如金融产品的详细信息、检索指定账户的交易记录等。MAS 使用已建立的框架和行业参数对 5600 多个交易行为进行了评估，经过 700 多个业务流程，创建了 411 个候选 API 的推荐列表（见图 9–2）。为了便于理解和使用，候选 API 进一步按照它们所代表的实体、业务类型或者提供者进行了分类。进一步地，MAS 按分阶段推行的原则，将这些服务种类分类，为金融服务业及跨界别提供全面的评估及涵盖范围。经过筛选之后，监管机构和银行成为 API 最

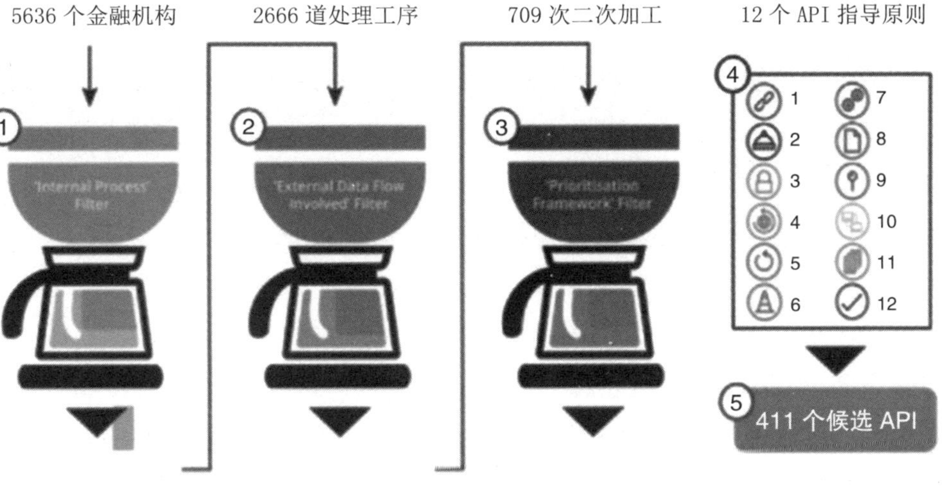

图 9–2　MAS 对候选 API 的筛选过程

资料来源：MAS，*Finance as a Service*：*API Playbook*，retrieved from https://www.mas.gov.sg/-/media/MAS/Smart-Financial-Centre/API/ABSMASAPIPlaybook.pdf.

大的提供者。由于 MAS 对监管报告和信息公开的重视，行业内绝大部分的 API 由 MAS 提供。对于银行来说，它们业务的广度和大量的业务流程帮助它们成为行业内第二大 API 提供商。

开放 API 的创建提供了一个可持续的宏观环境，促进利益相关者之间的良性竞争与相互合作。从根本上说，围绕 API 构建的生态系统的核心优势是行业参与者之间的协作和共同创造的便利性。企业可以通过 API 从中免费获取相关数据，因为将现有流程转换为支持 API 的格式的成本很低，这样公司就可以访问和创造性地利用数据，为客户提供价值和利益，这些便利极大地促进新想法和创新解决方案的产生。通过采用开放 API，传统金融机构可以更容易地试验、协调和利用金融生态系统中其他参与者开发的创新解决方案和业务模型。

（四）OeNB 的数据验证机制

OeNB 开发了一个数据转换平台，用来连接被监管实体与监管机构的 IT 系统。该系统可以对数据进行自动验证，不会增加数据提供者的管理负担。具体来说，数据平台允许银行部门直接上传 OeNB 要求的合规信息，但无须提前进行数据验证。

数据转换平台由奥地利报告服务公司（Austrian Reporting Services GmbH，以下简称 AuRep）维护，该公司成立于 2014 年，由奥地利 7 家最大的银行集团共同拥有。银行将法规要求的合规数据输入 AuRep 的基本数据库。然后，一组连续的标准化转换规则将自动对基本数据空间中的数据进行验证，并转换为可以推到 OeNB 的数据，转换后的数据称为 Cube（数据立方体）（见图 9—3），具体可分类转化为贷款立方体、存款立方体、证券立方体等其他智能立方体（Smart Cubes）。智能立方体可自动形成无冗余、完整、具有一致性的数据报告并传输给 OeNB，同时，OeNB 也可以在任意时间内下载银行的相关原始数据。

在数据转换平台中，从基本数据库传来的数据将进行自动验证，验证过程分为：识别分析、数据评分、输出结果三个过程（见图 9—4）。

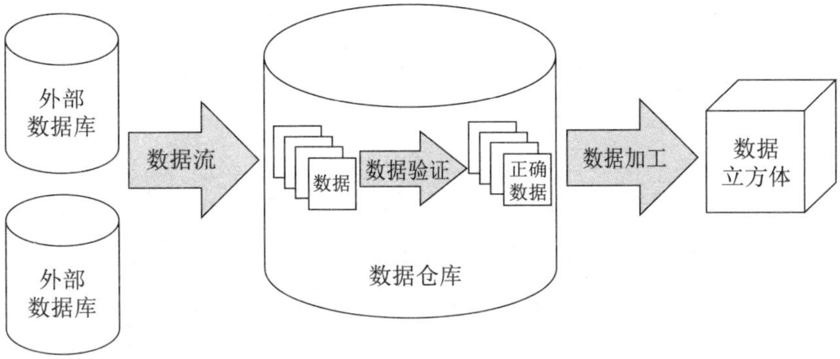

图 9—3　数据转换平台运行机制

资料来源：Maciej Piechocki and Tim Dabringhausen，*Reforming Regulatory Reporting–from Templates to Cubes*，December 2015，retrieved from https://www.bis.org/ifc/publ/ifcb41o.pdf.

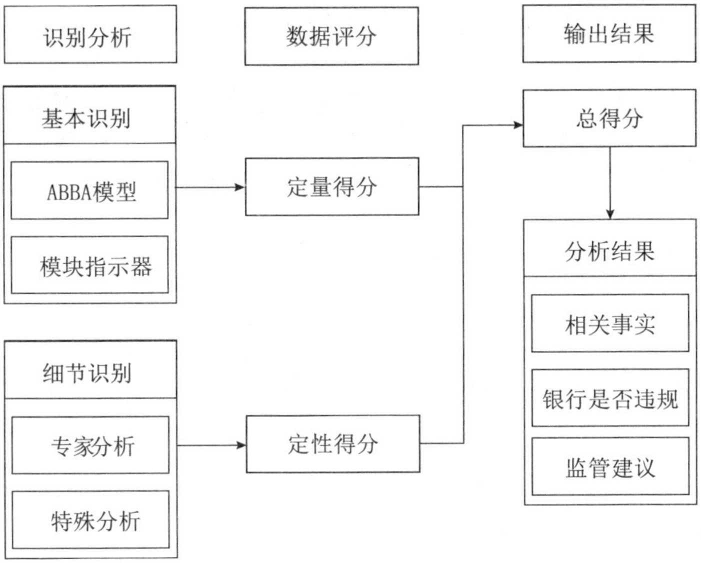

图 9—4　自动验证的一般过程

资料来源：OeNB，*Rating Models and Validation*，retrieved from https://www.oenb.at/Publikationen/Oesterreichische–Nationalbank/Geschaeftsbericht.html.

识别分析对传入数据进行数据分割和分类，为数据加上类别标签，方便后续数据准确性验证，主要分为两个部分：以奥地利银行业务分析模型（ABBA）为主的基本识别和包含文本识别的细节识别。数据评分是应用众多关键模型对识别之后的数据进行定性与定量评分，用以估计数据的错误概率。

定量分析对应的输出结果为数据评分，定性分析则输出针对文本的一些验证结果，例如，对包含违规操作的数据发出预警信号（见图 9—5）。

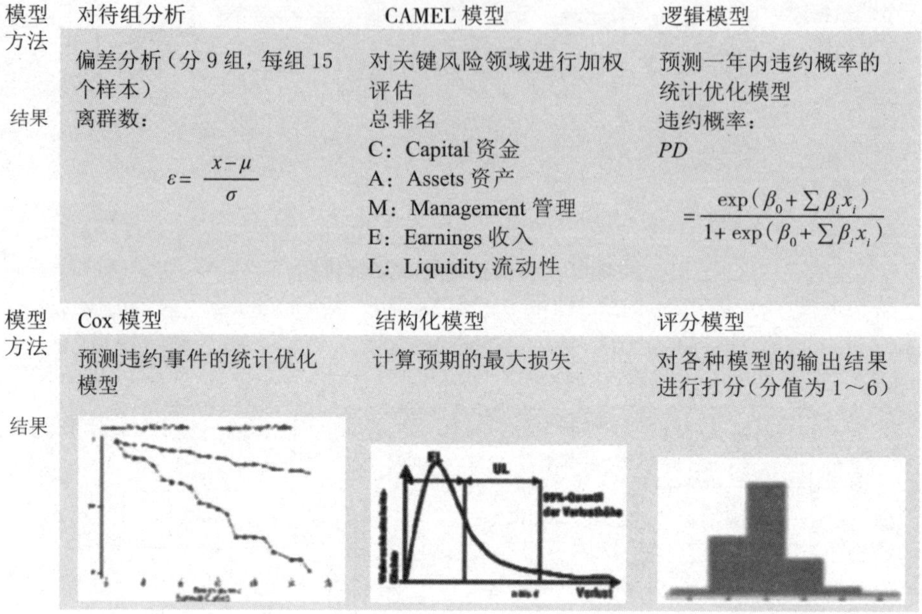

图 9—5　数据评分过程中的部分关键模型

资料来源：OeNB，*Rating Models and Validation*，retrieved from https://www.oenb.at/Publikationen/Oesterreichische-Nationalbank/Geschaeftsbericht.html.

AuRep 的数据转换平台覆盖了大约 90% 的奥地利银行业资产负债表以及信贷机构的数量。OeNB 报告数据模型中指定的所有报告都通过 AuRep 运行。根据 OeNB 的使用经验，该平台的数据验证机制容错率较高，系统运行稳定。目前，几乎所有的统计和金融稳定报告以及一些监管报告都是基于这个数据模型运行的。该平台具有规模经济效应，其通过数据的一致性和便捷性减少监管机构的监管压力，并可实现金融行业的风险分担。

（五）BNR 的电子数据仓库

卢旺达从 2008 年起实行全国范围的普惠金融政策，2009 年末已成立了 400 多家储蓄和信用合作社（SACCO）。SACCOs 和其他小额信贷机构服务的人数几乎与整个银行业服务的人数相同。到 2010 年，移动数据运营商也开始提供金融服务，BNR 也不得不大幅扩大其监管任务范围，以涵盖新的金融机构。但各金融机构之间的数据存储在各自的系统中，如何对来自不同数据集的数据进行整合成为首要难题。

为克服这个难题，BNR 与 Sunoida Solutions 合作开发了一个电子数据仓库（Electronic Data Warehouse，以下简称 EDW）系统，该系统与金融机构的数据库相连接，因此 BNR 可以利用 EDW 直接从 600 多家受监管的金融机构的 IT 系统中“提取”数据，这些金融机构包括商业银行、保险公司、小额信贷机构、养老基金、外汇管理局、电信运营商和转账运营商。这些机构每 24 小时甚至每 15 分钟就会自动提取数据，对于移动货币和转账运营商来说更是如此。EDW 不仅能够有效改善数据的质量、频率和范围，极大地提高所获数据的完整性，还能够减少金融服务商人工手动生成和发送报告的需要，实现数据报告流程的自动化（见图 9−6）。

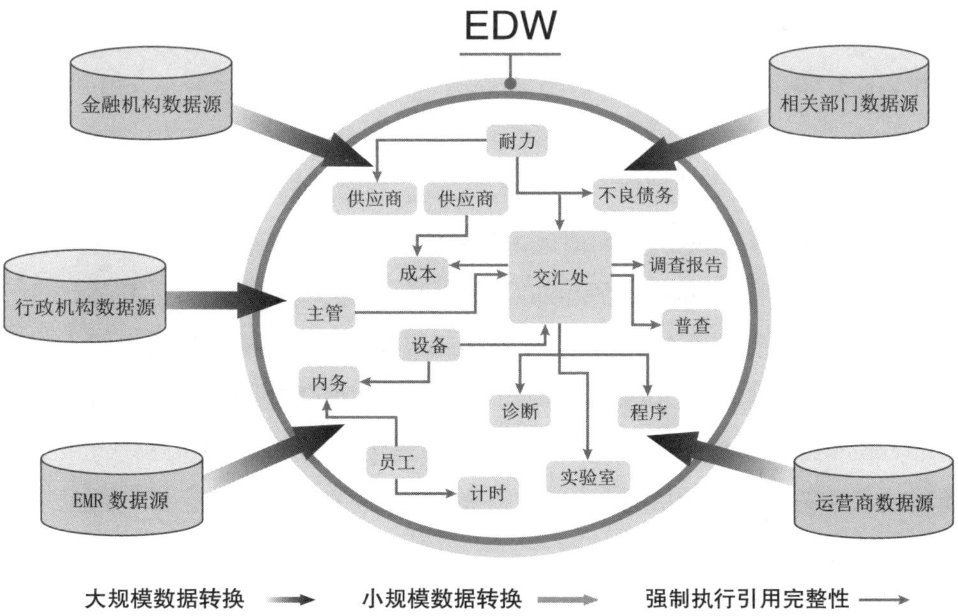

图 9−6　EDW 的数据整合过程

资料来源：Denise Dias and Stefan Staschen, *Data Collection by Supervisors of Digital Financial Services*, 2017, retrieved from https://www.cgap.org/sites/default/files/researches/documents/Working-Paper-Data-Collection-by-Supervisors-of-DFS-Dec-2017.pdf.

首先，EDW 编制了一个数据字典，并要求每个金融机构编写数据脚本，将数据字典映射到其本系统的信息。这个过程只在最开始执行，之后 EDW 系统将自动对系统接口进行维护，这大大提高了 EDW 的运行效率。然后，EDW 会将映射的信息放入一个“准备区域”，BNR 可以从中提取它需要的信息。加密的数据通过 VPN 通道并通过数据完整性检查机制运行。通过这种方式，EDW 向 BNR 提供及时、一致和可靠的数据。

EDW 系统还提供数据验证机制，大大提高了金融机构的数据质量，金融机构现在也将这些数据用于内部风险管理。EDW 减少了数据的输入错误和数据之间的不一致性。BNR 在系统中建立了质量和完整性规则，如果数据不符合某些标准，就会被拒绝，并向 BNR 和监管机构内的银行审查员发送自动电子邮件警告。此外，来自数据供应端的历史数据清理目前正在进行中。

除了提高数据质量，EDW 还具有灵活性和快速分析大量数据的能力。BNR 可以调整其监督流程和方法，以充分利用收集的数据并更有效地分配监督资源。由于外部利益相关者的数据差异，BNR 并没有完全结束手动报告。BNR 还简化了内部业务流程，以确保完全捕获信息。

（六）DNB 的动态网络可视化

DNB 用自行开发的动态网络可视化来监控欧洲银行间支付系统 TARGET2（Trans-European Automated Real-time Gross Settlement Express Transfer System）中荷兰部分的所有支付交易。在该网络中，银行及其支付交易分别用黄结点和青色边表示。连续几天的可视化显示了每日网络的动态变化。可视化网络采用的是 ForceAtlas2 布局，这是一种用于网络可视化的连续图形布局算法。因此，随着时间的变化，网络中节点的位置将被不断地重新计算。银行标签和方向的边缘已被省略，以确保机密性。

根据网络布局，交易活跃的银行在网络中心，不活跃的银行处于网络边缘，这样根据空间位置对监控实体的行为就有了基本认知。对于内部分析，显示银行名称、交易量和边缘方向，使监管者能够观测有关个别银行行为的问题：在一天中的任何特定时刻的交易对象是谁，交易是单向还是双向，交易价值是什么，等等。

网络图的底部显示了一个带有滑动选择标记的时间轴，时间窗口和加载的速度都可以改变。时间轴还显示了全天活跃的银行数量的折线图（见图 9—7）。

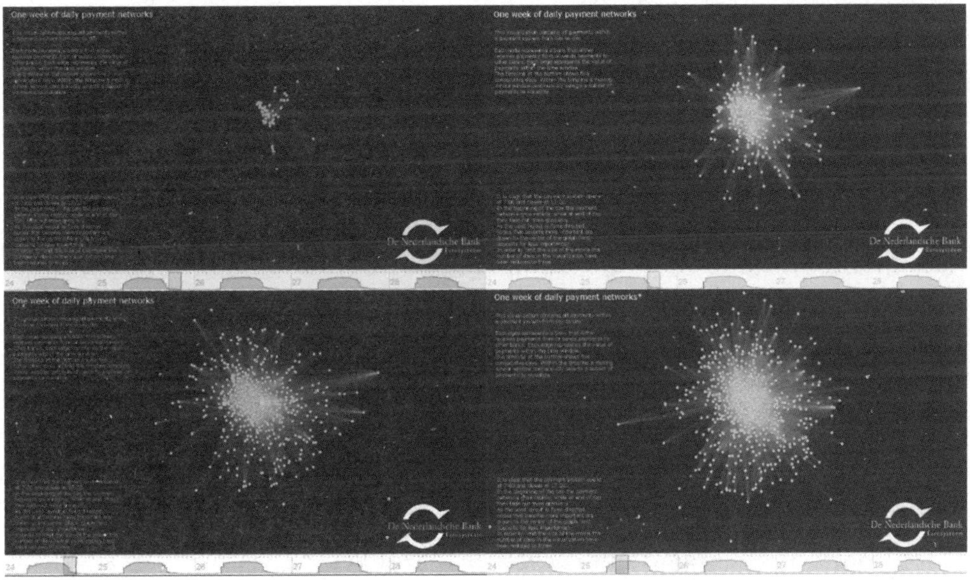

图 9—7　DNB 使用网络关系图动态监控银行间交易

资料来源：参考 DNB 官网 https://statistiek.dnb.nl/statistiek/index.aspx。

该可视化用例可在三个不同层面监控银行间交易市场。首先，动态网络可以帮助确定市场宏观结构的任何变化。根据活跃银行的数量和它们的连接性，判断网络是稳定的还是正在分裂成子集团。这可以为监管者是否做进一步的调查决策提供帮助。其次，在微观层面上，监管者可以跟踪单个银行，单日、一周或任何其他时间间隔的时间轴，重点关注这家银行的交易，并在网络中识别它的交易对象。最后，监管者可以使用动画进行比较，通过评估相同的支付系统在不同时刻的变化，或者不同类型的支付系统在特定时刻的差异。

图像检查能够识别市场活动的瞬时的、微观的方面，通过观察银行之间的联系模式，监管者可以了解到正常的市场活动是什么样的。与静态可视化相比，动态动画提供了更多的视觉线索，为监管者展现一段时间内的市场变化。

五、展望与经验总结

在大数据时代，监管机构在构建含数据收集、转换与计算分析的数据生态体系的同时，还需要加强对数据的管理。高效率的数据管理和数据运营不仅能降低数据开发成本，还提高了监管科技的适用性，为监管机构决策提供更好的数据化支撑。

展望未来，监管科技在数据管理上还有许多发展障碍需要解决：一是传输效率，尽管 API 传输的可拓展性强，能够处理当前监管科技所需的数据量，但 API 传输具有承载上限，随着大数据时代的进一步发展，TB 量级以上的数据量将成为主流，届时基于 API 的数据传输效率将大大降低，新的传输技术有待开发。二是数据安全，现行的数据加密技术的稳定性仍存疑，监管科技使用的数据涉及大量受监管机构的关键信息。这些数据如果泄露将造成非公平竞争，影响行业秩序，甚至引起金融风险。在监管科技发展的同时，这些障碍都需要得到解决，只有协调推进底层技术和相关法律的升级，才能使监管科技发挥出更强大的作用。从全球监管科技在数据管理领域的应用来看，我国运用监管科技改变金融数据管理现状也大有可为：

一是要强化监管数据管理的顶层设计。在监管大数据时代，监管当局不仅是金融数据的生成者、收集者、储存者和使用者，也会逐渐成为商用金融数据的经济受益者。无论是数据安全保护，还是数据共享模式、交易方式，都需要政府出台清晰和包容性高的规则和指引，按市场化原则统一管理金融数据市场。搭建监管数据管理体系时，监管当局需要界定不能共享和交易的数据的边界，设置数据安全和隐私保护方面的标准和要求，为监管科技使用和应用程序设计奠定良好的制度基础。

二是推动建立数据管理各领域的行业标准，包括但不限于数据格式、数据传输方式、数据使用权的交换准则。行业标准的建立不仅可以对监管科技的应用范围和运作模式等标准进行规范，还可以引导整个行业未来的健康发展，促进金融科技在数据管理领域的创新。尽管行业的最终标准一定来自市场的选择，但监管当局在其中需要发挥推手的作用。前瞻性的顶层设计会使市场自动地调节行业生态。

三是要协调监管机构内各部门的联动，建立“数据收集—数据管理—数据分析—制定决策”一体化的数据监管体系。以数据驱动为核心的监管科技服务于金融监管这一职能，因此数据管理不能割裂于数据分析和数据收集，必须建立完整的数据监管体系，让数据更好支持监管决策。

第十章

监管科技在生成报告领域的应用与展望①

报告是金融监管机构进行非现场监管的重要手段，准确、及时、有效的报告信息有利于监管机构更好地识别和管控金融市场风险。监管部门能够通过对被监管机构定期、不定期提交的经营报表、财务报表及统计报表等报告进行定性、定量、定点、定期的综合性审查、分析、评价和预测，尽早发现金融领域可能存在的风险并及时采取相应措施进行防范，从而提高金融监管效率。因此，报告是监管机构实施监管的决策依据，金融监管决策的合理性取决于报告的精准性。而传统报告生成主要依赖人工，由人工进行数据搜集、数据分析及报告编制。这种方式不仅需要较高的人工成本，还存在数据误差大、报告编制时间长等弊端，影响非现场监管的效能。本章聚焦研究监管科技在生成报告领域的应用与实践。

一、传统金融领域生成报告面临的挑战

金融领域传统的生成报告方式主要以人工为主，即由人工进行数据收集、

① 本章原文发表于《新金融》2020年第7期。

分析及报告的生成。随着数据和报告报送要求趋严，传统人工生成报告方式存在的不足逐渐暴露出来，具体体现在以下几个方面：

一是传统生成报告方式成本较高，导致金融领域监管合规压力大。2008年金融危机后，全球各监管机构便致力于进行金融监管改革，对金融机构提出了更严格的监管报告要求。例如，巴塞尔银行监管委员会（Basel Committee on Banking Supervision，以下简称巴塞尔委员会）于2013年发布的《有效风险数据加总与风险报告原则》（*Principles for effective risk data aggregation and risk reporting*）及国际会计准则理事会（International Accounting Standards Board）于2014年发布的《国际财务报告准则第9号—金融工具》（*International Financial Reporting Standard* 9，以下简称IFRS9）等都对金融领域报告提出了更高的要求。这些要求使得金融机构乃至整个金融行业都面临巨大的挑战。一方面，为满足监管合规要求，金融机构需要及时理解不断更新的监管规则，生成并提交相应合规报告，而传统人工处理方式无疑会耗费金融机构大量的人工成本；另一方面，随着被监管主体数据报送的剧增，监管机构传统的人工监督、分析及生成报告的方式不能有效满足监管需求。同时，科技与金融的深度融合进一步加剧了监管报告生成的复杂性。若仍以人工方式来生成报告，需要花费庞大的成本，导致金融领域面临较大的监管合规压力。

二是传统报告编制时间较长，致使非现场监管存在滞后。报告的主要目的在于及时反映金融机构经营与风险管理情况，为监管机构进行非现场监管提供有效的金融监管数据信息，而传统报告属于事后生成，并且人工编制报告的时间较长，报告生成和报告报送时间存在明显的差异，大大降低了监管机构使用报告信息的时效性。随着金融科技的不断发展，金融领域不同业务之间深度融合，经营风险愈演愈烈，传统以月报、半年报或年报为主的报告模式频率低、周期长，已不能满足监管机构获取实时报告信息的需求。同时，人工在进行数据信息的收集、处理及生成报告过程中耗时长，效率低，存在明显的时滞性，不能实时反映相关信息，进而影响金融监管效率。

三是传统报告数据质量低，难以满足当前金融监管要求。数据是报告的核心，数据信息质量的高低直接决定报告的准确性，进而影响金融监管的效能。传统的生成报告模式人为干扰因素大，报告信息质量有待商榷。首先，人工生成报告无法完全避免数据录入错误情况的发生，进而导致数据报告信息出错；其次，传统报表填报方式灵活性较大，人工输入过程中主观因素明显，可能存在人为篡改行为。例如，为达到监管要求，报告生成人员直接编造或修改报告数据，进而导致报告数据不准确，不能真正满足金融监管要求。

二、监管科技赋能生成报告

根据上文分析，传统生成报告方式已不能满足现有监管形势，监管科技应运而生。监管科技的引入能够为生成报告注入巨大的活力，主要体现在人工生成报告的自动化、数字化转变，这一转变不仅能颠覆金融领域生成报告的方式，也能为金融服务领域与监管领域节约巨大的成本。具体来看，监管科技能够从以下三个方面助力金融领域生成报告：

一是助力报告由“手工生成”向“自动化生成”转变，降低生成报告成本。与传统方式相比，监管科技能够实现生成报告方式由“手工生成”向“自动化生成”转变，即为金融行业提供自动化报告生成工具。基于自动化报告工具，金融机构或监管机构能够实现报告所需数据信息的自动化采集，并直接生成完整的报告，减少了对人工生成报告的需求，有效降低生成报告的人工成本。此外，人工智能技术也能够在一定程度上替代生成报告过程中的人工操作。例如，自然语言处理技术能够实现监管规则的自动化翻译，并帮助金融机构实时跟踪监管规则的变动，为合规报告的生成提供有效信息。

二是助力报告由“事后生成”向“实时生成”转变，实现监管信息实时披露。基于大数据、云计算及人工智能等技术，监管科技可以将传统报告生成方式由“事后生成”向“实时生成”转变，即实现监管信息的实时披露，助力金融监管领域实时监控。监管科技可以通过端到端的数据管理功能，直接将金融机构端与监管端连接起来，实现数据信息的实时传输并及时生成相应报告。金融机构可以通过监管科技在实时获取监管机构监管要求的基础上，实时收集交易数据、生成报告并直接向监管机构进行动态报送。整个过程无须人工干预，不仅可以减低人工成本、减少人工输入的错误率，还可以实现实时监控，进而提高金融监管效率。例如，应用程序编程接口（API）技术便可以在数据库与数据库间直接进行大量的数据传输，助力实时报告的生成。

三是助力形成标准化报告，提高报告数据信息质量。正如前文所言，监管科技助力报告生成的本质在于替代人工，实现报告自动化生成。这个过程没有人工参与，能够有效避免由人工造成的数据录入错误或篡改等情况，提高数据信息的准确性。同时，监管科技可以实现数据的交叉验证，提高报告数据信息的质量。即通过对比金融机构提交的多个不同报告中的数据，及时发现不一致的部分并要求金融机构重新提交符合监管规则的报告，进而提高报告数据信息的真实性、准确性及完整性。此外，随着金融科技的蓬勃发展，金融混业经营趋势明显，金融机构需向不同监管机构提供大量报告，各监管机构间存在数据统计口径不一致的问题，大幅增加了金融机构报告报送数量和数据处理的难度。而监管科技能够将较为复杂的数据内容处理为统一的、标准化的数据，并由此生成标准化报告，进而减低金融监管成本、提高金融监管效率。

三、监管科技赋能生成报告的应用实践

基于传统生成报告中的不足与监管科技赋能生成报告的优势，各国金融领域开始探索监管科技在生成报告领域的运用。因此，下文介绍监管科技在监管报告领域及合规报告领域的具体应用实践。

（一）监管科技在监管报告领域的应用

监管报告是监管机构对被监管者业务运营、内部控制、风险管理等实施监管的综合评价和对被监管者采取监管措施的全面阐述，是对金融监管过程和结果的总结。全面、及时、准确的监管报告能够有效反映被监管者的业务和经营风险情况，是监管机构防范和化解金融风险的重要工具。监管机构通过监管

报告中获取的信息、现场检查时获取的信息以及统计部门提供的信息进行综合分析，以便及时诊断金融领域存在的风险点，提前做好防范措施。监管科技在监管报告领域的应用主要集中在自动化报告和实时报告两个方面。从全球实践来看，奥地利中央银行、澳大利亚审慎监管局、墨西哥国家银行和证券委员会（the National Banking and Securities Commission，以下简称 CNBV）、菲律宾中央银行（BangkoSentral ng Pilipinas，以下简称 BSP）、卢旺达国家银行（BNR）等监管机构都正在使用或考虑使用监管科技来推动监管报告自动化生成。

BNR 运用第九章中提及的电子数据仓库系统（EDW）来实现监管报告的自动化生成，进而为金融监管提供有效信息。EDW 系统允许 BNR 每天从金融服务商的系统中直接提取数据，进而减少金融服务商人工手动生成和发送报告的需要，实现监管报告自动生成和实时监控。同时，对于具有较差 IT 系统的储蓄信用合作社，它还允许其继续使用 Excel 模板将数据推送到 BNR。该系统不仅能够实现整个 BNR 的报告自动化，还能有效改善报告数据的质量、频率和范围（见图 10－1）。

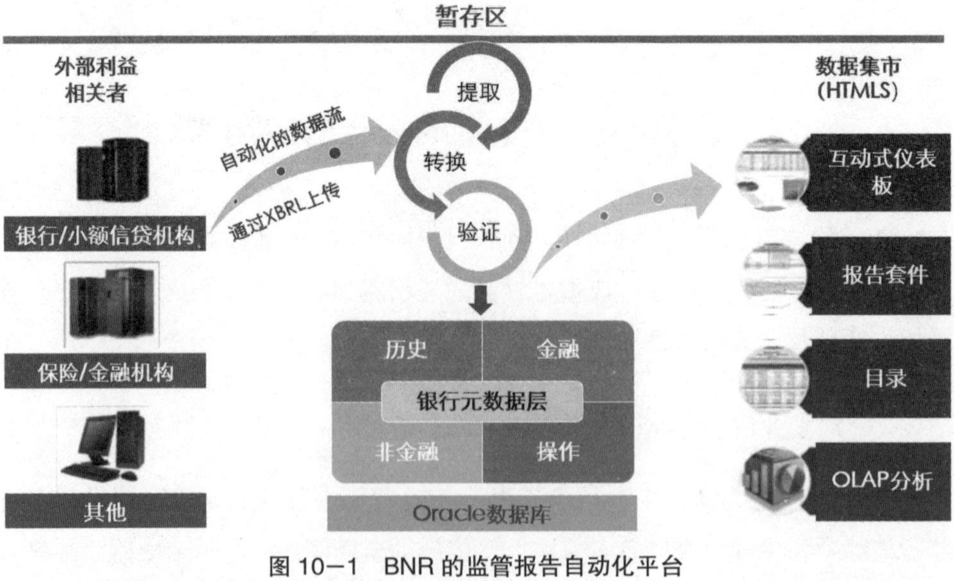

图 10－1　BNR 的监管报告自动化平台

资料来源：作者整理，参考 https://www.youtube.com/watch?v=JRau3d6miWc&feature=youtube。

此外，BSP 与 RegTech for Regulators Accelerator（R2A）合作为金融机构开发了一个基于 API 的审慎报告系统，可以自动报告高度精细和接近实时的数据。随着菲律宾金融系统的规模和复杂性的增长，BSP 的监管报告系统逐渐趋于繁杂，监管法规的颁布和修订增加了菲律宾金融机构的报告要求，每个金融机构必须重新配置其报告模板，截至 2017 年，菲律宾银行总共需要完成 240 多个报告模板，数据点超过 10 万个，金融机构需要单独提交多个报告。而传统的监管报告生成严重依赖人工手动处理，直接影响 BSP 维护金融体系稳定与安全的效率。针对这一痛点，R2A 为 BSP 设计和开发了基于 API 的审慎报告系统。该系统集数据收集、验证、处理和可视化于一体（见图 10−2），可运用仪表盘、统计软件和数据透视表等工具将提取的数据加工成图表等形式，从而易于 BSP 阅读和做出决策。基于合理化和自动化的报告流程，该系统能够有效提高金融监管效率。

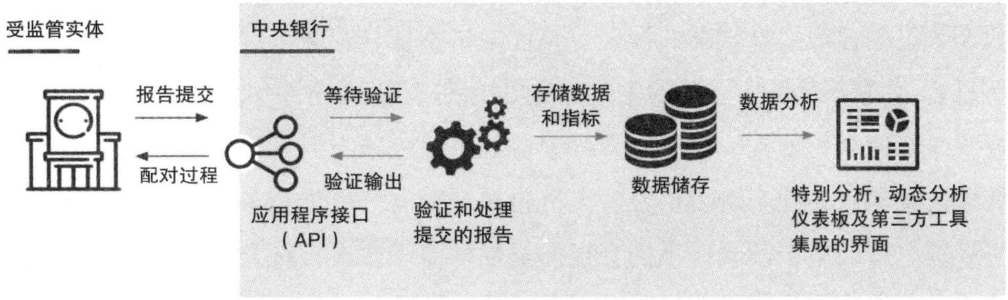

图 10−2　BSP 基于 API 数据架构的审慎报告系统

资料来源：Simone di Castri，Matt Grasser，and Arend Kulenkampf，*An API-based Prudential Reporting System for the BangkoSentral ng Pilipinas*（*BSP*）：*R2A Project Retrospective and Lessons Learned*，August 2018，retrieved from https://papers.ssrn.com/sol3/papers.cfm?abstract_id=3596276.

具体来讲，该报告系统分为四步：（1）报告数据传输；（2）报告数据验证；（3）报告数据储存；（4）审慎报告数据分析。首先是数据传输，API 在被监管机构和 BSP 之间建立直接的机器对机器的数据传输线，进而无须被监管机构手动填充多个基于电子表格的报告模板，而是从被监管机构数据库中直接提取原始数据并将其转换为单个基于 XML 的加密文件。然后将其传输到

BSP 数据处理行列中，有需要电子邮件或 Web 数据门户。与传统数据报送相比，此过程具有传输数据量及数据力度大、数据传输更安全及数据质量高等特点。其次，数据验证，即 BSP 在收到被监管机构提交的文件后，立即对提交的数据进行规则验证，若违反规则则数据报告会被退回以供审核和重新提交，若验证通过，数据将通过计算引擎运行，在计算引擎中计算所有相关的审慎指标和风险度量标准。与传统数据验证相比，自动化验证可以减少人工对账验证的流程，提高规则验证速度。再次，数据储存，经处理后的数据将直接传递到集中、安全、受访问控制的数据库中进行储存，而无须人工手动上传数据。最后，审慎报告数据分析，即集中式数据库扩展了数据分析工具，如仪表板和统计软件。

（二）监管科技在合规报告领域的应用

合规报告是金融机构向金融机构内部监管部门及金融监管机构提交的反映金融机构合规风险状况的报告。合规报告不仅是金融机构把握自身合规风险信息和合规管理实际情况的主要渠道，也是监管机构评估金融机构是否满足合规经营的重要依据。传统的合规报告的生成流程主要分为以下三步：第一是获取监管信息，即金融机构合规人员收集金融监管机构公布的监管政策；第二是解读监管政策，即金融机构合规人员根据监管要求，结合金融机构自身实际情况，定性和定量分析金融机构满足监管政策的实际情况；第三是生成合规报告，即金融机构合规人员根据政策解读的实际结果撰写合规报告陈述金融机构所有业务情况。传统合规报告主要由合规人员手工生成，监管科技则能够直接取代合规人员的工作，实现监管政策的自动解读和合规报告的自动生成。

AxiomSL 是一家专门为金融业提供监管报告和风险管理解决方案的提供商，客户包括银行、经纪交易商、资产管理公司和保险公司。该公司独特的企业数据管理平台可提供数据沿袭、风险汇总、分析、工作流自动化、验证和审计功能。该公司提供的监管报告解决方案使金融机构能够成功地遵守众多法规要求，同时为其提供可信赖的数据。AxiomSL 的平台支持遵守各种全球和地方法规，包括《巴塞尔协议Ⅲ》的资本和流动性要求、IFRS9、《多德-弗兰克法案》、《欧盟金融工具市场指令Ⅱ》(*MiFID* Ⅱ)《海外账户纳税法案》(*Foreign Account Tax Compliance Act*，以下简称 FATCA)等。

通过自动化，数据治理和端到端数据管理功能简化了报告流程、降低了金融机构的合规成本，最大限度地减少了人与人之间的互动，并提高了运营效率。具体地，AxiomSL 平台生成合规报告的流程如下：首先，监管数据自动化收集，通过端到端的数据管理功能自动化获取每个报告所必需的数据；其次，监管规则管理，编辑检查、验证规则，以确保所提交信息的准确性，同时，与监管机构直接沟通进而及时应对法规变更；最后，生成并提交报告，通过多种报告格式（包括 XBRL、XML、TEXT 和电子表格）直接提交给相应的监管机构（见图 10—3）。目前，AxiomSL 已为众多金融机构提供解决方案。例如，2019 年 1 月 5 日，AxiomSL 宣布 YapiKredi Bank Nederland 选择 AxiomSL 平台，以遵守欧洲银行业管理局的资本和流动性法规及荷兰中央银行特定财务和统计报告要求。AxiomSL 表示通过使用该平台将使 YapiKredi Bank Nederland 减少报告中的手动交互，并确保及时有效地提交监管报告。

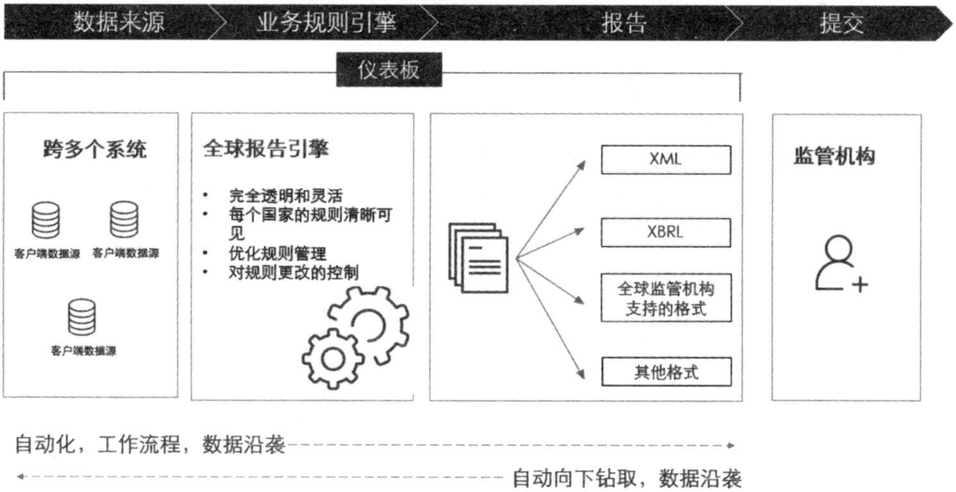

图 10—3　AxiomSL 合规报告生成

资料来源：AxiomSL，*ControllerView ® Data Management and Data Analytics Platform*, retrieved from https://www.axiomsl.com/controllerview-data-management-data-analytics-platform/.

此外，从金融监管的角度来看，财务报告作为反映金融机构财务状况、经营成果及现金流量等会计信息的重要文件，金融机构提交的财务报告能够为金融监管提供完善的金融机构财务信息。即监管机构能够在对金融机构所报送的财务报告及相关资料进行审核、整理、分析的基础上及时发现可能存在的问题，为金融监管提供依据。传统的财务报告主要由人工生成，存在着编制周期长、数据收入错误率高及人为篡改报告等问题。基于人工智能、大数据及云计算等技术，能够实现财务报告由人工生成向自动化生成转变，降低人工操作对财务报告生成带来的干扰，同时能够有效提高财务报告质量。以德勤推出的财务机器人为例，财务机器人是一款基于机器人流程自动化技术（Robotic Process Automation，简称 RPA）的软件，能够实现传统手工工作向自动化、智能化转变，从而推动财务部门的财务自动化。其中，机器人流程自动化技术又称为数字化劳动力（Digital Labor），是一种数字化的智能解决方案，主要通过模拟并增强人与计算机的交互过程，来执行以规则为主导的可重复任务。德勤的财务机器人能够帮助财务人员完成大量的、重复规则化的事务，从而提高财务报告报送的效率和质量。总体而言，德勤的智能财务机器人能够自动进行数据收集和整理，数据验证和分析，记录，计算、决策和产出，协调和管理，传输和交流，生成报告。

四、监管科技在生成报告领域的总结与展望

自 2008 年全球金融危机爆发以来，全球各金融监管机构进行了金融监管体制改革，对金融机构提出了更高的报告要求。传统的以人工为主的报告生成方式严重滞后于金融监管要求，报告生成方式亟须重构。基于人工智能、大数据、云计算等新型技术基础之上的监管科技为金融领域报告自动化生成提供了有利的技术支持。根据上文对监管科技在生成报告领域的应用分析可知，当前全球金融市场对监管报告、合规报告及财务报告等领域的生成报告方式进行了积极的探索与尝试。这些尝试有助于实现生成报告方式从传统“手工生成”“事后生成”向“自动化生成”“实时生成”标准化报告转变，进而减低报

告生成成本并提高生成报告的质量和效率，为金融领域实时监管赋能。

展望未来，监管科技在生成报告领域还存在以下问题需要解决：一是加快完善数据治理模式。数据是报告的核心，是监管科技实现报告自动化、实时生成的基础。然而，伴随着监管科技工具在生成报告领域使用频率的增加，数据访问权限等问题也日渐凸显。例如，监管机构以科技的手段直接从被监管机构进行自动化数据采集时，哪些数据能够提取，提取数据使用范围如何，都需要以立法的手段进行规范。因此，未来应加快完善监管科技应用过程中的数据治理问题。同时，监管机构、被监管机构应用科技生成报告的过程中，也应注重数据的规范使用。二是强化监管科技应用深度。尽管金融领域已经使用监管科技解决方案来助力报告自动化生成，但大多仍处于探索使用阶段，科技赋能生成报告的潜力并未完全得以释放，未来仍有较大空间。以人工智能技术赋能合规报告为例，金融机构能够利用人工智能技术，如自然语言处理技术实现监管规则的自动化翻译，并形成结构化数据。然而，当前通过人工智能技术翻译的监管规则结果缺乏灵活性，导致自动化报告内容可能存在难以理解的情况。因此，未来在技术开发层面上，应探索更具变通性的监管科技解决方案；在规则制定层面上，应早日实现监管规则的机器可执行化。

第十一章 监管科技在风险管理及监管领域的应用与展望

随着金融科技的发展，金融风险逐渐呈现作用范围趋广、传播速度加快、隐蔽程度增高的新特征。然而，传统的风险管理与监管手段明显滞后于金融科技发展的脚步，对风险管理效率的要求进一步推动了监管科技的发展。新兴的监管科技对风险的识别、度量、检测和分析预警手段更加智能化、高效化，有助于解决金融风险管理当前的困境。本章旨在结合具体的案例应用，阐述监管科技如何赋能金融风险管理与监管。

一、监管科技赋能风险管理及监管的必要性

尽管传统的风险管理方法在过去的实践中起到了不可忽视的作用，但在新的环境里也逐渐暴露出不少的缺陷：

第一，监管效率低下。传统的风险管理主要以手动收集和人工检查为主，对信息收集人员的专业需求和操作要求较高。以借贷风险（信用风险）管理为例，由于合规和技术的限制，在传统的风险管理模式下，信息主要是用手工方式采集，效率较低且错误率较高。同时，金融机构对外部数据信息的利用率较低，个人客户信息在各个金融机构内部形成相对独立的数据。另外，信息准确

度依赖于企业客户自己提交的经营信息及财务状况信息的真实性，信息准确度也在一定程度上限制了监管的效率。

第二，监管成本较高。风险管理及监管过程涉及大量财务指标的跟踪和监测，传统管理方案需要进行多次人工核验以防失误，人力投入大导致监管成本高。例如，客户身份识别是金融监管中识别和规避风险的重要一环，传统的人工识别效率不高，而且操作烦琐、重复率高，人力和财力耗费也较高。又如，银行采用实地调查核实、电话询问、获取外部征信机构数据等方法形成自身的客户风险评估和信贷审批报告，但这种信息收集方式的成本更高，且定量化手段运用不足。

第三，监管滞后于市场变化。当前，风险监管虽然已经做到信息化报送，但频率多以月度、季度为主，更无法实现实时风险监控和预警。传统风险监管方案已明显滞后于瞬息万变的金融市场，这在很大程度上弱化了风险监管的有效性。

监管科技的引入有望破解这些监管困境，提升风险管理与监管的效率。依托于金融大数据、人工智能等新兴技术，监管科技可以降低信息采集过程中的错误率，提高风险识别和数据分析能力，进而提高风险管理与监管的效率。同时，监管科技的引入可以大幅削减人力资本的投入，降低监管成本。

二、监管科技在风险管理及监管领域的应用

按照各个环节实现功能的不同，风险管理及监管可以划分为风险识别、风险度量、风险监测、风险分析与预警四个细分领域。尽管不同领域之间没有主次之分，但由于不同领域的技术成熟度存在差异，监管科技的应用程度也有所不同。

（一）风险识别领域

在传统的风险管理与监管中，对于风险的识别通常采取的是人工收集、

人工审核的方式。这种模式下，识别准确率依赖于专家的经验判断，定量化的分析手段不足，难以适应金融科技迅速发展带来的潜在风险。监管科技的引入可以有效解决这一难题，相较于传统技术手段，监管科技涉及的人工智能、大数据分析、区块链、云计算等各类新兴技术对于风险的识别也更加高效、及时和准确。

在宏观风险识别方面，荷兰中央银行（DNB）的研究人员利用第二代泛欧实时全额自动清算系统（Trans-European Automated Real-time Gross Settlement Express Transfer System，简称 TARGET2）的交易数据，从这些高频的交易数据中构建了金融市场基础设施风险指标，并用所构建的指标与相关基准进行比较，通过两者之间的差值来识别相关的宏观金融风险。

在信用风险识别方面，监管科技的主要应用场景是“了解你的客户”（KYC），即客户身份识别和客户的尽职调查（见图 11−1）。KYC 主要是合规端的应用，由一些专业的监管科技公司提供专门的 KYC 等客户信息验证服务。位于加拿大的 Trulioo 公司的电子身份验证服务 Global Gateway 是专门针对 KYC 和反洗钱等合规性要求而创建的，并支持各种国际电子身份验证要求。Global Gateway 可以访问 400 多个数据源，包括但不限于信贷机构、选举名册、国家 ID、移动网络运营商、电话 / 公用事业记录，能够验证 195 多个国家或地区的约 50 亿人[①]，因此电子商务公司、银行和其他金融机构等都可

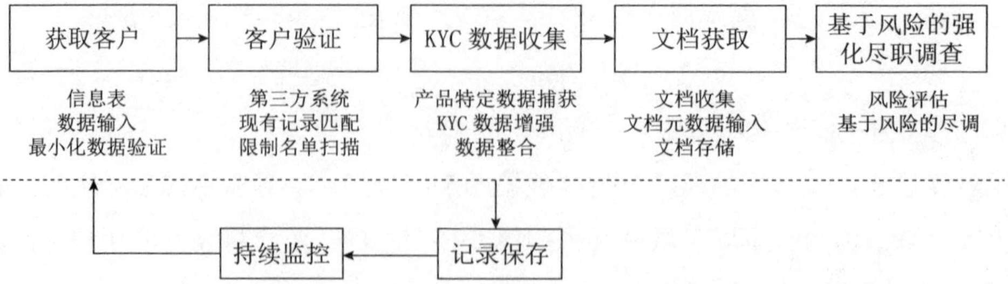

图 11−1 KYC 流程

资料来源：作者收集整理。

① 作者整理得到，参考官网 https://www.trulioo.com/product/globalgateway。

以使用 Global Gateway 来满足其有关合规性、降低风险和年龄验证等相关的需求。跨国公司 IdentityMind 利用电子 DNA（eDNA）技术构建客户的数字身份，并根据客户的属性（包括姓名、地址、电话、电子邮件等）和交易历史及活动提供风险评分，通过 Identity Mind 构建的数据库和合作伙伴提供的生态系统实时验证客户的身份。

在违规风险识别方面，美国证券交易委员会使用机器学习算法中的一种序列方法来检测违规行为。首先，该方法使用无监督学习来检测 SEC 文件相关数据的格式和异常，并用主题建模技术识别数据中的关键主题要素以及提供见解。SEC 使用此技术生成“相似”文档组，以识别市场参与者之间的常见和异常行为。其次，序列方法还可以在机器学习输出结果中加入人工的指引和判断，提高机器学习输出结果的可信度，进而较为高效地识别潜在的市场欺诈风险。内部监督和交易分析视图（View for Internal Surveillance and Trading Analysis，以下简称 VISTA）是美国金融业监管局（Financial Industry Regulatory Authority，以下简称 FINRA）所使用的关键监管系统之一，VISTA 系统主要用处是收集交易、报价和股息相关信息，以及做市商注册和纳斯达克系统订单一类的活动。市场监管人员主要使用 VISTA 系统的信息来识别市场上潜在的违规活动，并确定破坏性或可疑性的交易活动是否需要进一步核查。此外，为了检测内幕交易，英国金融行为监管局使用有监督的机器学习方法每天分析超过 2000 万笔的股票市场交易信息①，以识别可能的内幕交易和市场操纵。正如第四章所述，澳大利亚证券投资委员会也通过 MAI 系统在历史数据中进行挖掘，通过损益分析找出量化指标，以识别可能的内幕交易活动，并测算其规模。

在金融犯罪风险识别方面，其创新技术处于探索规划阶段，目前已有一些金融机构和监管部门将其应用在反洗钱及打击恐怖融资领域。如第六章所述，新加坡金融管理局创建了一个数据分析系统，采用自然语言处理

---

① BIS，*FSI Insights：Innovative Technology in Financial Supervision（suptech）–the Experience of Early Users*，July 2018，retrieved from https://www.bis.org/fsi/publ/insights9. pdf.

和机器学习技术来分析金融机构每月向其提交的3000份可疑交易报告[①]，大大提高了犯罪识别效率和效益，因为手动创建一个网络来识别潜在的反洗钱违规风险大约需要两年时间，而借助人工智能和机器学习技术实现则仅需几分钟的时间。意大利银行（BoI）的金融情报部门将过去五年中交易超过15,000欧元的结构化数据与新闻评论等非结构化数据结合起来[②]，应用于反洗钱和反恐融资检测，并使用机器学习和深度学习技术对传入的可疑交易报告进行分类。相较于传统的分析手段，大数据和机器学习相结合的分析手段所需的分类时间大大减少，而且还具有实时分析的能力，提高了反洗钱和反恐融资风险的识别效率。

（二）风险度量领域

传统风险管理与监管在风险度量领域较为成熟。目前，对于市场风险的度量有灵敏性方法、波动性方法、VaR方法等；对于信用风险的度量有信用评级法、专家分析法、KMV和PFM模型等方法。但基于统计和打分的传统风险度量方法不仅需要搜集和处理大量数据，还需要花费很大的人力、时间等成本，实现起来困难较大。而机器学习则是对风险管理的度量具有重要意义的技术之一，它可以通过识别大型数据集中的复杂、非线性模式来构建更准确的风险模型，这些模型对于风险度量的准确度会随着信息的增加而增长，从而随着时间的推移增强对风险的预测能力。

目前，监管科技在风险度量领域的应用已经取得一些成效。SEC使用自然语言处理进行情感分析，该模型自动评估注册人申请的语调，并将其转换成风险度量信号，通过将带有负面含义的术语叠加主题建模，来衡量文本的语调和相应的风险。奥地利中央银行（OeNB）、BoI、DNB等也先后采用机器学习搭建的数据模型进行风险度量。现阶段，监管科技在风险度量领域主要发挥的作

① Ravi Menon, *Singapore FinTech Journey 2.0*, November 2017, retrieved from https://www.bis.org/review/r171115a.pdf.

② BIS, *FSI Insights: Innovative Technology in Financial Supervision (suptech) –the Experience of Early Users*, July 2018, retrieved from https://www.bis.org/fsi/publ/insights9. pdf.

用仍是借助其强大的数据获取和处理能力对风险度量模型进行改进，从而实现对风险更加精准的度量（见图 11—2）。

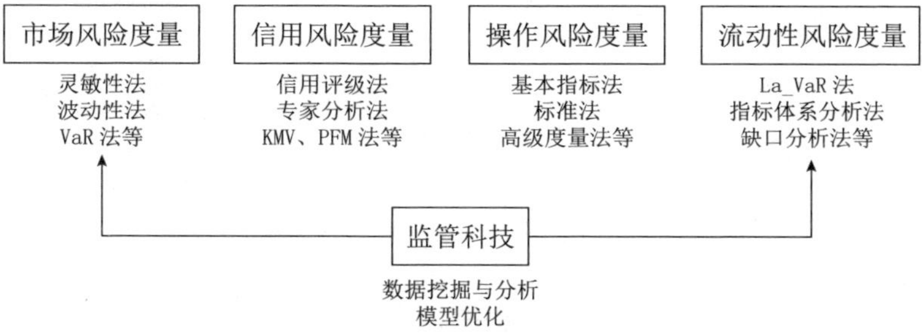

图 11—2 监管科技与风险度量

资料来源：作者收集整理。

（三）风险监测领域

传统的风险监测手段无法做到实时监控，也无法对非常庞大的交易数据或者报告进行全方位监测，因此局限性较为明显。监管科技最大的优点在于其客观和高效的监测能力、广阔的覆盖面，以及强大的数据挖掘能力。很多发达国家已经开始尝试运用科技手段监测市场上的各类风险，随着监管科技的发展和深入，监测能力和效率也有了较大的提升。目前，监管科技在风险监测领域主要应用于市场交易的监测。

FINRA 采用 ADS（Advanced Detection System）、SONAR（Securities Observation, News Analysis and Regulation System）等系统进行风险监测。ADS 通过集成详细的交易和报价数据、内部报价和订单等信息，以用于市场交易监测。应用领域包括交易惯例与报告、公司报价合规性、交易分析、卖空、市场完整性和最佳执行和订单处理。SONAR 系统利用了几种 AI 和统计技术，包括自然语言处理、文本挖掘、统计回归、基于规则的推理及不确定性和模糊匹配，将这些技术结合于一体，主要用于检测欺诈或市场操纵以及一些异常交易活动。SONAR 为诸如证券发行公司、公司管理人员、经纪人、对股票价值产生影响的监管机构等实体挖掘新闻通信录、SEC 文件，及查找产品公告、收益报告、并购等重大事件并挖掘实体和事件之间显性和隐性的关系（见图 11—3）。

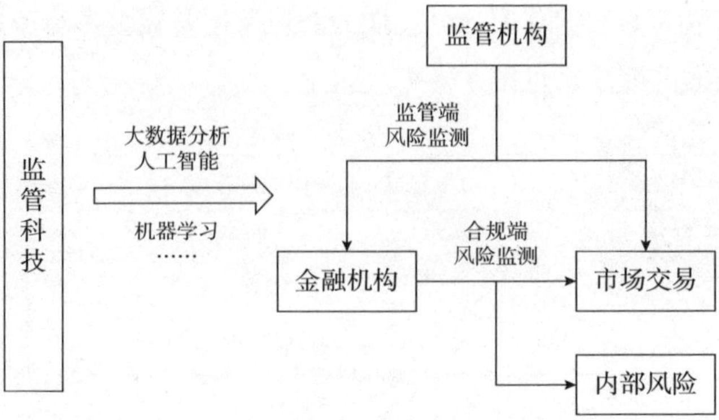

图 11—3　监管科技与风险监测

资料来源：作者收集整理。

（四）风险分析与预警领域

过去，风险分析和预警方案主要以基于历史经验的主观判断、利用有限数据构建风险模型和风险指标进行判断等手段为核心，预警效果欠佳，尤其对突发性风险预测不足。应用监管科技手段，可以在海量数据中进行挖掘，从而提高风险分析和预警的准确度和效率。

FCA 正在尝试使用监督学习和"随机森林"技术来预测可能的金融产品违规销售，算法原理是为了避免局限性，将多棵决策树整合成森林，从整体上对结果进行预测。为了更好地预测金融产品的违规销售，FCA 对违规销售产品可能出现在何处特别感兴趣，并可以使用视觉分析来识别潜在的误导性金融产品销售广告。此外，机器学习技术还可以运用于信用风险评估。

BoI 在探索如何将机器学习算法运用于贷款违约预测，为此目的合并了不同的数据源（例如中央信用登记簿，非金融公司的资产负债表数据以及其他公司级数据），将混合后的数据源输入到机器学习工具中，该工具会生成贷款违约的预测，以与标准模型进行比较。此外，如前文所述，BOI 还基于社交媒体信息（Twitter）运用自然语言处理进行情感分析，预测短期的储户存款，得出负面情绪偏多时储户存款的增长也较低的结论。

美国纳斯达克证券交易所采用 SMARTS 系统（SMARTS Market Surveillance System）是市场监控领域的行业标杆级产品，可以实时进行市场监测和预警。

SMARTS 系统每天可以处理数十亿条消息，监控包括股票、期货和衍生产品市场的所有上市工具，并通过一系列复杂的警报来警示风险行为。该系统在直观的警报工作流管理系统的支持下，实时向分析师发出可能违反交易规则、异常行为和市场波动的警报。SMARTS 系统是基于 20 多年的风险监控预警经验而开发的系统，具有丰富的风险预警功能，可提供 60 多种预配置的警报，并且用户可以定制警报算法以临时创建某方面的警报。同时在可视化方面，可以提供清晰的市场分析图形支持，以将风险情况与正常市场情况进行比较，对风险进行警示。

三、监管科技在风险管理和监管领域的发展展望

风险管理是金融监管永恒的话题。在信息技术和金融创新的推动下，金融行业面临的风险更加复杂化、多样化、综合化，这为金融监管提出了更多的挑战。金融风险管理是金融监管的核心，因此，风险管理与监管本质上就是监管科技的主要着力点。

从全球监管科技的发展历程来看，在风险管理和监管领域，客户身份验证、反洗钱和反恐融资风险识别，以及金融市场交易风险监测三个方面是主要的发展方向。这是由两方面原因决定的。一方面，监管科技快速发展的核心诉求来源于以银行为主的金融机构。商业银行尝试借助于监管科技识别来自客户的伪造身份信息和欺诈等风险，以降低合规性成本并达到监管的要求。以美国为例，为了解决合规与欺诈等问题，大型商业银行每年的支出费用高达数百万美元，如此高昂的开支使得很多大型银行纷纷涉足监管科技领域的投资与合作。另一方面，为了适应金融科技的快速发展，监管部门对于市场主体风险行为的监测需求不断上升，这也在一定程度上推动了监管科技的发展。不过，在监管端与合规端的数据基础设施建设方面，当前对统一的数据源构建与数据的综合利用的需求较高，但是进度仍然较慢。主要难点是多方面的，如数据确权困难和数据安全问题等等。未来，监管科技在风险管理和监管领域仍旧具有非

常广阔的空间：

一是以数据为基石，构建风险统筹监管系统。监管科技在风险管理和监管的过程中，起到的核心作用就是提升数据的获取和分析使用效率。发展监管科技、实现各类高新技术在风险管理和监管层面的应用，首先要加强和完善信息化的基础设施建设。具体来说，在未来的风险管理和监管中，应当以数据为基石，实现从监管端到合规端数据的互联互通。进一步，实现监管规则和报告生成的全代码化，从而构建风险的统筹监管系统。考虑到现有的金融科技独角兽企业可能成长为系统重要性金融机构，风险统筹监管系统不仅需要覆盖传统的金融机构，还应当包括金融科技企业。一个高效的风险统筹监管系统将实现跨机构、跨市场、跨时期的风险全程监控，并对可能出现的风险因素进行人工智能分析和可视化报送。

二是重构监管规则和理念，实施结合监管科技的适应性监管。传统的指标式刚性监管规则（包括资本充足比率、风险集中度比率、流动性监管比率等风险指标），更多地反映金融机构过去的运行状况，不能反映金融机构之间的风险管控差异，更不能有效、全面、实时地度量市场风险。结合监管科技的适应性监管或许可以成为应对这一问题的良好解决方案。结合监管科技的适应性监管指的是以各行为主体所掌握的信息和有限理性为基础，通过规则与职权的划分、激励，有效加强监管与创新之间的协调性，防范重大金融风险。监管科技的运用将充分考虑和平衡各被监管主体间的风险和创新因素，使得监管规则、制度和方式的制定在代码化的前提下实现动态变化，以适应现实世界中风险的结构性变化，并通过上文所述的风险统筹监管系统实时传导至被监管端。未来的适应性监管将在有效控制风险的前提下充分激发市场主体的创新性。

三是实现信息的自动化披露，引入外部风险监测机制。金融科技的发展使金融产品的设计和金融业务的开展变得愈发复杂，经过各种包装的金融产品为风险的传播提供了良好的温床，也让风险监管难度越来越大。由于各市场参与者的风险偏好各不相同，监管机构对于风险的框定可能不符合所有参与者的预期。因此，引入外部的风险监测机制显得尤为重要。所谓外部风险监测机制指的是监管机构以外的市场参与者对于风险的自我识别和分析判断，引入外部风险监测机制的关键在于信息是否得到完全的披露。未来的监管科技将在信息化的基础设施上实现信息的自动化披露，一来可以减少披露的中间过程财务造假的可能性，二来可以提供客观真实的数据信息以引导市场合理化运行，从而促进金融体系的健康发展。

第十二章

监管科技在身份认证领域的应用及展望

互联网金融的迅速发展使得金融交易和金融服务逐渐从线下转移到了线上。居民在享受便捷金融服务的同时，也深受身份盗用行为的困扰。尤其是随着不法分子盗用金融账户手段日趋多样，传统的静态密码认证已不足以准确验证客户身份，保护客户资金安全。在此背景下，监管科技的广泛运用将有力推动客户身份认证朝着更安全、更准确和更便捷的方向发展。

一、身份认证的概念和监管意义

身份认证自古至今一直是现实生活中的重要需求。身份，顾名思义即"我是谁"的概念。建立在身份概念之上，"身份认证"的过程就是通过某种手段证明"我是我"的过程。从古代皇帝使用的"圣旨""虎符"，到现代的居民身份证件、密码，人类需要使用某种手段来证明自身独特的身份，从而行使这一身份所带来的权利或从事这一身份才能进行的活动。因此身份认证是维持社会活动秩序的关键前提。

从金融的视角来看，身份认证贯穿金融账户开立、资金转移、互联网保险理赔等一系列金融服务。尤其是进入信息时代后，以第三方支付为代表的互联网金融迅速发展，居民的金融活动逐渐从线下转到线上。在互联网金融活动中，客户身份信息由一组数据表示，金融机构的信息系统只能够识别用户的"数字身份"。如若不能确保客户"数字身份"与"物理身份"相统一，那么线上金融活动带来便捷性的同时也带来了安全隐患。黑客等不法分子会利用系统漏洞攻击客户的金融账户，假冒客户身份，盗取客户资金和个人信息，并利用这些信息获得非法收益。因此监管当局对于金融机构客户身份有效认证做出了明确要求。

2013 年欧洲中央银行发布了有关互联网支付安全性的建议，其核心是要求第三方支付机构采用强大的客户身份认证来维护线上支付的安全，确保发起付款的人是合法用户而不是欺诈者。该建议被纳入欧洲的第三方支付监管框架中。之后，欧洲委员会将此建议改进后写入 2019 年颁布的第二版支付服务指令中，PSD2 要求支付服务提供商进行强身份认证，当支付超过 30 欧元时必须要基于两种认证方式来确认客户身份，包括静态密码、动态码或生物特征识别等。2014 年，中国银行保险监督管理委员会（原中国银监会）和中国人民银行联合颁布了《中国银监会中国人民银行关于加强商业银行与第三方支付机构合作业务管理的通知》(以下简称《通知》)。《通知》强调了客户身份认证的重要性，要求客户银行账户与第三方支付机构首次建立业务关联时，应经双重认证，即客户在通过第三方支付机构认证的同时，还需通过商业银行的客户身份鉴别。账户所在银行应通过物理网点、电子渠道或其他有效方式直接验证客户身份，明确双方权利与义务。同时，《通知》还要求商业银行设置第三方支付限额，以防止客户账户被不法分子盗用，客户只有再次经过身份认证后才能申请调整限额。监管机构对于客户身份认证的要求旨在保护客户资金账户的安全，维护金融系统的安全性和稳定性。因此金融机构应采取积极有效的措施来履行客户身份认证义务，在合规的同时也能降低潜在的金融风险、提高经营的稳健性。

二、传统身份认证的现状与不足

当前，身份认证的主要手段是密码认证。在传统金融领域，几乎所有类型的金融主体都应用密码来认证客户身份。金融机构在用户开立线下实体账户或者网上金融账户的时候会让客户自主为账户设定一个密码，之后客户使用该密码进行账户登录或办理在线转账、支付等业务。密码的使用在一定程度上保证了客户账户的安全性、交易的机密性以及交易的不可否认性。但是密码的广泛使用也存在一定弊端。

一是复杂的密码面临记忆的困难。随着金融业务发展的广度增加，从传统的银行业务、证券业务、保险业务到现在的互联网支付、互联网贷款，客户享受多样金融服务的同时意味着需要拥有更多的账户以及管理更多的密码。与此同时，同样的业务客户可能会选择不同的金融机构。根据中国人民银行的数据，截至 2018 年年底中国人均持有银行卡的数量为 5.46 张①。除去不使用银行卡的孩童，成年人人均拥有的银行账户会更多。多个银行账户意味着客户需要设定的密码数量也更多。对于倾向于设置重复简单密码的用户来说，其账户面临着被盗窃的风险。Verizon 公司（美国最大的移动运营商）于 2019 年发布的数据泄露报告显示，与黑客相关的数据泄露中有 80% 与密码的薄弱有关②。金融账户密码的大量丢失会促使密码盗窃产业的发展，密码盗窃产业的发展又会进一步加剧密码被盗的问题。对于安全警惕性较高的用户，其在开设新金融账户时会使用字母、数字、符号和大小写混合而成的密码，同时不同的账户会设置不同的密码。此举虽然能提高账户的安全系数，但多个复杂密码给用户的记忆带来巨大挑战。如果忘记密码，则需要进行密码找回，对于金融账户来说，

---

① 中国人民银行:《2018 年支付体系运行总体情况》, 2018，见 http://www.gov.cn/xinwen/2019-03/20/5375401/files/1e1a87e02453432ab032ae5187b7804a.pdf。

② Verizon，*2019 Verizon Data Breach Investigations Report*，2019，retrieved from https://www.nist.gov/system/files/documents/2019/10/16/1-2-dbir-widup.pdf.

这一过程往往更为复杂。由此可见，在传统的密码验证下，便捷性和安全性是一个此消彼长的关系，如何在二者之间找到一个平衡点，或者寻找到新的解决方案是亟须解决的问题。

二是技术发展挑战密码的安全性。随着网上银行及第三方支付的发展，密码被盗、账户无端向其他账户转账的新闻屡见不鲜。不法分子利用网络钓鱼、病毒密码等手段盗取用户的金融账户信息，然后利用盗取的密码伪装成用户本人登录账户，盗取资金。除了盗取用户密码信息以外，技术的发展使得强行破解密码成为可能，量子计算机则是其中的代表性技术之一。2019 年 4 月 9 日，美国兰德（Rand）公司发布了一篇名为《在量子计算时代确保通信安全：管理加密风险》（*Securing Communications in the Quantum Computing Age*）的报告。报告指出，量子计算拥有远超常规计算机的计算能力，其会对当前的通信、金融交易产生威胁。谷歌最新研制的量子级处理器能在 200 秒内完成目前最强超级计算机 10000 年才能完成的计算量[①]。在这种计算能力下，攻击者能够强行破解账户对应的密码。因此，未来需要更加综合、有效的加密方式予以应对。

三是中心化身份管理导致风险集中。中心化身份管理是指由单一的权威机构进行管理和控制居民或客户的身份，用户是否有身份或者身份的真假都由单一权威部门所决定。例如金融机构对客户的账户信息进行集中化管理。也就是说，如果金融机构的系统整体被攻破，那就不存在金融机构对用户身份验证这一环节，用户对自己的身份并没有掌控的权利。中心化身份管理虽然便于机构的维护与管理，但是风险过于集中，一旦出现系统性风险，则会给用户以及金融机构本身带来巨大损失。如 2018 年，Facebook 掌握的近 5000 万用户隐私被泄露[②]。当然，现阶段金融机构的信息储存和管理系统的安全性仍然非常高，

---

① Arute Frank，et al，“QuantumSupremacy Using a Programmable Superconducting Processor”，inNature.October 2019，pp.505–510.

② Julia Carrie Wong：*Facebook Says Nearly 50m Users Compromised in Huge Security Breach*，September 2018，retrieved from https://www.theguardian.com/technology/2018/sep/28/facebook-50-million-user-accounts-security-berach.

出现系统性危机的概率极其微小，所以现在的身份认证技术都是建立在统一身份管理的背景下。但是未来随着技术的爆发，中心化身份管理模式可能会受到挑战。

三、监管科技赋能身份认证

近年来，以生物识别技术为代表的新一代身份认证技术在金融领域逐渐得到广泛应用。新一代身份认证技术在安全性的基础上追求用户使用的便捷性，并持续探索二者的最佳平衡点。除了中心化身份认证的不断改进与完善，去中心化身份（Decentralized Identity，以下简称 DID）的概念也随着区块链技术的逐渐成熟而引起广泛关注。用户的 DID 可以在所有网站使用，结合区块链上信息的不可篡改性，DID 是身份安全和验证便捷的完美结合，具有光明的应用前景。

（一）基于算法的动态口令认证

由于传统静态密码容易受到多种攻击，其安全性较低，因此金融机构引入了动态口令的方式来验证客户的身份。动态口令是指通过一个专门的算法得出一个不可预测的数字组合，以这个数字组合充当用户交易密码，并且这个数字组合只在很短的时间内有效，超过一定时限后便失效。该算法会基于不同的变量因子来生成动态口令，如用户身份、交易时间、随机数列等。由于变量因子的变化，每次都会得出不同的动态口令，大大提高了认证的准确性。

动态口令一般分为三种方式：手机短信密码、电子口令牌和物理口令卡。手机短信密码顾名思义就是金融机构向手机发送动态密码，客户输入即可完成验证。电子口令牌是一种微小的电子显示器，内置芯片和电源。每次使用时都会根据特定算法在显示屏上显示不同的动态密码，一般银行使用的电子口令牌是基于时间的特殊算法，不同时间产生不同的密码。物理口令卡是早些年较为流行的动态口令认证方式。其一般是一张纸片，纸片上不同位置记载着不同密码，客户在交易的时候银行系统会指定物理口令上一个具体的位置，客户将该位置的密码输入即可验证。物理口令的优势是制作成本低，但是其使用次数有限，并且如果不法分子长期追踪客户的交易，可能会记录下物理口令卡上所有的密码，从而攻破账户，因此物理口令卡现在大多已经被电子口令牌替代。

动态口令验证以其不断变更的密码增加了不法分子伪造他人身份的困难，同时无论是手机还是电子口令牌，都十分方便携带，因此动态口令验证是传统静态密码验证一个很好的替代。

（二）基于公钥的数字证书认证

数字证书是由第三方权威机构颁发的，可以在互联网空间识别各方信息的一系列数据，简单来说就是类似于现实生活中的身份证，其基本架构是公钥基础设施（Public Key Infrastructure）。数字证书中包含了客户的基本信息以及权威认证中心的签名。银行的U盾，即USBkey，是常见的“硬数字证书”，是数字证书的良好载体。其工作原理如图12－1所示。客户准备进行交易时，将USBkey插入电脑，输入Personal Identification Number（以下简称PIN码），USBkey通过PIN码识别是客户本人后从而登录网上银行开始交易。客户的交易指令并不会直接传递到银行，而是会通过HASH算法得到一个固定的摘要，然后客户使用非对称加密中私钥给该摘要加密，形成数字签名（密钥使得这段摘要具有独特性，类似于现实中本人的签名）。此外，用户端会使用DES（Data Encryption Standard）对称加密将数字签名、摘要和原指令一起发送至银行系统。银行接收到这些信息后首先会使用DES算法将第一层密码解开，然后使用用户的公钥验证数字签名，得到摘要。同时银行将原指令用同样的HASH算法计算得到一段摘要，与使用公钥解开的摘要对比，如果相同则确认是用户发送来的交易指令，在传输中途没有被篡改。在整个过程中，客户使用PIN码认证是在USBkcy内进行，银行系统的验证是在银行系统进行，只有中间的传输有可能暴露于风险中。但是HASH算法的不可逆性以及数字签名保证了交易指令确实是由客户本人发出，从而完成身份认证。

数字证书认证的最大优势在于客户身份难以被假冒，客户发送的交易指令难以被篡改，相较于传统静态密码而言，其安全性显著提升。但是缺陷在于使用较为烦琐，一般仅用于大额交易。

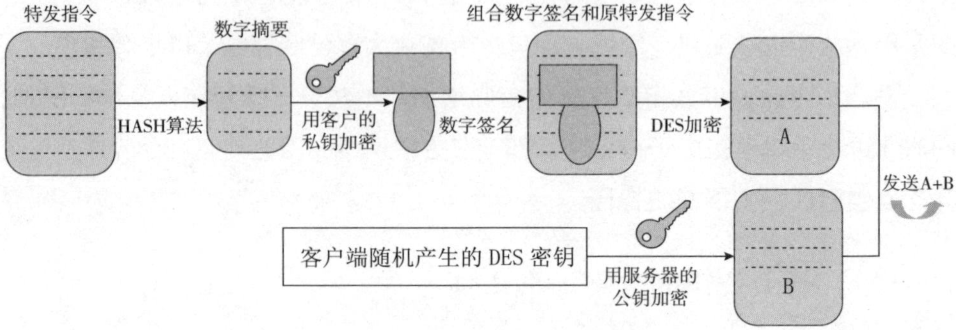

图 12—1 USBkey 工作原理

资料来源：程宇贤：《网上银行身份认证系统的安全性研究》，硕士学位论文，上海交通大学信息安全工程学院，2010 年，第 48 页。

（三）基于生物识别技术的生物特征认证

生物识别技术是指利用人体生物特征进行身份认证的一种技术，它通过计算机与光学、声学、生物传感器和生物统计学原理等科技手段密切结合，利用人体固有的生理特性（如指纹、脸像、虹膜等）和行为特征（如笔迹、声音、步态等）来进行个人身份的鉴定。常见的生物识别技术有指纹识别、人脸识别、语音识别、静脉识别和虹膜识别。相较于传统的证件识别、密码识别，生物认证最大的特点在于其使用十分便捷，准确性较高。每个人都有自己独特的生物特征，这个特征在相当长一段时间内不会随着时间的推移而改变，并且不会丢失。在适合的应用场景下，用户可以即时使用自身的生物特征进行认证，并且能够保证操作者即本人，做到“人账统一”。目前，在金融领域涉及的生物识别手段主要有以下几种。

一是指纹识别技术。指纹识别技术是应用最广泛的生物识别技术，也是在金融领域应用较早的生物识别技术，其主要是运用不同人指纹的细节特征各异来识别客户身份。科学数据表明，出现完全相同指纹的概率低于十亿分之一，实践中的误识率为 0.8%，因此指纹识别用于身份认证领域拥有较高的准确性。指纹识别的工作流程大致如下：第一步是对指纹图像的采集；然后对指纹图像增强，判断指纹图像的质量，能否有效提取其特征；接着从指纹的脊线中提取特征存入数据库；最后在使用时将用户指纹与数据库数据进行匹配，输出识别结果。

在金融领域的实际应用中，指纹数据的采集和保存有两种模式。一种是设备端模式。在这种模式下，设备端（智能手机、平板电脑）将采集客户的指纹信息并储存在自身的安全模块内。当实际应用时，设备端将再次采集指纹并与安全模块内的指纹记录进行比对，并将认证结果发送至金融机构后台。在该模式下，仅依靠采集终端设备即可完成身份识别过程，指纹特征信息存储在设备本地，仅需将认证结果传输到后台。整个验证过程高效并且可避免在中间传输过程中指纹被篡改。但是这种模式对终端设备的依赖度较高，需要终端设备配备特定的指纹识别模块以及指纹储存模块。目前支付宝、微信支付以及苹果支付等都采用这种模式。另一种模式是网络端模式，在这种模式下，设备端采集用户指纹信息，并将这些指纹信息发至金融机构的指纹数据库，与数据库中存储的指纹信息进行“一对多”比对，形成认证结果。在这种模式下，整个认证的过程在网络端进行，对金融机构后台的信息技术研发能力、网络数据库的安全管理要求很高。目前传统金融机构的指纹支付认证流程多采用网络端的模式，如银行的指纹支付业务。

二是人脸识别技术。人脸识别是一种基于人的脸部特征信息进行身份认证的生物识别技术。人脸识别的最大优点是采集便捷、验证便捷，其使用摄像头无接触采集，可以大大提升系统响应速度。人脸识别的流程基本如下。第一步金融机构通过摄像头采集人脸图像，包括不同位置的图像、不同表情的图像；由于受制于各种因素和干扰，原始图像很多时候不能直接使用，需要进行预处理，包括光线补偿、几何校正、直方图均衡化等；然后对预处理后的图像进行特征提取，包括像素统计特征、视觉特征、人脸图像变换系数特征等。最后将提取到的人脸图像与数据库中储存的人脸特征匹配，并设定一定的错误率阈值，低于设定的阈值则输出准确匹配结果。

由于其使用的便捷性，人脸识别是当下最热门的身份认证研究对象之一。

但是人脸识别仍然存在着对识别环境要求高、安全性低等问题。一方面，人脸图像的采集受到光照条件（夜晚光照较暗）、是否有遮挡物等限制。另一方面，采用3D面部打印技术可以较为容易地伪造出“假脸”从而通过验证，这带来较高的安全隐患。因此，未来人脸识别的技术需要继续完善，从而能够在更复杂的环境中做到准确识别，使伪造更加困难。

三是虹膜识别。虹膜识别是一种将虹膜特征作为识别点的生物识别技术。人的虹膜包含丰富的纹理信息，特征点达到260个，虹膜识别的错误率达到百万分之一，甚至是五百万分之一，远低于指纹识别和人脸识别，所以虹膜识别被认为是最为精准的生物识别技术。此外，人的虹膜在成长到18个月左右就完全定型，并且在整个生命周期中不会再改变，因此虹膜识别具备极高的稳定性。虹膜的采集与人脸识别相同，属于无接触式采集，具有较高的便捷性，其采集最快能在一秒内完成。虹膜识别的具体工作流程有四步。一是采用特定的摄像器材对整个眼部进行拍摄，从而采集眼部图像。二是将提取到的图像进行预处理，将提取到的图像进行大小、亮度、对比度和平滑度的处理。三是特征提取，采用特定的算法从虹膜图像中提取出虹膜识别所需的特征点，并对其进行编码。最后一步即特征匹配，将提取得到的特征编码与数据库中的虹膜图像特征编码逐一匹配，判断是否为相同的虹膜。

由于虹膜识别的独特优势，目前其在金融领域的应用越来越广泛。美国富国银行已经大力推行“眼纹认证”，用户通过虹膜特征登录银行账户；2016年花旗银行（Citibank）与Diebold（美国金融设备制造商）合作推出了全球首款虹膜识别的ATM（Automatic Teller Machine）机；2018年4月，中国建设银行推出了国内首家智慧无人银行，其上线的“无感支付”是国内首家上亿用户级别的虹膜识别系统。根据新思界产业研究中心发布的《2019—2023年中国虹膜识别市场可行性研究报告》，全球虹膜识别市场发展迅速，预计到2020年，虹膜识别的市场规模将超越人脸识别，成为仅次于指纹识别的生物识别技术[①]。

① 新思界产业研究中心：《2019—2023年中国虹膜识别市场可行性研究报告》，2019年5月，见http://www.newsijie.com/baogao/2019/0529/11248028.html。

四是声纹识别技术。声纹识别的原理是不同人声纹图谱具有不一致性，金融机构依据其不一致性来识别用户。声纹识别有其独特的优势，包括样本获取较为容易、适用于远程验证、采集设备的成本低廉等。因此，各大金融机构也在努力布局声纹识别技术。英国巴克莱银行于 2013 年推出了声纹验证服务，可以在 30 秒的对话中验证客户身份；2018 年浦发银行推出声纹登录账户服务，客户采用人工智能语音交互登录账户；2016 年，中国建设银行推出声纹取款服务，用户可以通过手机端录入声纹信息，并在取款时用声纹验证。2018 年 10 月，中国人民银行正式发布《移动金融基于声纹识别的安全应用技术规范》，这是我国首个生物特征识别安全应用技术标准，这意味着监管层开始逐渐认可声纹识别技术，未来应用前景较为光明。

五是静脉识别技术。静脉识别是指通过提取个人的手指或手掌的静脉分布图进而对个人身份认证的一种手段。静脉识别的速度相对于其他生物识别手段来说较慢，所以静脉识别至今在国内应用场景较为狭窄，一般在金库管理和一些特殊的柜面交易才能看到静脉识别的身影。国外金融机构在静脉识别技术上的应用较国内略微广泛一些。三菱日联银行大约有 6000 台 ATM 机配备了静脉识别功能，德意志银行（Deutsche Bank）、土耳其 Ziraat 银行的部分 ATM 机也配备了静脉识别功能。

目前来看，采用生物识别技术能够在确保安全的基础上兼顾效率，各种生物识别技术也都有各自的优缺点或更加具有优势的地方，总结如图 12—2 所示。指纹识别技术是各方面较为均衡的技术，没有明显的短板，在稳定、准确、便捷的同时，应用成本也不高，因此指纹识别是应用最广泛的生物识别技术之一。人脸识别技术的优势在于其极高的便利性，无接触采集和无接触认证使得其应用越来越广泛，但是对使用环境的高要求也限制了其发展的脚步。虹膜识别的特点是其稳定性和准确性极高，很难被伪造，但是其使用的成本仍然高居不下。声纹识别技术也十分的便利，但是其准确性的问题限制了其可使用的金融场景。静脉识别技术仍然处于探索应用阶段，其识别速度的短板还有待突破。

技术类别	指纹识别	人脸识别	虹膜识别	声纹识别	静脉识别
稳定性	高	中	极高	中	高
可采集性	高	高	高	高	高
准确性	高	中	极高	中	高
是否接触	是	否	否	否	是
便利性	高	极高	高	高	高
金融主要应用场景	内部授权、系统登录、移动支付、指纹人证合一	自助终端、远程身份核查（直销银行、远程业务输等）、框面身份核查、移动营销	门禁管理、押运管理等高安全要求级别的场景	智能客服、远程开户、框面身份核查、移动营销	自动终端集成
发展现状	应用最早、最成熟，接受程度较高	目前应用最火，创新性十足，但也一直受到各方的质疑	处于探索、观察阶段	应用较早、较成熟，接受程度较高	处于探索阶段

图 12—2　生物识别汇总

资料来源：吴彩霞：《金融领域生物识别技术应用探析》，《金融理论与实践》2018 年第 12 期。

（四）多因子身份认证与自适应身份认证

从传统的静态密码认证到动态口令认证、数字证书认证以及生物特征认证，这些都是单因子身份认证。在单因子身份认证下，攻击者只需要破解一层防护系统即可攻破用户的账户，所以单因子身份认证存在着较高的安全风险。因此，多因子身份认证的应用将会显著增加金融机构账户的安全性，即使攻击者破解单因子（密码、指纹等），用户的身份仍然能够得到保障。多因子身份认证是将多种认证因子相结合，只有几重因子认证均通过，系统才会确认登录者身份的合法性。常见的多因子身份认证是静态密码与短信动态码的结合、静态密码与生物特征的结合。多因子认证的优势显而易见，但是也存在明显的缺点即烦琐。由于验证步骤的增加，客户不得不进行一层又一层的身份认证，额外的身份认证显著增加了认证时间，降低了客户体验。因此，如何在安全性和便捷性之间达到一种平衡是金融机构所探索的身份认证解决方案。美国信息安全媒体集团（Information Security Media Group，以下简称 ISMG）在 2018 年年底向大约 150 个美国主要的金融机构发起调查，调查结果显示，55% 的受访者认为他们的身份验证方案仅处于或低于行业平均水平，并且 78% 的受访者将 2019 年客户身份认证工作的重点放在打击欺诈行为，提升公司整体安全水平以及提高客户体验上[①]。在此背景下，自适应身份认证是一个可行的解决方案。

自适应身份验证，通常也称为基于风险的身份验证，是一种身份验证范式。它试图将所需的身份验证流程与系统感知到的客户风险进行匹配，随着客户风险程度的改变而匹配相应的身份认证流程。一方面减轻用户的身份认证负担，从而提供更好的使用体验，另一方面又可以在需要的时候实施强身份验证，保障客户账户安全。自适应身份认证的核心技术是机器学习，自适应身份认证系统会随着时间的推移跟踪记录客户的常用登录设备、通常登录地址以及典型的登录时间等多维度信息。系统会根据客户的每次登录状态给予不同的风险评分，从而要求相应的认证手段。例如，账户登录地点远离日常登录位置或登录设备不是日常使用的设备，系统则会要求进行多因子身份认证，确保账户安全。ISMG 2018 年的调查显示，预计在 2019 年，有 40% 的金融机构将投资自适应身份认证方案，占据所有身份认证方案的首位。

（五）基于区块链的 DID 认证

在互联网时代，我们的身份信息内涵超越了传统身份的边界，其分散于互联网的各个角落，包括网上金融信息、微信中的社交信息和游戏中的娱乐信息。由此引出了数字身份的概念，数字身份是就是整合了这些信息进而对用户的一个刻画，简单而言就是数字世界中的“我们”。而 DID 则是数字身份发展的一个阶段。DID 是相对于中心化身份的一个概念。中心化身份是指机构（包括金融机构和互联网机构等）用户的身份由机构掌握。机构能够决定用户是否

---

① Information Security Media Group, *The Future of Adaptive Authentication in the Financial Industry*, 2019, retrieved from https://www.onespan.com/sites/default/files/2019-03/OneSpan-AnalystReport-ISMG-Future-of-Adaptive-Authentication-in-the-Financial-Industry.pdf.

具有一个身份或者身份的真假。例如金融机构掌握着其客户的所有数据，其能够将客户的数据彻底删除。虽然这不符合商业逻辑和法律要求，但是机构有能力做到。再比如前文所引用的案例，Facebook 泄露了 5000 万用户的个人信息，对用户造成巨大的损失。因此在中心化身份下，用户并不能真正控制其身份。相对地，DID 是指利用区块链技术将客户信息储存在区块中，利用区块链的不可篡改性、点对点传输等性质让数字身份真正为用户所拥有并支配，不再有任何中间人接触、拥有、控制用户的身份和数据。此外，用户拥有的 DID 能够应用于各个不同的网络公司，无须为不同的网络公司或金融机构而注册不同的账号。

那么在 DID 下，金融机构和其他公司又如何验证客户的身份呢？去中心化体系下最具有价值的是"可验证声明"。"可验证声明"是能够证明客户身份的机构（如公安部门、学校等）向用户发送的"证明凭证"。例如学校向用户发送的"学历凭证"。在金融机构办理业务的时候，用户只需向金融机构出示"可验证声明"，证明金融机构需要的数据，无须出示全部底层数据，即"按需供给"，无须"全盘托出"。同时，用户与金融机构的交易是在区块链上的点对点式交易，其记录无法抹去，因此用户能够掌握自己的身份。此外，客户数据基于分布式账户进行使用和存储，避免了身份数据被单一的中心化的金融机构所控制，也避免了金融机构数据库遭受攻击时的身份泄露风险。

四、监管科技在身份认证中的金融应用场景

在金融体系的运行中，身份认证的主要场景包括开户、转账与支付、业务办理等。监管科技基于上述多种身份认证的新技术，已经在这些场景中广泛运用，切实改善了客户体验。

（一）开户

开户是公民参与金融活动的第一步，传统的金融账户开户活动都是在线

下进行。在金融机构网点，公民本人持有效身份证件开通金融账户。金融机构需要对证件的有效性以及与客户本人的匹配性进行人工审核。随着金融机构业务的线上化以及互联网金融机构的崛起，公民可以选择远程开户，无须再亲自到金融机构网点办理开户业务。如图 12—3 所示，金融机构可以通过客户的移动设备采集客户头像，并通过光学字符识别（Optical Character Recognition，以下简称 OCR）智能识别技术提取证件文字做自动填充信息表单，通过人脸识别技术确认客户本人头像与身份证件图像的一致性，如果一致再通过公安部的身份核查系统对客户身份进行识别，从而完成远程开户。2018 年，中国人民银行发布《中国人民银行关于优化企业开户服务的指导意见》，意见鼓励银行将人脸识别、OCR、二维码等技术手段嵌入开户业务流程，作为读取、收集以及核验客户身份信息和开户业务处理的辅助手段。目前已经多家券商采用人脸识别技术为客户办理远程开户业务，包括华泰证券、国元证券、长城证券等。此外，为金融机构提供数字转型、客户体验和客户生命周期管理解决方案的领先提供商 Fenergo 近期宣布推出基于云的数字远程开户解决方案，使亚太地区的企业和个人能够远程开设银行账户和获取金融服务。通过预配置自动化监管规则及相关流程，银行能够在线获得新客户，同时满足所有的了解你的客户、反洗钱和反恐怖融资要求，从而缩短开户时间和降低总体拥有成本，在疫情防控期间，客户无须前往分行柜台即可办理开户业务。

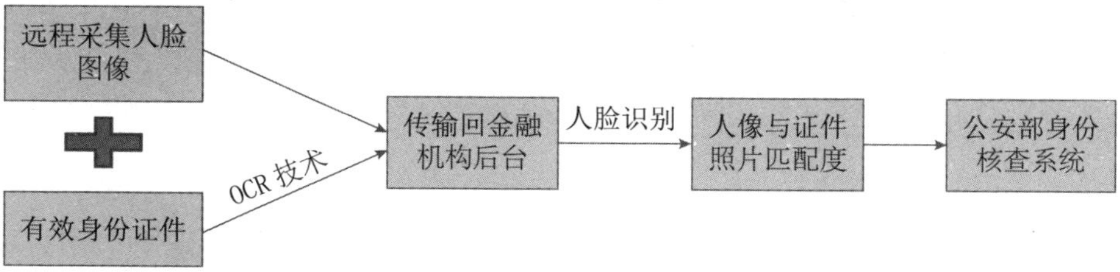

图 12—3　金融机构远程开户原理

资料来源：作者整理。

（二）转账与支付

转账与支付业务都涉及资金在不同账户间转移。传统模式下，线上转账有额度限制，超过一定额度后需要去银行网点办理或者使用电脑结合U盾的方式，使用极其麻烦。随着生物识别技术的逐渐成熟，客户可以使用生物认证加密码的结合在线上直接进行大额转账。2019年，苏格兰皇家银行（The Royal Bank of Scotland，以下简称RBS）宣布了一项采用生物指纹技术的支付卡试点项目。该试验将在NatWest银行（RBS子公司）的大约200名客户中进行。该指纹可替代PIN输入，并用于验证超过30英镑的交易，从而使客户更快捷、更轻松地进行交易。招商银行APP设置了20万的阈值，当客户转账超过20万时就需要使用人脸认证来确认是本人操作。中信银行客户线上转账超过5万元时需要人脸验证。除了转账，支付业务也广泛应用了生物识别技术，以提高支付服务的便捷程度。支付宝、微信支付、苹果支付等第三方支付平台都采用了指纹支付作为支付验证手段。其中支付宝、微信支付还在积极布局线下人脸支付，客户无须携带移动设备，仅凭人脸识别就可以连接到支付账户，从而完成支付。此外，各家传统银行，包括工商银行、农业银行、招商银行等都在其线上APP内置了指纹支付和人脸支付功能。美国银行（Bank of America）和富国银行还采用了虹膜识别技术来验证用户的身份，用户通过移动设备的摄像头验证虹膜，从而登录手机银行账户完成支付业务。

（三）其他应用场景

除了较为常用的开户、转账和支付业务外，生物认证技术还应用与许多其他的金融场景，如保险业务的理赔、股票账户的登录与交易等。生物认证的核心是利用生物特征的独特性，确保公民本人进行金融业务的操作，在增加安全性的同时也能增加便利性。所以理论上需要身份认证的金融业务都可以使用生物认证技术，但是现阶段各生物识别技术或多或少还存在一定的应用难题，所以其应用的范围并没有做到全场景覆盖。随着互联网、机器学习和大数据技术的进一步发展，生物识别算法的准确性会进一步提高，应用成本会逐渐降低。应用的技术条件也会放宽，因此未来生物认证技术在金融领域的应用前景必然十分广阔。

五、展望

身份认证技术是连接“自然人”与“数字金融服务”的关键纽带，是智能化金融服务继续发展的重要保障。从静态密码到动态口令、生物认证和多因子认证，金融机构身份认证技术在监管和客户体验的推动下迅速发展，已经能够较好地平衡金融服务的“安全性”和“便捷性”。但是，随着不法分子欺诈手段的多样化，监管当局对金融机构客户身份认证技术必然会提出更高的要求；与此同时，客户也会对“智能金融”展现出更大的需求。因此，金融机构会更加重视和聚焦身份认证技术的发展和运用。未来，金融机构客户身份认证将会有如下三个发展趋势。

一是生物识别技术将进一步完善和运用。拥有特征唯一性、不可遗忘性以及便捷性等特性的生物识别技术天然适用于金融机构客户身份认证领域。预计，一方面随着虹膜和静脉采集仪器成本的下降，更多的金融机构会部署生物识别技术。另一方面，随着人工智能的进一步发展，以及底层算法的完善，生物识别技术的准确性和安全性会进一步提高，从而更契合于金融机构的需求。同时，算法的完善还有助于突破使用场景的限制，例如在弱光照情况下，人脸识别的准确性能够提升；在手指潮湿的情况下，指纹也能被准确识别；等等。因此，生物识别技术在金融机构身份认证领域的应用会更加广泛。

二是自适应身份认证方案将成为主流。金融机构对客户身份认证的最终目标是安全性与便捷性的统一。在保证客户账户安全的同时，金融机构能向客户提供最好的服务体验。为了提高安全性，金融机构将会采用多因子认证方式，多种认证手段共同确保客户身份信息的准确性。但是由此引起的烦琐流程势必会降低客户的服务体验感。因此，基于风险的自适应身份认证方案必然会从众多方案中脱颖而出，在保证安全的基础上提高客户身份认证的便捷性。同时，自适应身份认证有赖于机器学习算法的准确性。预计随着深度学习的发展，自适应身份认证系统对于用户的风险因子评估范围会更加广泛，评估的准确性也会大幅度提高，从而更加契合身份认证场景。

三是对 DID 的探索还会继续。DID 认证已经突破了传统身份认证的范畴。传统的身份认证技术是建立在中心化的前提下，客户的身份由金融机构统一管理，假定的威胁来源是除金融机构以外的第三方。但是，一旦金融机构不承认客户账户的存在，那么客户的金融账户将会消失，资金也就随着账户的消失而消失。因此，中心化下，客户并没有真正掌握自己的身份和账户。伴随区块链技术的出现和发展，基于区块链的 DID 提供了更好的解决方案。“可验证声明”的应用能够“恰当”证明客户身份，不会泄露更多的信息；同时区块链的不可篡改能够保证身份数据和交易记录的真实可靠，使得用户能够控制自己的身份和资产。虽然目前区块链仍然存在着效率较低，节点储存能力受限，共识算法不够完善等问题，但是随着微软 MicrosoftDID、Sovrin 以及 uPort 等去 DID 方案的推出，未来 DID 的广泛运用将逐渐成为可能。

第十三章

监管科技在虚拟助手领域的应用与展望[①]

金融业的数字化变革给金融消费者带来了新的服务体验，寻求金融服务的金融消费者数量与日俱增，对服务人员的需求也相应增加，这既催生了以线上智能服务为代表的新的经营模式的出现，也同时对传统的监管合规措施提出了新的挑战。对监管机构而言，须在适应高新技术发展的同时，保证满足底层基本监管的要求。而对金融机构而言，亦须应对不断更新的合规需求。

一、虚拟助手的内涵和应用

利用信息技术提高金融服务的智能化水平是金融科技时代实现效率提升的重要举措。随着语音识别和自然语言处理等技术被应用于底层基本监管领域，虚拟助手应运而生。虚拟助手本身具备的人机交互和数据分析功能契合传统金融业数字化转型的趋势，也能更好地满足金融消费者对于金融服务的实时性和准确性的需求。

虚拟助手是指将人工智能技术与传统监管机构中的客服窗口结合起来，

---

① 本章原文发表于《学术界》2020 年第 6 期。

在预先设定好的交互窗口中，由智能机器人读取并分析客户提供的信息，结合数据库中保存的内容做出反馈。虚拟助手具备两大特点：一是灵活的自主学习能力，虚拟助手具有庞大的知识库，可以在每天的客户咨询中不断积累新知识点，并能够根据客户对问题的反馈有针对性地优化知识库；二是强大的语意理解能力，虚拟助手可以通过语义分析和情感分析，准确把握客户的需求，提供正确的解决方案。这两大特点使得虚拟助手具备强大的人机交互功能和整合分析能力，可以帮助改善金融领域繁杂的文书工作和大量的重复性工作。

近年来，监管部门和被监管机构纷纷应用虚拟助手优化监管合规问题，主要包括智能问答、日常业务流程自动化和法规解释三大应用方向。其中，在客户问答领域，虚拟助手可以读取客户提供的信息并对其进行存储和分析，以寻找最佳解决方案，监管机构可以利用该功能对金融消费者做出反馈，也可以加强与金融机构的协调与沟通；在日常业务流程领域，虚拟助手能够帮助实现传统业务流程的自动化，简化手工程序；在法规解读领域，虚拟助手能够实现监管法规的存储和更新，并通过语义分析对法规进行解释。

二、虚拟助手的优势和意义

金融业存在不少低附加值但需耗费大量人力的工作，传统的人工流程在处理这些工作的过程中耗费了大量成本和时间。在这一背景下，监管机构和金融机构均开始探究运用技术手段来简化重复的手动流程，以释放劳动力资源，使其从事附加值更高的工作，虚拟助手便在这一需求下诞生。虚拟助手以客户互动为中心，可被集成到监管机构和金融机构的内部系统中，既可表现为物理网点的各类智能终端，也可表现为安装在手机、电脑等设备上的线上应用程序，而由于传统客服、日常业务操作及法规解读领域涉及大量进入门槛较低但耗费成本较高的手工业务，因此虚拟助手率先在这些领域兴起。

（一）传统客服领域

传统客服的成本亟待降低、效率亟待提高。随着金融普及率的不断上升和数字化经济的迅速发展，消费者对金融服务的需求及维护自身合法权益的意识在不断提高，这就对机构客服和监管机构处理问题的及时性也提出了更高的要求。传统的金融机构和消费者保护部门主要依靠人工客服来记录消费者的问题，问题的重复度往往比较高，极大地限制了客服的工作效率；而提供解决方案的途径一般又是通过邮件或是电话，也难以确保反馈的及时性。这不仅使得消费者很难对金融机构和监管机构满意，也增加了金融机构和监管机构客户服务中心的人力成本。基于语音识别和自然语言处理技术的机器客服，可从用户的语音中归纳要义，并即时做出反应，将传统人工处理方法转化为自动化流程。虚拟助手凭借一定的数据存储能力，可以对相似问题进行归并，处理大量相同问题，从而显著降低客服部门的人工成本，提高问答效率。

传统客服缺乏数据的存储和分析能力。客户的反馈信息是重要的数据资产，而人工客服缺少充足的分析工具和数据储存能力，会造成大量顾客反馈数据资源的浪费。虚拟助手可促进数据的有效利用，它可采用数据分析工具分析大量的客户反馈信息，辅之以系统采集的关联数据信息，利用人工智能等技术总结数据背后蕴藏的规律，揭示出隐藏在大量投诉数据之下的消费者和公司的一般性行为模式，既可以帮助金融机构预测可能面临的风险，也可以揭示经济体中不同机构间的联系，帮助监管机构判断潜在的宏观经济压力。此外，用户体验的上升还能促使越来越多的消费者为他们的遭遇发声，进而不断加强机器客服的准确率和效率，促进智能问答系统的更新迭代，实现双赢。

（二）日常业务流程领域

减少冗长流程、提高准确率。对于金融机构而言，其日常工作中有大量繁杂冗长的手工流程，如账户信息查询录入、抵押贷款审批、账户清理以及许多文书工作，这些工作不仅耗时耗力，还易受到人为错误的影响，严重时可引发合规风险，导致金融机构遭到监管机构处罚，给金融机构带来财产损失和声誉损失。据统计，理财顾问花费41%的时间用于处理行政管理等重复性工作，每天约两小时从事的工作无法为企业带来新的收入[①]。虚拟助手利用自动化流程替代传统的人工操作可提高工作效率、减少人员和时间成本，研究显示，机器人流程自动化可帮助减少金融机构25%～50%的处理时间和成本[②]，且虚拟助手可提高信息录入、传输和审核的准确率，降低因人工信息核验错误可能引发的成本损耗。

提高数据质量、实现交叉复核。不论是对金融机构总部而言，还是对监管机构而言，面对金融机构及其分支机构报送的海量监管数据，既可能在不同监管部门之间、不同金融机构之间、金融机构各业务条线之间形成数据孤岛，也可能存在报送标准不一、报送错误、核查流程过长等问题。运用虚拟助手可辅助进行风险控制，通过收集和存储交易信息，根据特定的规则利用先进的数据分析工具对交易的质量进行分析与验证，提高数据的标准化程度，若出现异常情况则会向相关部门发送警报，从而规避错报、漏报、瞒报等风险。

（三）法规解读领域

应对监管复杂性不断上升。被监管部门严格执行各项监管规则是良好金融监管生态形成的基础，这要求金融机构准确理解监管规则，但金融危机以来，全球金融监管环境复杂性的提升给监管规则的跟踪和理解带来了挑战。目前全球平均每天发生变动的法规数量超过200条[③]，预计到2020年年底，全球发行的法规文档合计将会超过3亿页[④]。由于传统的法规查询与解读工作主要

---

① Gary Lessels, *Freeing Finance Specialists from the Burden of Repetitive Processes*, retrieved from https://www.financederivative.com/freeing-finance-specialists-from-the-burden-of-repetitive-processes/.

② Maruti Techlabs, *RPA in Banking—Use-cases, Benefits and Steps*, November 2019, retrieved from https://medium.com/@MarutiTech/rpa-in-banking-use-cases-benefits-and-steps-8b97312a7d4f.

③ Thomson Reuters, *Cost of Compliance 2019: 10 Years of Regulatory Change*, retrieved from http://financial-risk-solutions.thomsonreuters.info/cost-of-compliance-2019?utm_source=AnswerOn&utm_medium=Blog&utm_campaign=119902_CostofCompliance2019&utm_term=blog&utm_content=downloadreport&elqCampaignId=9579.

④ JWG, *Doing Regulation Right? Go Tribal*, February 2015, retrieved from https://jwg-it.eu/doing-regulation-right-go-tribal.

由人工完成，当监管规则发生变化时，金融机构的合规流程和报告任务也需做出相应的改变，因此不断变动的合规要求大大增加了企业的负担。据统计，相比金融危机以前，企业平均花费在合规上的成本已经上升了 60%[①]，且合规人员也可能因理解偏差而对法规变更做出错误的回应。超过三分之一的金融机构每周至少花费一天来跟踪和分析监管规则的变化[②]。虚拟助手利用自然语言处理技术，能将法规的规范文本转换为机器可读格式，提高一致性和合规性，缩小监管目的和法条释义之间的差距，减少金融机构对法规的理解偏差。同时，虚拟助手具有前瞻性，虚拟助手不仅能够筛选与公司业务相关的法规，还能通过模型预测法规变化给公司带来的影响，因此将过去以人力为主的法规咨询转变为数字化的客户体验。

实现监管部门和被监管机构的良性互动。金融监管法规的更新会给被监管机构的业务模式产生影响，在传统的法规变更管理流程中，金融机构的工作人员负责将法规变动带来的影响反馈给相关业务部门，但监管举措的变动是否具有足够的适应性和针对性，对此监管机构和金融机构之间缺乏便捷的沟通渠道。虚拟助手可提升监管变革的有效性，在向被监管机构提供法规查询解读服务时，可收集被监管机构对法规变化的反馈，通过共享记录帮助监管机构获得关于被监管机构的更为精确的反馈信息，从而帮助监管机构有效评估监管变化带来的影响，审视监管法规在实践中可能出现的偏差。另外，虚拟助手可帮助监管机构识别金融机构及其所在的市场可能出现的新的风险模式，据此更新监管要求。

三、智能客服领域的应用实践

问答机器人是金融科技在智能客服领域的主要运用，其能够分析用户的

---

① Deloitte, *The Future of Regulatory Productivity, powered by RegTech*, retrieved from https://www2.deloitte.com/us/en/pages/regulatory/articles/cost-of-compliance-regulatory-productivity.html.

② Thomson Reuters, *Cost of Compliance 2016*, retrieved from https://legal.thomsonreuters.com/content/dam/ewp-m/documents/legal/en/pdf/reports/cost-compliance-2016.pdf.

意图、实时回复用户的疑问、改善用户体验。问答机器人能使金融机构在不增加额外人力成本的情况下，确保一般业务符合监管规定。根据 Personetics 的一项调查，全球 80% 的金融机构都将问答机器人看成未来的一项发展机会[①]，另外，他们给能实现机器问答的虚拟助手制定了如下的要求：能与人实时交流，能读取实时交易信息，能重复利用已经存在的回答文案，能跨渠道无缝运行，通过工作变得更加智能，以及能预测用户的需求。一般认为满足这样要求的聊天机器人可以被称为机器问答虚拟助手，调查还显示（如图 13—1 所示），87% 的金融机构对这样的虚拟助手做出了规划，46% 的金融机构已经有正在进行的项目。虚拟助手可帮助金融机构节约成本，根据 Juniper 的一项研究，到 2023 年，在银行中使用聊天机器人可节省成本达 73 亿美元[②]。

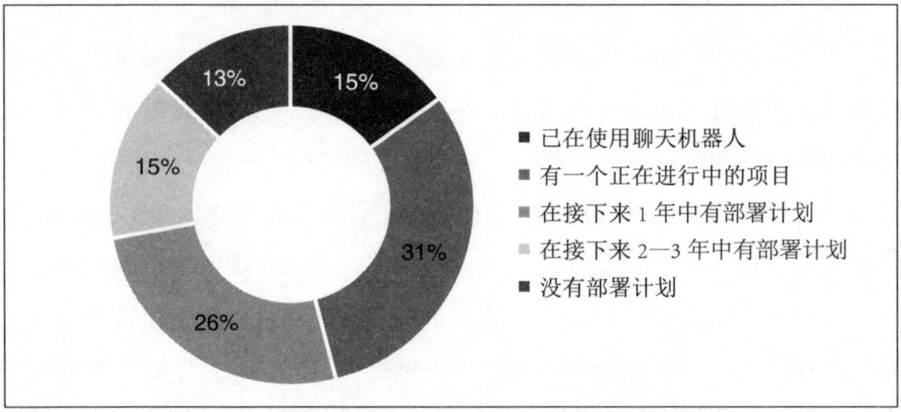

图 13—1　世界范围内的金融机构对问答机器人的规划

资料来源：JimMarous，*Financial Institutions Bullish on Chatbots*，January 2017，retrieved from https://thefinancialbrand.com/63596/financial-banking-bots-chatbot-voice-ai/.

（一）监管端

作为监管科技领域的先驱者之一，菲律宾中央银行早在 2018 年初就意识

---

① Jim Marous，*Financial Institutions Bullish on Chatbots*，January 2017，retrieved from https://thefinancialbrand.com/63596/financial-banking-bots-chatbot-voice-ai/.

② Juniper Research，*AI in Fintech*：*Roboadvisors*，*Lending*，*Insurtech &Regtech 2019-2023*，February 2019，retrieved from https://www.juniperresearch.com/press/press-releases/bank-cost-savings-via-chatbots-reach-7-3bn-2023?ch=7.3%20billion.

到了这一点，他们在 RegTech for Regulators Accelerator（R2A）的支持下开发了一款机器客服的原型，并用它来处理消费者的投诉问题（见图 13-2）。

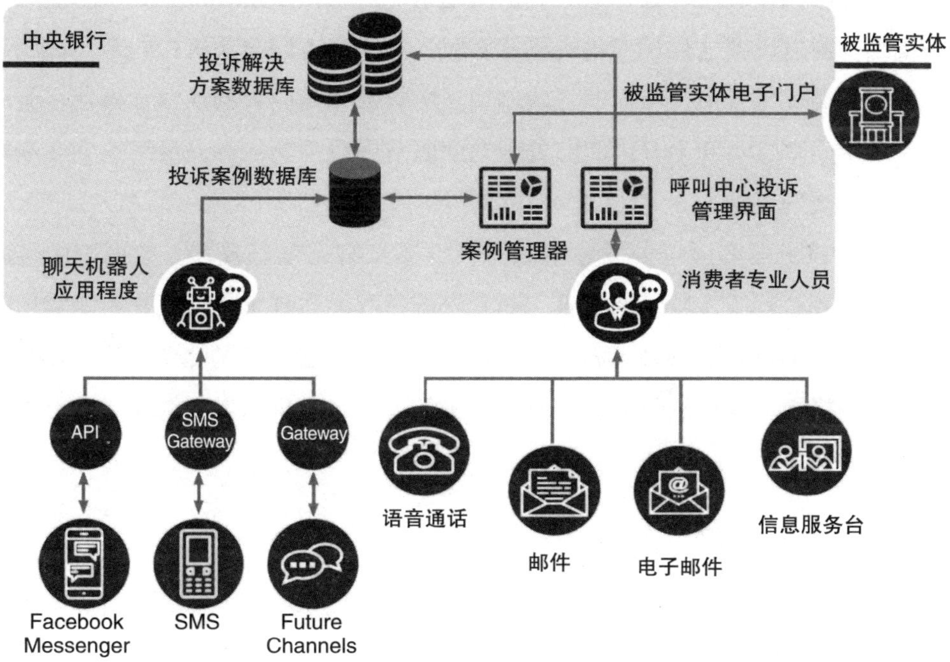

图 13-2　菲律宾中央银行处理消费者投诉的数据结构

资料来源：Simone di Castri，Matt Grasser and Arend Kulenkampf，*A Chatbot Application and Complaints Management System for the BangkoSentral ng Pilipinas*（*BSP*），August 2018，retrieved from https://static1.squarespace.com/static/583ddaade4fcb5082fec58f4/t/5c62711941920237ef03d090/1549955392920/R2A+Chatbot+Case+Study.pdf.

据全球移动通信系统协会（Groupe Speciale Mobile Association）统计，截至 2017 年，依然有大约 40% 的手机用户只能使用 2G[①]，为了扩大用户基数，确保绝大多数用户都能享受到机器客服的便利，BSP 开发的消费者投诉平台能适配智能手机和非智能手机上的多种通信平台，例如 Facebook 和 SMS。通过自然语言处理技术，人们发送给机器客服的问题会被智能机器人收集并试图解

① GSMA，*The Mobile Economy*：*Asia Pacific 2018*，June 2018，retrieved from https://www.gsma.com/asia-pacific/resources/the-mobile-economy-asia-pacific-2018/.

释，随后根据预先设定好的对话流程，给消费者做出适当的回应。由于使用了监督学习的方法，机器人能够将收到的投诉进行分类，对于简单或是重复度高的问题能够直接做出解答，对于其他问题也能适当做出指导，并尽快向监管机构反映。通过设置这样标准化的机器客服，菲律宾不同金融机构的客户都能享受到同样的支持。由于监督学习的作用，随着数据库内容的加深，机器客服的效率和准确率也不断上升，能够处理的问题范围也不断加大，最终达到逐渐减少人工客服的目的。

目前该机器客服仍处于原型状态，也还没有完全普及开，数据库内容的更新还比较依赖于人工专家客服。随着它的学习能力越来越强，它所能实现的功能也会更加完备，例如，因为投诉可以反映受监管实体的非法行为，BSP 可以利用数据库中保存的与消费者投诉有关的内容，分析出潜在的需要重点关注的经济领域。

（二）合规端

金融机构也在尝试采用虚拟助手来提高合规效率。美国第一资本金融公司（Capital One Financial Corp）开发了名为 Eno 的聊天机器人。作为多功能的虚拟助手，Eno 能够为客户提供智能问答服务，它可以处理所有基于文本的指令和问题，并能够识别部分表情符号，可以实现的功能包括检查余额、信用卡还款和转账等，对于那些拥有亚马逊公司研发的智能音箱——Amazon Echo 的用户，它还提供了语音操作的功能。其次，Eno 也可以为客户提供欺诈警报服务。Eno 会实时监控客户账户信息，当客户的账户出现欺诈等异常情况时，它可以通过电子邮件等方式向客户发送提示信息。因此 Eno 通过线上服务帮助美国第一资本金融公司节省了时间和人力成本。

监管科技初创公司也在致力于为消费者提供金融服务。英国公司 Habito 研发了世界上第一款能够提供抵押建议的智能聊天机器人。通常，人们在寻求抵押服务之前往往会先上网搜索或是向中介求助，这将花费不少额外的时间和金钱，同时还不一定能获得最佳方案。这项技术的优势在于能够最大限度避免人工操作带来的错误和偏差，并且确保采用的方案是符合规定的。当提出抵押申请时，聊天机器人会从收入水平开始，向申请人提出一系列关于经济状况的问题，也会涉及个人生活和工作情况。总计 10 到 15 分钟的提问过后，机器人会综合分析申请人提交的所有答案，确保其中重复的部分不存在自相矛盾之处，随后为每个申请人推荐至多上百种产品或服务，大大超过人工所能掌握的信息量。

四、日常业务流程领域的应用实践

在日常业务流程的自动化方面，金融机构和监管机构都在积极加大在技术领域的投资，促进现有业务流程的自动化转型，以缓解人员需求、降低时间成本。

（一）监管端

英国金融行为监管局（FCA）与软件公司 R3 CEV 建立合作，建立了基于区块链的抵押贷款交易应用程序，旨在改善抵押贷款领域的监管。该应用程序建立在分布式账本平台上，银行等抵押贷款机构在进行交易时会自动形成单据，该单据被存储在分布式账本中，从而实时创建透明的、不可更改的交易记录，该应用程序还能在分布式账本上解释监管规则。在此之前，金融机构必须手动编写抵押贷款交易记录，每 3 个月向 FCA 提交一次。而目前通过数据标准的一致性和自动化流程，该应用程序可以大大减少监管机构处理报告时所需的工作量，有利于监管机构更有效地监督抵押贷款业务。

（二）合规端

在业务流程领域，金融机构一方面将分支机构的大多数服务嵌入自助服务终端，另一方面不断完善线上应用程序，增强系统的安全性。如图 13—3 所示，根据 BCG 对银行业的研究，近年来银行数字渠道的使用率占比不断提升，2019 年已有 86% 的客户采用数字化渠道进行交易。新的服务模式给新的合规性举措提供了发展空间，金融机构可以将数字化合规解决方案集成到自身系统中提高合规管理水平。

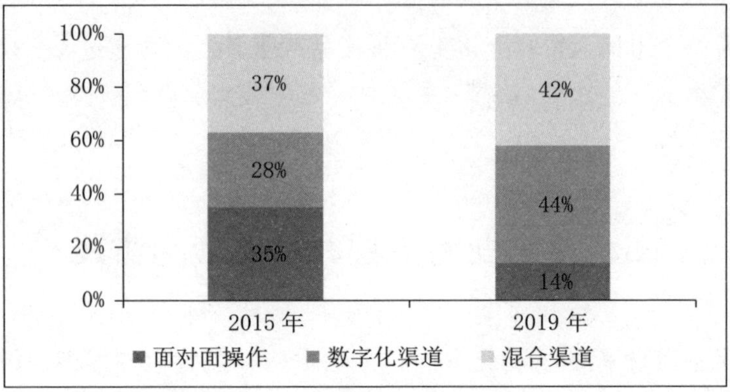

图 13—3 银行用户交易渠道占比

资料来源：BCG，*Retail–Banking Distribution 2025 Up Close and Personal*，September 2019，retrieved from https://image-src.bcg.com/Images/BCG-Retail-Banking-Distribution-2025-Up-Close-and-Personal-September-2019_tcm9-230136.pdf.

一是采用智能终端的形式改善现有的业务流程。科技巨头 NCR 的交互式柜员机为银行提供了自助服务模式，客户可通过交互式柜员机进行现金和支票存款、账户开立、账单支付及贷款等交易活动，还可通过视频链接与银行柜员进行实时互动。由于交互式柜员机的设立并不局限于银行分支机构，因此可使无传统银行网点的地区接触到金融服务。为了增强智能终端的安全性，公司与专注于欺诈预防服务的科技公司 Advanced Fraud Solutions 合作将支票欺诈解决方案集成到 NCR 的交互式柜员机平台中，这一反欺诈解决方案使用基于私有云的反欺诈数据库来评估潜在的欺诈风险，数据库中具有数千家金融机构的账户信息，以及来自客户及第三方机构的 10 年以上的历史数据信息，因而可以更好地核查支票存款的资金账户。该解决方案消除了传统手动输入数据的需要，系统可自动进行检查。

二是开发线上应用程序改善现有业务流程。西班牙对外银行（Banco Bilbao Vizcaya Argentaria，以下简称 BBVA）设计了出色的手机银行应用程序，通过该应用程序，客户可以完成在物理网点进行的大多数操作，包括转账、利用视频通话进行远程账户开立、储蓄和投资等。目前其位于不同地区的分支机构都在利用技术增强自身的合规性。位于土耳其的分公司 Garanti BBVA 通过虹膜识别来验证客户身份，并将语音识别技术纳入移动银行与客户的交互程序中，从而可以快速识别客户，无需询问其他问题，这一身份验证方式不仅有利于客户的隐私保护，增加了交易的安全性，同时也省去了由更换密码带来的成本。位于墨西哥的分公司 Bancomer BBVA 为了提升其网上银行的安全性，在原有的密码验证和 token 验证的基础上，利用光学技术提供了另一种身份验证方案，从而帮助抵御欺诈行为，也减弱了数据泄露的风险。

五、法规查询解释领域的应用实践

监管机构也在致力于研究机器可执行法规，企图利用虚拟助手以机器可读的方式发布监管规则，这要求法规一定是清晰明确的，参与方需提前对监管要求达成共识，因此监管规则解释任务从位于监管流程的“后端”的金融机构转移至“前端”的监管机构，且由于法规变更以机器可读形式发布，金融机构只需更新系统即可，因而更易形成统一的合规性标准。尽管在系统建设初期，监管机构可能会产生额外支出，但后续法规执行过程中的成本会减少，因此总体看来仍可减少成本。

（一）监管端

如第二章所述，2017 年 11 月，FCA 便开始了建立模型驱动的机器可读监管报告的尝试。随后，美国商品期货交易委员会（CFTC）和香港金融管理局（Hong Kong Monetary Authority，以下简称 HKMA）也开始尝试在机器可读监管法规领域进行探索。在《科学奖励竞赛法案》（Science Prize Competition Act）的授权下，CFTC 可将联邦基金投资于科学技术研究领域，根据这一授权，CFTC 能够以举行竞赛的方式来激励科技创新在市场监管领域的发展，该竞赛的主题之一即为通过建立机器可读的监管规则编码等方式增加监管规则的可获得性。

2018 年 10 月 CFTC 发布的《监管科技和机器人规则手册》(RegTech&Robo-Rulebooks) 显示，在对此竞赛的反馈意见中，机器可读和机器可执行的监管法规这一主题受到了强力支持。另外，HKMA 在 2018 年提出发展监管科技的四大重点领域，其中一项即为研究机器可读的监管规则。

（二）合规端

英国企业 CUBE 是最早尝试将法规和人工智能结合起来的金融监管企业，早在 20 年前就开始尝试将机器学习运用到合规领域中。该企业开发的合规工具 CUBE Digital Regulation Platform（DRP），能自动收集全球范围内所有监管条例，并能在发生变动时即时自动更新。截至今日，其使用者已经覆盖超过 180 个国家和 60 种语言，其中还不乏德意志银行、大都会人寿等知名金融机构。DRP 的功能大致可以用两个关键词概括，即“连接”和“评估”。

所谓“连接”，指的是将用户的经营策略和内控手段同最相关的法规对应起来，以便用户对约束自己的法规有更深刻的认识。DRP 的可贵之处在于它能够理解真正与客户相关的条文，每个用户拥有的都是独一无二的产品。它不仅能够筛选出只与客户公司相关的法律条款，还能将公司的业务模式同由 CUBE 专家建立的最适合的数据模型对应起来，以便在法规变动可能导致公司现有经营模式违规时及时发出警告。在法规数据库层面，DRP 能对所有的法规迅速分类，分类标准包括热门监管话题、法条、业务领域等。针对跨国企业，DRP 还提供跨地域对比的功能，能够给出某个特定业务在不同国家间的不同规定。

所谓“评估”，指的是准确判断用户现有经营状况距离理想的合规情况还有多远，并且按照紧急程度分层次给出补救措施。当可能影响用户合规情况的法规变动发生时，DRP 会第一时间通知用户，并且基于内置的人工智能指出对现有业务的影响。除此之外，DRP 还提供审计跟踪功能，对于每一项新规，都能证明你如何和何时将其应用到你的内控和经营决策上，以及你的决策理由。对于过去已经发生的违规情况，DRP 还能通过罚款记录追踪到违规原因，在未来可能出现相似情况时予以及时提醒，并给出改正方案。

六、总结与展望

一是进一步挖掘数据信息，帮助拓展监管边界。技术进步可以突破原本的生产可能性界线，带来行业变革，金融监管边界也会在技术的驱动下得到拓展，演化出新的金融监管模式。虚拟助手作为监管科技的重要实践，可将传统的客户咨询与法规解读服务中心转化为价值中心，为监管合规领域带来新的可能。但目前许多机构仍缺乏对数据的分析，根据SAS所做的一项调查，仅有不到10%的被调查机构通过实时分析线上及线下数据为客户提供个性化体验[①]，因此目前虚拟助手挖掘数据背后信息的功能仍有较大的发展空间，应进一步强化虚拟助手的数据采集与分析功能，充分采集用户信息以积累大量监管资源，从而降低监管双方面临的信息不对称。监管机构可采用信息化手段对数据资产进行分析，实现对金融风险的前瞻性监管，金融机构也可实现对自身风险的预判。

二是促进监管端机器可读法规的发布，完善法规更新管理措施。目前的法规更新管理流程通常表现为金融机构尝试采用自然语言处理技术来解读更新的法规，并将其融入现有的法规管理框架。但若由政府直接发布的法规就是机器可读的，法规解读的效率和准确性将得到全面提升，这也是法规更新管理发展的方向，目前已有监管机构考虑在未来以机器可读的方式来更新监管规则，同时，各金融机构间缺乏数据定义及描述标准是利用新技术更新管理流程的障碍，因此监管机构需探索统一的数据标准。另外也应注意可能存在的问题，一是文字形式的法规允许各金融机构在遵守法规的前提下，对不同的法规形成不同的理解，因而推动金融业形成了不同的业务模式，而高度标准化的金融技术的应用可能会增加不同金融机构业务模式的相似性，进而引发系统性风险，因此应对该技术的应用领域进行评估；二是当监管机构决定将监管技术集成到命

① SAS, *Darkness of Digital Shadows*, 2018, retrieved from https://www.sas.com/en_gb/whitepapers/darkness-of-digital-shadows.html.

令框架中时，技术团队需参考由被监管团队提供的信息，可能会导致监管俘获问题，因此需建立稳健的治理机制。

三是加强技术创新，注重隐私保护。虽然当前虚拟助手已被广泛应用于金融机构和监管机构的日常业务中，但其服务仍与用户的期望存在一定落差。对此一方面应进一步加强底层技术的研究与开发，增强虚拟助手对语义的理解能力及知识库的完备性，并推动虚拟助手借助多渠道获取的客户信息，优化产品及服务，通过智能化手段洞察客户需求以提供更为个性化的服务体验。另一方面应加强系统的安全性，由于虚拟助手可以跟踪用户的支出和投资习惯，而数据在传输过程中可能被滥用或篡改，因此应关注隐私保护风险，采取加密措施为客户信息提供安全保障，增强用户对系统的信心。

第十四章

引入监管科技打击违法违规的重要实践

2008 年的金融危机以来，各国金融监管当局对金融违法违规行为的处罚力度显著加强。国内外大量金融机构因违规操作被处以巨额罚款，开出从几亿到十几亿，乃至几百亿元的巨额罚单。根据全球管理咨询公司波士顿咨询集团 2017 年 3 月发布的报告《2017 年全球风险：银行业的发展》(Global Risk 2017：Staying the Course in Banking)，自 2008 年金融危机至 2016 年年底，全球监管执法已累计造成约 3,210 亿美元的罚款[①]。

经济犯罪不仅会影响到金融机构的品牌和声誉，也会导致相关企业和消费者蒙受巨额损失。截至 2020 年 3 月，普华永道发出的《全球经济犯罪和欺诈调查》(Global Economic Crime and Fraud Survey) 共收到了来自 99 个国家的 5,000 多份答复。调查显示，过去两年中有 47% 的受访企业都曾在经济犯罪中受害，且每家公司平均遭遇六起经济犯罪。在所有犯罪类型中，以源自客户 / 消费者诈欺比例最高（35%），其次为网络犯罪（34%）。根据受访企业统计，经济犯罪对品牌形象、商誉、市场占比造成的损失共达 420 亿美元。其中，过

① BCG，*Global Risk 2017：Staying the Course in Banking*，March 2017，retrieved from https://www.bcg.com/publications/2017/financial-institutions-growth-global-risk-2017-staying-course-banking.

去两年曾遭受经济犯罪的企业中约有 13% 损失超过 5,000 万美元①。

对抗违法违规是场无休止的战役，当前，在多数情况下，金融监管部门打击违法违规行为仍以事后识别和惩戒为主，事前的前瞻性判断和事中的监测和干预还很不到位，而金融科技的发展使得违法违规行为更加隐蔽和复杂。如何有效运用科技手段，对违法违规行为进行事前预警和事中监测，是本章所关注的重点。

一、金融科技拓宽传统监管边界

近年来，以人工智能、大数据为支撑的科技参与金融体系的要素整合，拓宽了内幕交易、欺诈、逃税等违法违规行为的外延，导致金融风险更具隐蔽性和传染性，使得单个的金融风险事件更容易升级为系统性金融风险，违法违规事件也随之更新迭代，具体体现在以下几个方面。

（一）新型内幕交易不断涌现

内幕交易的行为破坏了市场公平交易原则，影响了市场秩序，始终是金融监管部门关注的焦点领域。2019 年美国证券交易委员会处理的 526 个联邦法院提起的独立诉讼案例中，内幕交易案件占比 6%，包括金融专业人士、对冲基金经理、公司内部人士和律师的非法交易②，内幕交易行为破坏了资本市场公平的竞争环境，内幕交易人员可被判处最高 20 年监禁和高达 500 万美元的罚款③。

监管机构难以甄别内幕交易行为。内幕交易案涉案人员及机构手法隐秘，

① PWC，*PwC's Global Economic Crime and Fraud Survey 2020*，March 2020，retrieved from https://www.pwc.com/gx/en/services/advisory/forensics/economic-crime-survey.html.

② SEC，*Division of Enforcement 2019 Annual Report*，November 2019，retrieved from https://www.sec.gov/files/enforcement-annual-report-2019.pdf.

③ Investopedia，*How The SEC Tracks Insider Trading*，June 2019，retrieved from https://www.investopedia.com/articles/investing/021815/how-sec-tracks-insider-trading.asp.

通常不会留有任何书面痕迹，信息传递方面的证据较单一、很难获取；资金链复杂，通常借用他人银行账户进行资金往来，不使用本人实名账户，难以根据资金流向判断关联关系；涉案人员大多通过关联交易进行利益输送、规避监管，并通过各种手段隐匿关联交易和资金真实去向，导致追查周期长，需要多层追查才能发现其中的关联关系；主体关联隐蔽，内幕交易行为通常不仅仅涉及内幕信息知情人及其亲友等关系密切人员，还涉及表面看不出任何关联关系的外围人员；交易环节向上下游蔓延，行为交叉竞合，涉及证券公司、保险资管、商业银行等，取证难、认定难导致传统的监管手段往往略显乏力，一线监管工作面临前所未有的挑战。

科技的发展导致新型内幕交易行为出现。随着互联网技术的广泛应用，计算机网络逐渐成为获取市场敏感信息的新途径，这导致内幕交易形态也更加复杂，内幕交易规模也越来越大。如黑客可以利用技术手段非法入侵发布财务报告、并购活动等信息的服务器，以窃取企业内幕信息，并通过建立网站将这些信息贩卖给世界各地的交易人员，从而建立起复杂的交易网络，以获取巨额利润。因此科技的发展会改变内幕交易活动的性质，过去由内部人士主导的内幕交易行为正逐渐向外扩展，传统监管手段难以探查日益复杂的信息交易网络，以科技赋能内幕交易监测成为可行的解决方案。

（二）数据安全隐患日益上升

金融科技的发展加速大数据时代的到来，巨大的数据规模和复杂多样的数据结构背后蕴含的价值正亟待人们进行探索和挖掘。根据国际数据公司 IDC 分析，新的市场竞争格局下，全球数据正以每年 40% 左右的速度快速增长，并预测 2018 至 2025 年全球数据圈将增长 5 倍以上，2025 年全球的数据总量将达到 175ZB[①]。金融市场天然拥有海量的标准化大数据，数据安全关乎企业的“生死存亡”，主要体现在：1）数据不能丢失、不能泄露。一方面，金融企

① IDC，IDC：2025 年中国将拥有全球最大的数据圈，January 2019，retrieved from https://www.seagate.com/files/www-content/our-story/trends/files/data-age-china-regional-idc.pdf.

业需要确保在发生人为损坏、系统错误等特殊情况时，以较低成本、较高效率恢复核心数据，保证企业可持续运营。另一方面，保证网络系统多方面接口只有指定授权人员能访问，包括“身份认证信息”“解密脱敏环节”“安全审计检查”等内容，为企业数据安全低风险保驾护航。2）数据需要保持准确和完整。金融行业对数据准确性、完整性的要求更高，金融数据的错误很可能给企业带来严重不良后果和重大经济损失。因此数据安全对金融业极为重要，保障数据安全是每个市场参与者的责任，而科技的发展给数据安全带来了冲击。

市场参与者参差不齐。技术发展的速度常常超过数据安全管理的更新速度，行业是否有足够的抗风险能力有待考量。目前部分公司选择将自己的数据存储工作外包给第三方金融科技公司，在此过程中会涉及大量的数据收集、使用以及建模工作，此时公司在数据保护方面能够发挥的作用有限，更多地由第三方来承担数据保护的责任，而第三方可能并未达到网络安全标准，网络犯罪分子往往可以通过第三方（如云提供商）来获取数据[①]，当第三方平台的安全系统漏洞被不法分子攻击时将导致大规模的数据泄露，引发极大的安全风险。

数据的数量和复杂性大幅增加。在金融科技时代，资源共享被视为提高数据利用效率的有力举措，这需以良好的隐私保护措施为基础，因此数据隐私保护问题也是金融科技时代保障数据安全的重点关注领域。但由于大数据等技术的利用，数据的来源、边界和类别都发生了变化，数据安全风险不断提升。首先，大数据给传统的隐私保护举措带来了挑战。大数据中具有大量非结构化数据，传统的隐私保护技术对此类数据的处理存在困难，且数据边界更加模糊，需进一步细化数据分级标准。其次，大数据作为变现渠道可能会加剧信息滥用。大数据在精准营销等方面具备的潜力易引发不法分子在利益驱使下盗取个人信息，而科技手段的应用则会倾向于加剧这种风险，如利用技术产品将非敏感信息与后台数据进行关联匹配，获得用户私人敏感信息，导致信息安全受到严重威胁。此外，频繁的数据共享和数据交换使得数据流动路径难以准确追

① IBM Security，*Cost of a Data Breach Report*，retrieved from https://www.all-about-security.de/fileadmin/micropages/Fachartikel_28/2019_Cost_of_a_Data_Breach_Report_final.pdf.

踪，易导致数据泄露或数据滥用。

然而，面对上述数据安全风险，企业仍未给予足够的重视，《2018—2019 年 EY 全球信息安全调查》指出，23% 的企业仍未将最基本的网络安全保护措施落实到位，76% 的组织在发生重大数据泄露事件后才增加安全预算[①]。英国金融监管行为局在 2017—2018 年对 296 家金融服务公司进行了调查，包括交付变革管理、第三方风险管理和有效的网络防御等关键领域，以评估其技术和网络安全管理能力，发现有三分之一的公司没有定期进行风险评估。

（三）偷税逃税隐匿性加强

偷税是指纳税人以不缴或者少缴税款为目的，采取各种不公开的手段，向国税局虚报收入的行为。逃税是采取转移或者隐匿财产的手段欠缴应纳税款，致使税务机关无法追缴欠缴税款的行为。在大多数国家，偷税逃税的成功取决于隐藏收入财务线索的能力。不同于洗钱者将非法所得转化为合法形式，偷税逃税者隐瞒合法或非法所得的资产和收入，以免被税务当局发现。解决偷税逃税问题是 20 国集团的关键目标，也是联合国的可持续发展目标。偷税逃税是国际货币基金组织（International Monetary Fund，以下简称 IMF）的最高优先事项之一，并被反洗钱金融行动特别工作组（Financial Action Task Force on Money Laundering，以下简称 FATF）确认为洗钱的前提罪行。

新金融业态给传统税收征管制度带来挑战。互联网金融的出现改变了传统金融的交易模式，给传统税收征管制度带来了挑战，如个性化的、跨区域的经营方式导致税务机关获取纳税人信息的难度加大；业务形态的多样化导致收入性质不明确；隐蔽而分散的交易主体导致纳税主体不明确；线上交易的无界性导致税收管辖区域不明确，这导致按照传统金融交易模式确立的税收征管制度和征管手段难以与互联网金融税收征管完美兼容，存在对部分企业检查力度

---

① EY，*Global Information Security Survey 2018-19*，October 2018，retrieved from https://www.ey.com/en_gl/consulting/global-information-security-survey-2018-2019.

不够、部分业务模式缺乏税收依据、难以全面确定纳税主体等问题。

税收征管数据标准难以统一。一方面，不同监管机构各自管辖区监管侧重点不同、申报要求不同，往往导致政策性文件的侧重点和出发点不同，在此基础上综合并从宏观层面制定数据标准是一大难点；另一方面，金融机构须从不同管辖区系统中调取数据，而不同国家数据口径不一、数据质量良莠不齐，使得金融机构需耗费大量成本来收集、清洗并管理数据。这一方面使得税收申报内容变得更加复杂烦琐，另一方面也不利于涉税数据信息共享与交叉稽核。

税收欺诈手段多样化。智能技术可能导致新型的数字税务欺诈。第一，随着电子报税方式的普及，消费者数据泄露风险随之上升，导致以身份盗窃为基础的新型税收欺诈行为频发。第二，互联网第三方支付平台具有隐匿性，核心业务数据披露并不充分，不法分子或利用这一特点每日进行多次金额的流动转账，而资金的频繁转移使得税务相关监管机构的监管工作较为困难，平台的财报数据同期比对低于监管部门异常值时就更难发现逃税问题。第三，虚拟货币还日益成为偷税逃税的“帮凶”，不法分子甚至借助虚拟货币洗白犯罪收入甚至资助恐怖主义活动。

（四）金融欺诈加速升级

欺诈触及我们生活的每一个领域，包括不当支付、洗钱、恐怖融资和网络安全等问题。早期的欺诈手段以电信诈骗和手段单一的线下金融欺诈为主，后来欺诈分子逐步开始利用钓鱼网站等信息化手段来实施欺诈行为，而目前随着计算速度的提升和人工智能等技术的更新迭代，金融诈骗逐渐开始场景化，新型欺诈手段也不断滋生，金融欺诈风险不断升级。《中国区块链发展报告（2019）》指出，网络诈骗的“黑色产业”市场规模已高达1100亿元[①]，成为我国第三大“黑色产业”，并呈现蔓延快、复杂化、产业化与智能化的显著特点。

---

① 姚前、朱烨东：《中国区块链发展报告（2019）》，2019年8月，见https://www.pishu.com.cn/skwx_ps/bookDetail?SiteID=14&ID=11236589。

因此金融科技的发展正在加速金融欺诈行为升级，这干扰了数字金融行业的良性发展，负面影响与日俱增。

利用新技术攻击现有反欺诈平台漏洞。欺诈分子在与金融机构的动态博弈中，可借助人工智能、大数据等技术不断突破金融机构原有的反欺诈策略，精准定位金融机构的风控漏洞，并据此制定欺诈方案，在特定的时间对平台发起进攻，严重时将给金融机构造成巨大损失。因此在当前欺诈行为日益智能化的情况下，传统反欺诈系统亟待升级。

科技手段的运用带来新型欺诈行为。在技术与金融领域不断融合的趋势下，新的欺诈形式不断滋生。首先，科技促使欺诈行为向产业化和专业化演变，逐步形成了完整的黑色产业链和分工明确的犯罪团伙。其次，科技使得金融欺诈行为更为隐蔽，随着线上渠道的广泛应用，金融机构核实用户身份真实性的难度升级，对完整交易数据的获取和处理也愈发复杂。最后，科技的运用引发大量低成本的欺诈行为，欺诈分子仅利用手机、电脑和银行卡便可以虚构大量借款人资料贷款骗取资金。然而传统的反欺诈系统较为滞后，需要人工调试规则，无法检测出新的、复杂的欺诈模式，效率低且误报率高；调查人员也无法实时监控交易和犯罪行为，只能在事后进行，难以做到真正的“防患于未然”。

二、科技创新应对违法违规的必要性

正如《双城记》中所言：“这是最好的时代，也是最坏的时代。”随着时代、科技及知识的进步，来自内外部的经济违规和犯罪的威胁与日俱增。对抗各种传统或新兴的经济违法和犯罪形态，对于身处于日渐复杂、多元的经济环境的企业而言，是场永不休止的战役。面对即将到来的智能化时代，适变应变的监管体系是必不可少的，企业除了应遵循法规法条、重视道德操守外，还应学会拥抱数据与科技带来的变化，并利用其打击潜在的违法违规行为、控制和减轻企业的损失。未来监管科技将会成为金融技术创新和制度变革的高级形态[①]，金融监管部门不应仅在事后对违法违规行为进行识别和惩戒，而是应该借助监管科技的力量，利用机器学习、人工智能等科技来监管各金融公司，运用科技来管理不当交易、数据安全、欺诈、逃税等违法违规行为，具体包括以下四个方面。

（一）内幕交易透明化

监控人员可以利用人工智能和大数据等科技化监管手段，通过留痕的内幕交易数据线索来挖掘内幕信息知情人关联性，利用大数据系统围绕金融交易、身份验证、聊天会话、合规数据报送等数据场景自动筛查，从而降低监管者与被监管者之间的信息不对称，帮助监管部门前瞻性地识别和预警违法违规行为，变“被动监督”为“主动引领”，为投资者创造一个诚信的市场环境。

自动筛查异常交易行为。大数据系统能够自动筛查出内幕信息敏感期内的异常交易行为，包括从未交易过相关股票而在内幕信息敏感期内突然大笔交易相关股票，在内幕信息敏感期内新开账户大笔交易相关股票，在内幕信息敏感期内清仓处理其他股票而大笔买入相关股票，原来小量交易相关股票，在内幕信息敏感期内突然大笔交易相关股票，等等。确定异常账户后，监控人员可依托互联网技术轻易查清这些异常账户的开户人、下单人、资金来源和真实去向，以及异常交易账户下单的 IP 地址和 MAC 码，从而锁定异常交易账户的实际交易人。

深入挖掘内幕交易信息。涉案人员主体关联的隐蔽性给传统监管方式带来了挑战，由于所有异常账户的开户人、下单人、资金来源方或资金流向方等在内幕信息敏感期内与内幕信息知情人有接触的人员，都有构成内幕交易的可能性，因此需要详细探查相关人员的信息，而传统监管手段难以穷尽所有可疑人员的信息。监管科技可以帮助挖掘不同数据和行为背后的关联关系，如大数据技术的应用使得市场交易行为留痕，可为监管人员追溯可疑交易信息提供线

① 波士顿咨询公司（BCG）、陆金所：《全球数字财富管理报告 2019—2020》，2020 年 3 月，见 https://media-publications.bcg.com/Global-Digital-Wealth-Management-Report-2019-2020-CHN.pdf。

索，并能够分析可疑人员的交易行为规律，在海量数据中提炼可疑交易行为；知识图谱技术可帮助监管人员从多个维度对账户之间的关联关系进行分析，并以拓扑图的方式进行呈现。

（二）数据管理安全化

数据安全是保证数据高效利用的基础。在大数据时代，数据资产蕴藏的巨大潜力有待挖掘，但同时数据泄露、数据滥用等问题制约着数据产业的发展。而监管科技有助于减轻数据安全隐患，为数据的高效利用扫清障碍。

科技助力改善数据安全措施。监管科技帮助金融机构识别异常数据访问模式，提供新的隐私保护措施。一方面，科技有助于实时监控异常数据访问。金融机构能够利用科技手段识别敏感数据并对其进行分类，并通过对数据进行实时监控和审计，监测与敏感数据相关的异常数据活动，从而有效保护敏感数据；另一方面，科技可在数据静态存储过程和动态传输过程中实现加密保护。如利用区块链技术确保数据的安全性，通过数字签名技术，只有被授权的人才可以访问链上的数据，这可有效防止数据被泄露。

提升第三方风险管理水平。第三方机构在助力金融服务的过程中，以数据驱动为核心，从数据采集到数据分析和决策涉及大量数据汇集，而利用数据聚合与管理技术汇聚而成的底层数据仓库应用由于涉及风险数据泄露的问题，可能造成第三方引起的重大数据泄露事件，迫使各企业提升其第三方风险管理的技术。企业通过实时洞察网络安全、监管合规性等企业第三方网络内的其他业务风险，根据服务的关键性和固有的风险等级对供应商分类监控，可有效减少数据暴露的风险，加强全球第三方生态系统中的风险管理。

（三）税务流程自动化

在数字税务时代，为了界定税务相关事宜以防止偷税漏税，各国监管机构颁布了不同的法律条款。其中，《海外账户纳税法案》（FATCA）和《共同申报准则》（*Common Reporting Standard*，以下简称 CRS）为改善全球税收合规做出了重大贡献。FATCA 是由美国财政部和美国税务局于 2010 年推出的，目的是预防美国公民利用银行和其他金融组织逃税，以更好地遵从税收规定。FATCA 旨在通过确保外国银行机构向美国账户持有人汇款将面临美国全部收入的 30%的预扣税，来防止持有非美国金融资产的美国纳税人避免征税。

CRS 由经济合作与发展组织（Organization for Economic Cooperation and Development）于 2014 年推出，作为自动交换纳税人信息的标准。目前已有 90 多个国家按照该报告标准共享居民资产和收入信息。CRS 旨在打击逃税，并保护参与国税收系统的公平公正。该标准与 FATCA 有很多相似之处，所以被非正式地称为 GATCA（全球版的 FATCA）。CRS 的范围远比 FATCA 广泛，以美国和英国政府为例，美国和英国政府都强制要求遵守 CRS，这使得两国税务机关之间可以实现双边信息共享。

上述税收规则的发布有助于实现跨境税源监管，而在发布新的税收规则促进税务合规的同时，监管机构也在尝试运用科技手段打击税收领域的违规行为，并改善传统的税收征管系统和繁重的人工检查流程。

充分利用税收领域数据资源。在金融科技时代，数据已成为税收领域的重要资源，金融机构和监管机构可利用技术手段来充分挖掘税收数据背后的信息，以帮助识别税务欺诈行为，加强税收监管。首先，大数据技术可以帮助监管机构全面监控纳税人的资金信息，并通过网络渠道获取涉税信息，从而扩大税收数据的采集范围，还可通过对各个税收环节的数据进行交叉比对来剔除虚假数据，提高数据质量。其次，税务机关和财务部门可通过建立数据库来存储大量税务数据，具体包括历史税务文件、应收账款、支出信息、业务收据、电子邮件、通话记录等，并可通过机器学习等方法透视不同涉税行为的规律和关联，从而识别涉税风险。此外，技术的应用还可促进纳税人数据信息资源共享，可通过建立统一的数据仓库对不同平台的涉税数据进行整合，从而解决“数据孤岛”问题，为分析税收违规行为奠定基础。

实现税收征管流程的自动化。税务机关可在技术的支持下自动调取各种源系统的数据，包括主要税收数据、参考数据（包含税率和辖区数据）、ERP 系统和财务系统中的数据；还可使用实时数据分析引擎来核实销售采购申报、工资和预扣款申报，以及比较不同辖区和纳税人的数据，这均提高了税务机关审计评估的自动化程度，减少了税务部门烦琐的手工数据操作，避免了高昂的对账成本和报告差异，从而减少审计费用，帮助税务部门专注于战略预测和税收筹划。此外，大数据技术还可以实现税务部门客户尽职调查和用户身份识别的高度自动化，例如，利用技术手段对高风险个人或者企业纳税人建立 360 度的实体视图，再通过机器学习帮助检测出偷税漏税的账户。

（四）反欺诈能力前瞻化

"以科技应对科技"是数字金融反欺诈博弈成功的关键，而将金融科技领域所积累的反欺诈经验与传统金融行业的风控能力相结合更是监控交易的关键。如何借助金融科技的发展识别更隐蔽和专业的欺诈模式，已成为监管科技反欺诈研究的重要课题。

主动拦截欺诈行为。大数据和人工智能的深入应用改变了传统反欺诈的被动防御姿态，可在诈骗发生前进行主动拦截。监管人员可基于机器学习、大数据、实时计算、图计算等技术，利用各个业务场景提供的多维数据，实时捕捉欺诈动态信息，达到特征自动衍生、模型自动选取、策略自动推荐和欺诈自动对抗的目的。

深度挖掘欺诈信息。面对金融科技时代更具有隐蔽性的欺诈行为，监管科技可以多角度对欺诈信息进行识别。首先，监管科技可以实现对多维数据的高效利用。通过线上渠道开展的交易活动会产生海量多维异构数据，传统的反欺诈措施难以对此进行有效利用，而监管科技赋予新型反欺诈系统强大的数据存储和分析能力，可以充分挖掘利用用户的社交行为数据等非结构化数据，并结合数据库中已有的信息进行判断，从而提升反欺诈能力。其次，监管科技可以帮助识别异常交易。监管人员可利用行为序列技术和生物探针技术在海量用户数据中提炼出用户行为习惯，从而识别异常表现并将其标记为可疑交易信息；并可利用视图神经网络技术对黑色产业链进行超大规模的用户和社群关系建模，快速挖掘和检测可疑信息；还可利用机器学习技术总结可疑交易案例的特征，并据此不断更新反欺诈模型。

可视化呈现欺诈信息。欺诈案件数量的增加和案件复杂性的提升给传统案件审查方式带来了挑战，传统人工审查方式效率低且难以发现案件之间的关联信息，极易导致遗漏与误报。监管机构和金融机构可利用监管科技将所有历史案件数据和案件处置信息通过可视化呈现，如利用知识图谱等技术将不同实体之间的关联直观地表示出来，并标记可疑信息，从而增强反欺诈的可解释性，大幅提高金融机构事前欺诈识别率、欺诈应对效率以及事后欺诈案件挖掘效率。

三、监管科技是智能审慎监管的核心

在当前金融领域面临的问题日益突出、防范金融风险已成为经济金融工作重中之重的背景下，科技的快速发展催生了不当交易、金融诈骗和信息安全等监管难题。一方面，监管机构坚持从严监管不放松，加快推进金融法制建设，及时修订完善相关金融法律法规，通过提升金融违法违规成本以降低犯罪的可能性；另一方面，监管智能化、科技化水平也在不断提升。投资回报率是衡量商业绩效的既定基准，但监管科技正在迅速成为衡量商业决策的监管可行性的重要标准。数字化工具可帮助识别相关法律和框架，实现多辖区合规。借助科技力量的解决方案，只需点击按钮，就能识别出高风险因素，以帮助金融机构筛选可疑违规操作并反馈预警，确保整个资本市场的平稳运作。

（一）积累数据资产

SEC 多关注市场系统、客户数据保护、重大网络安全风险和事件的披露，监测事态发展并有效应对网络威胁。2017 年 9 月，执法司成立网络部，重点关注涉及数字资产、首次发行代币和加密货币的违规行为；受监管实体的网络安全控制；发行人披露的网络安全事件和风险；基于黑客的非公开信息的交易；以及与网络相关的操纵行为，如经纪账户接管和利用电子和社交媒体平台操纵市场。

过去几年来，执法司在技术和数据驱动的环境下，在侦查和追查欺诈行为方面积累了大量黑灰产对抗数据和海量企业及黑产团伙信息资产，为构建首屈一指的行业监管系统打下基础。

（二）监测市场交易

在国际上，关于监管科技在市场交易上的应用起步较早。许多海外发达国家成立了一个或多个监管机构以实时监测市场交易、识别可疑交易记录。

新加坡金融管理局（MAS）利用模式识别训练实时数据，以检测股票市场的交易集团和价格操纵。MAS 还使用自然语言处理对招股书进行初步处理分析，包括对首次代币发行的分析。

在欧洲，FCA 的市场数据处理系统（Market Data Processo）帮助接收包括每日交易报告在内的各类市场数据，该系统为 FCA 提供了查询可疑活动的交易记录的机会，还与欧洲证券和市场管理局的交易报告交换机制（Transaction Reporting Exchange Mechanism）对接，帮助 FCA 与其他国家主管机构交换交易报告，以使其自身的监督活动得以进行。伦敦证券交易所（London Stock Exchange）通过集合性电脑监督系统实时对证券交易进行监测，并使用智能监督系统识别风险信号，及时部署相应措施。

SEC 的国家考试和分析工具（National Exam and Analytics Too），使合规检查和审查办公室（Office of Compliance Inspections and Examinations）的风险分析检查小组能够快速、高效地分析多年来的交易、验证记账器等，来识别潜在的内幕交易行为，该工具目前已扩大到黑名单数据验证、反洗钱、期权和经纪商信息审查。

正如第一节中提到的，SEC 执法司市场滥用部门成立了分析和检测中心，由量化分析技能的行业专家组成，检测可疑的交易模式，协助内幕交易和市场操纵调查。分析和检测中心的一项重要技术举措是高级关联交易执行度量调查系统（ARTEMIS）。ARTEMIS 综合了 SEC 和美国金融监管局的股票和期权交易记录，采用统计分析来识别难以被发现的交易，并根据不同的指标对交易进行排名，分析可疑交易模式和多个交易者之间的关系。执法部门的工作人员不仅可以利用 ARTEMIS 来识别新的可疑交易，还可以将历史交易和账户持有人数据与其他数据源结合起来，进行纵向、多发行商和多交易者数据分析，以找到“过去未被发现的、可能涉及到现有调查的交易商”。2017年的一起内幕交易案中，7人通过交易30笔内幕交易获得了数百万美元的利润，尽管交易员据称使用空壳公司、密码词和加密的消息应用来逃避侦查，但通过ARTEMIS分析，SEC的执法人员还是发现了这些非法交易。

美国金融业监管局利用机器学习来改进客户尽职调查和与客户互动、证券存款、证券交易、货币走势、保险产品等可能标志着违反规则的潜在危险信号，为成员公司提供有关可疑活动监视和报告义务的指导。

纳斯达克证券交易所上线的人工智能监控模式，通过人工智能和转移学习增强了纳斯达克的市场监控功能。目前，纳斯达克的美国市场监控团队每年审查75万多条警报，这些警报会标记出异常价格变动、交易错误和潜在的操纵行为，它为纳斯达克提供了独特的人工智能市场监控能力。作为实时和T+1跨市场监控平台的行业标杆，纳斯达克的监控技术可以自动检测、调查和分析潜在的不端交易，即使面对新的监管条例增加的情况下，监管机构的整体效率也大大提升，同时降低了成本。

四、合规科技重塑金融业生态

随着科技、创新能力逐渐转向社会主导，金融监管机构开始寻求与金融机构和金融科技公司合作研发监管科技的机会，推动监管科技升级。在凯捷咨询公司（Capgemini）在2019年7月发布的《重塑网络安全与人工智能报告》（*Reinventing Cybersecurity with Artificial Intelligence Report*）中，有61%的企业声称如果不使用人工智能技术，企业将无法发现违规行为[①]。

监管科技是金融机构和金融科技公司降低合规成本、适应监管的重要工具和手段，可被应用于多个场景，例如，利用自动化合规管理流程以提高监管

---

① Capgimini，*Reinventing Cybersecurity with Artificial Intelligence Report*，July 2019，retrieved from https://www.capgemini.com/wp-content/uploads/2019/07/AI-in-Cybersecurity_Report_20190711_V06.pdf.

效率，金融机构通过将各类监管规则“机器化”“数字化”，转化为内部准则约束条件，从而能够灵活且稳定地报送数据；合规科技可被用于应对第三方风险管理，保护数据安全；将同态加密等加密技术应用于合规数据传输阶段，让金融机构更安全地收发数据；利用智能反欺诈技术防范黑色产业链（见图 14—1）。

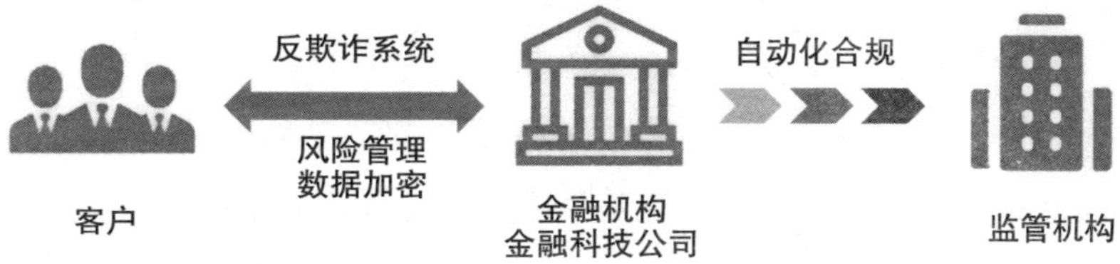

图 14—1　监管科技应用场景内在联系

资料来源：作者整理。

（一）自动化合规报送提高效率

合规报告是监管机构采取非现场监管手段的重要方式。金融机构合规人员在信息披露准则及内容、数据统计口径、经营业务范围、消费者权益等方面经常存在理解偏差，导致金融数据统计的维度和口径不一致。而且，在合规数据报送方面，传统的监管合规主要依赖于人工审查，而由于数据统计的标准不一，金融机构通常需要向多个不同职能的监管部门报送不同结构、不同维度的数据，同时监管机构的监管要求近年来逐渐趋严，为满足合规需求，合规数据的标准化和数字化成本大大增加。

对此，金融机构和金融科技企业将其操作系统接口对接应用程序编程接口（API），自动完成信息传输和协作工作，以满足法律法规要求。一方面，为了满足合规要求，金融机构可利用人工智能等技术在数据标准化过程中对合规数据进行实时监控，并对违规和可疑交易生成分析报告和解决方案，自动报送风险报告和数据；另一方面，随着监管规定的增加和监管形势的收紧，合规人员的成本增加，而通过人工智能解读法律法规，改变由于数据统计口径不一造成的高合规成本，也大大提高了合规效率。

RegAPI 是监管机构向金融机构提供的 API 接口，金融机构按照监管 API 的接口规范将文本规则转换为机器可读的合规性要求，既可实现监管当局与金融机构的自主交互，也可及时向监管当局报送风险数据和合规报告。在数据处理阶段，监管机构根据不同业务制订对应的API和交互标准，而金融机构调用API对其内部流程和数据编程，并通过数据交换协议，提供高质量的数据智能合规算法。在业务运行阶段，金融机构可将数据可视化分析技术嵌入业务流程，以充分了解和及时跟踪监管规则，核查交易是否满足监管政策，获得快捷的监管建议及指导，实现持续合规评估。

例如，瑞士的Apiax监管科技公司将复杂的法规转换成数字化的合规规则，并且用数字化的方式管理法规，主要包括向跨境金融活动、数据保护、税务、智能投顾等活动提供合规服务。Apiax的运作工具主要是基于表现层状态转换（Representational State Transfer）和GraphQL等成熟技术的API，通过API与其他软件程序进行连接，可以实现信息和数据的交互。此外，通过将API应用于监管行为，监管机构可以为金融企业提供各个监管服务的程序接口，从而使金融机构实现对监管规则的智能解读，并通过API自动地向监管机构提交监管报告，从而降低企业合规成本。

越来越多的国内外监管机构希望企业合规团队建立可审计的流程来管理、审查、批准并存档内部资料，然而手工跟踪合规活动会给企业带来巨大的负担。反逃税合规公司TAINA专注于帮助客户遵守打击逃税的全球性法规——FATCA和CRS法规。FATCA和CRS规定金融机构对客户进行记录、分类和适当报告。然而，遵守FATCA和CRS的规定存在高错误率、缺乏审计跟踪、规则不断变化导致员工流失、追着客户填报税单和客户错误填报等问题，易导致客户追责和客户关系破裂。TAINA的系统帮助客户遵循FATCA、CRS法规，实现生命周期管理的进一步自动化，其全自动化平台可无缝验证所有主要的FATCA和CRS表格，并计算预扣税款，其灵活的内置工作流程使得流程简化、可审计、可核查，以确保企业履行合规义务。

（二）数据传输加密保障数据安全

在合规数据传输阶段，可以利用加密技术，如数据存储单元、安全计算等，保证数据传输过程安全，使金融机构能够灵活且稳定地收发数据。加密是保护敏感数据的金库，当用户需要使用或处理数据时，传统的做法都需要将数据从金库中取出来，但这使得金融机构和其他高度监管的行业面临被攻击的风险。2016 年推出的网络安全初创公司 Enveil 运用了同态加密，能够在不泄露分析内容、不损害底层数据的安全性和所有权的情况下，从第三方数据源中安全获取数据。同态加密技术能够在金融机构使用或处理数据的过程中确保数据的安全性，并可被应用于现有的工作流程，这证明同态加密的理论已经具备市场化的条件，在不需要改变现有的数据库的条件下具有实用性、可扩展性。

同样以维护数据安全为中心的技术公司 Dathena，致力于为全球范围内的金融服务机构、医疗机构、制造商和政府机构提供现代化解决方案，帮助各个机构简化数据发现、数据分类和数据隐私的工作流程。Dathena 通过人工智能设计数据发现和分类方案，设计预防数据丢失（DLP）软件，并通过云计算等技术自动挖掘和分类敏感数据，保障个人身份信息和健康信息的数据安全。而机构端也可以通过 Dathena 满足 GDPR、PDPA、CCPA 和 HIPAA 等法规的合规要求，以免不合规罚款和数据泄露，降低安全运营成本。

（三）反欺诈生态系统全面升级

近年来，监管机构与金融科技公司合作研发逐渐成为趋势。随着互联网经济的快速发展，利用智能反欺诈技术防范黑色产业链已非难事。

瑞士监管科技公司 NetGuardians 开发了首个为银行主动防范欺诈而设计的增强智能解决方案，该解决方案利用大数据来关联和分析整个银行系统的行为，并通过机器学习等技术降低误报率来增强客户的体验。NetGuardians 解决方案使得银行误报率降低了 83%，欺诈调查时间节省了 93%，有效防止了欺诈案件的发生。

Clari5 是一家为全球银行提供实时、跨渠道企业金融犯罪管理（EFCRM）产品的公司。通过综合运用自动化、人工智能、机器学习、决策科学和实时决策的能力，Clari5 目前已处理超过 100 亿笔交易，管理超过 5 亿个账户，单个网点有 2 亿个账户，拥有全球最大的反欺诈管理解决方案实施量，可靠地保障了 4% 全球人口的银行交易安全。该公司采用类似于人脑的跨渠道、跨行的方式来有效进行欺诈管理并防止收入流失。

反欺诈生态系统供应商 Heliocor 通过将其核心产品 Robolitics 和 Dokstor 与区块链技术相结合，建立起全球首个全球反欺诈生态系统，这将从根本上减少甚至消除身份欺诈。其核心产品 Robolitics 作为高速数据分析引擎，利用人工智能、神经网络和机器学习，可将“错误警报”减少 50% 以上，同时将案件办理速度提升 33%，从而为机构提供更安全的保护，降低违规风险，避免遭受罚款损失。

五、未来趋势及建议

监管机构和金融机构可利用大数据、云计算和人工智能等科技手段进行实时数据采集、计算和分析，既可识别异常交易行为，对违法违规行为进行精准打击，及时防范化解风险隐患，也能够优化事前审核、事中监测、事后稽查处罚等监管工作模式，因此监管科技在保护金融消费者合法权益、防范系统性风险和维护我国金融市场稳健运行方面发挥着重要作用。但目前部分市场乱象仍亟待解决，新的挑战亦不断出现，因此若要真正从根源上遏制各种违法违规行为，资本市场监管依然任重道远。

首先，提高违法违规成本，尽快弥补金融监管真空。金融监管真空给犯罪分子提供了可乘之机，特别是在互联网金融领域，只有及时出台监管细则，尽可能将所有的金融市场创新和交易纳入法制的轨道，同时提高违法违规成本，才能切实打击不法分子利用互联网从事违法违规行为，以维护正常的金融秩序，加强系统性风险分析与防范。

其次，鼓励科技向善，以保护消费者权益为监管红线。金融科技现在已经成为金融机构转型发展的重要推动力，与之相伴而生的是欺诈和网络安全风险的迅速蔓延。随着人工智能的广泛应用，监管机构需要密切关注金融机构的科技基础设施，在鼓励新产业、新业态、新模式发展的同时，始终以消费者保护为监管红线，防范技术风险和信息安全泄露。

再次，合规自动化将成为合规交付的核心。随着GDPR成为欧盟国家以及在欧盟辖区内运营的企业的标准和要求，切实可行的数据保护规则和合规方案对企业至关重要。然而即便对专家而言，符合《欧洲金融工具市场法令Ⅱ》（*MiFID* Ⅱ）、《通用数据保护条例》（*GDPR*）、AML、《金融服务法》（*Financial Services Act*）或是《金融机构法》（*Financial Institutions Act*）等烦琐的标准也令人望而生畏，我们期望各国监管机构能够利用监管技术将冗长的法规数字化、标准化，被监管实体能够利用创新的软件即服务的编程接口（Programming Interfaces for Software-as-a Service，简称SaaS API）模型设计企业系统，实现自动化合规，减少人为错误，降低运营成本，确保不同业务类型、行业、地域的全面合规。

又次，数据作为企业重要资产，是人工智能反欺诈的基础。全球数据积累存量已达到引爆新一轮行业变革的规模和水平，但由于反欺诈企业行业内存在的固有竞争和利益冲突，某些创业型反欺诈公司因其自身缺乏可产生数据的场景，试图利用爬虫等手段非法获取数据。数据窃取、泄露、滥用和隐私安全等问题不容小觑，严重威胁着人们的信息和资金安全。若要保证人工智能、大数据等新技术在保护消费者权益的基础上被合理利用，需要监管机构、被监管机构和法律界的共同协作研究，建立适当的规制体系鼓励科技向善，确保科技良性有序发展，助力维护金融体系稳定。

最后，推动行业合作，构建安全新生态。在政策法规日趋规范的背景下，整体经济形势向好，用户对惠普金融的需求越来越大，科技已深入渗透到金融服务的各个领域，包括银行、保险、资管等各细分行业应用，其中以银行业最为典型，银行业依托长期积累的数据优势，加强反欺诈技术和数据安全管理，主动与金融科技企业实现跨界合作、互利共赢。据统计，全球排名前100的银行中，有52%的银行通过与金融科技公司合作来促进自身的科技能力建设，保障客户安全，如富国银行应用EyeVerify的眼纹识别技术，为企业客户提供安全体验。

同时，以人工智能科技为核心的互联网巨头作为先进技术的代表，不断拓展金融服务的边界，不断尝试构建新业态金融体系，使更多的人受益。在毕马威与金融科技风投机构 H2 Ventures 联合发布的《2019 Fintech 100》中，有 3 家中国企业赫然位于全球前 10 强，它们分别是阿里旗下的蚂蚁金服、京东旗下的京东数字科技、百度旗下的度小满[①]，我国的金融科技企业已经逐渐衍生为一个强大的金融生态系统。

为了帮助中小企业在技术不足、数据体量小的环境下寻求出路，在合法合规的前提下针对存量数据开发应用，企业间也可以探索“安全数据共享”模式，与具备行业经验和数据输出能力的互联网巨头等大企业合作，在不涉及隐私泄漏和数据合规问题的前提下，通过加密机制交换数据，保证企业的自有数据不发生实际移动，共建反欺诈平台。

除了安全数据的互联互通外，不同金融机构之间可以建立欺诈案件和欺诈行为的信息共享机制，非法金融活动的账户设置和资金链往往涉及多家金融机构，仅靠单一一家金融机构的监测难以准确定性，对于非法金融活动的监测不能形成有效合力，只有建立跨行业的协作关系，并尽可能把风险做到最前置，才有机会跑赢黑灰产数字化，共建安全新生态。

---

① KPMG and H2 VENTURES，*2019 Fintech100 Leading Global Fintech Innovators*，February 2020，retrieved from https://h2.vc/wp-content/uploads/2020/02/2019Fintech100.pdf.

第十五章

监管科技在反洗钱领域的应用与展望[①]

洗钱，顾名思义就是将非法收入合法化。洗钱活动给整个社会带来了较强的负外部性，如滋生腐败、使市场失灵等。传统洗钱行为本身就具备方式多样、过程复杂、对象特定等特点，在互联网技术迅速发展、全球金融网络互联互通的快车道上，正变得更加迅速、隐蔽、低成本和全球化。近年来，全球范围内的洗钱规模逐年递增。根据反洗钱金融行动特别工作组（FATF）的研究，1988 年全球洗钱总额约占全球 GDP 的 2%，1996 年全球洗钱总额约占全球 GDP 的 3.5%，2005 年全球洗钱总额约占全球 GDP 的 3%。同时，根据国际货币基金组织（IMF）的推算，2015 年全球的洗钱总额占全球 GDP 比重已达到 5%[②]。由此可见，洗钱行为对社会的不良影响正在逐步扩大，研究如何加强对洗钱行为的监管，特别是如何运用监管科技的手段提升反洗钱水平具有重要意义。

一、洗钱的内涵

巴塞尔委员会从监管者的角度在 1988 年对洗钱下的定义为："银行和其

① 本章部分内容发表于《江淮论坛》2020 年第 4 期。

② 新浪财经：《IMF：洗钱规模已超过全球 GDP 的 5%》，2015 年 02 月 12 日，见 http://finance.sina.com.cn/stock/usstock/c/20150212/111521538000.shtml。

他金融机构可能在不知情的情况下被用作转移或储存来自犯罪收益的中介[①]。犯罪分子利用金融系统转移资金，掩盖资金的来源和受益人，以及通过安全存储设施保存银行票据，这些行为一般称为洗钱。"《中华人民共和国反洗钱法》中对洗钱活动的描述为："将毒品犯罪、黑社会性质的组织犯罪、恐怖活动犯罪、走私犯罪、贪污贿赂犯罪、破坏金融管理秩序犯罪、金融诈骗犯罪等犯罪所得及其收益，通过各种方式掩饰、隐瞒其来源和性质，使其在形式上合法化的行为。"

洗钱活动往往分为三个步骤：放置、培植和融合。放置阶段是指将非法来源的资金投入到金融机构中，为下一步的转移做准备；培植阶段，不法分子通过错综复杂的交易将非法资金与其来源分开，并将其分散；融合是洗钱活动的最后一步，是指将清洗过的资金转移到合法的商业活动中去，从而使其成为合法的资金。

洗钱活动给整个社会带来巨大的负外部性。从国家层面上看，洗钱行为影响了一个国家的整体形象，不利于营造良好的投资环境吸引外资。从货币政策当局的角度看，洗钱行为增加了货币当局对资金流动的监管难度，从而导致货币政策有效性降低。从金融机构的角度看，洗钱行为使得金融机构的合规成本增加，信誉受损。与此同时，频繁的洗钱行为使得监管机构加大了对金融机构的监管力度，这在一定程度上阻碍了金融机构的金融创新。从社会层面看，洗钱行为多与赌博、贩毒等违法犯罪行为相联系，猖獗的洗钱活动往往会助推这些犯罪行为的发生，影响社会稳定。

二、反洗钱监管面临的挑战

伴随反洗钱监管实践的深入，一些问题也逐渐暴露出来。主要体现在客户身份识别不足、数据获取和分析能力有限、机构间协调程度不高等多个方

---

① Basel Committee on Banking Supervision, *Prevention of Criminal Use of the Banking System for the Purpose of Money-Laundering*, December 1988, retrieved from https://www.bis.org/publ/bcbsc137.pdf.

面。特别表现在新形势下，经济发展和技术进步使得交易数据量大幅增加，涉及到的交易主体更加多样，反洗钱监管机构的数据收集和处理能力受到挑战。

（一）客户身份识别

1988 年巴塞尔委员会发布了《关于防止犯罪分子利用银行系统洗钱的原则声明》(*Prevention of Criminal Use of the Banking System For the Purpose of Money-Laundering*)，这是国际社会通过金融系统遏制洗钱的重要文件。巴塞尔委员会意识到金融机构对客户身份了解（KYC）在反洗钱工作中的基础性和重要性，因此在该声明中首次提出了“客户身份识别”的要求。巴塞尔委员会指出：金融机构与新客户建立交易关系的时候应该充分了解客户的身份，了解账户资金的持有人和收益人。1997 年，巴塞尔委员会在《有效银行监管的核心原则》(*Core Principles for Effective Banking Supervision*）中完善了客户身份识别内涵的表述：金融机构应该建立完善的“客户身份识别”内部程序，在了解客户真实身份的前提下，还应该进一步了解客户的经营范围、规模和现金流状况。此后 FATF 也在其发布的《打击洗钱、恐怖融资与扩散融资的国际标准：FATF 建议》(*International Standards on Combating Money Laundering and the Financing of Terrorism & Proliferation：FATF Recommendations*）中详细规定了金融机构应该对客户的信息做出有效的收集，并对后来各国的相关立法起到了指导性作用。除了国际组织制定的文件中提出对“客户身份识别”的要求以外，各国制定的反洗钱相关法律中也表达了相似的内涵。美国 1986 年出台的《洗钱控制法》(*The Money Laundering Control Act*）要求任何个人到金融机构开设账户都必须提供个人的身份信息，包括身份证明、家庭住址、电话号码、职业及配偶等信息。对于企业来说，其需要提供的信息包括报税号码、企业登记证明、业务范围、管理层及股东的个人信息等。中国的《金融机构客户身份识别和客户身份资料及交易记录保存管理办法》要求金融机构在以开立账户等方式与客户建立业务关系时需要收集客户的身份信息。

在不同的司法管辖区内对 KYC 的具体要求有所不同，但是一般而言，无论是对于个人客户还是法人客户，身份识别大致可以分为四个步骤：（1）了解。“了解”是金融机构在对客户身份识别工作中最基础也是最重要的一个环节，包括了解客户本人的身份信息、交易性质、资金来源和用途等。（2）核对。金融机构会通过联网核查公民身份信息系统和国家企业信用信息公示系统等渠道对客户提供的身份信息的完整性、真实性和有效性进行核查。（3）登记。“登记”是客户身份识别的必要环节，其内容包括客户的基本身份信息，包括姓名、联系方式和常住地址等。（4）留存。金融机构会将客户的证件复印件或者影印件留存，以便于对客户的“持续性识别”。“持续性识别”是指金融机构在除了与客户初次建立业务关系时对客户身份识别以外，在业务存续期内也应该定期或不定期地对客户身份信息进行核查，以了解客户信息是否发生变动和更新，进而对客户的风险进行重新判定。

客户身份识别是反洗钱工作的第一道关口，有助于从源头上预防反洗钱，保护金融机构和客户的资金安全，但是随着反洗钱监管实践的推进，传统手段下的客户身份识别工作暴露出许多问题。

一是客户登记信息不准确且部分信息难以核实。客户身份信息的收集是客户身份识别的先导环节，亦是基础步骤。客户身份信息的准确性对于金融机构评估客户风险等级、监测可疑交易、降低洗钱风险具有重要意义。但是在实践过程中，存在着客户身份信息准确性不高这一严峻问题。从客户的角度来看，出于对自身信息的敏感性，对于职业、常住地址、工作单位地址等私密性较强的信息，部分客户不愿如实提供。如客户在填写地址信息的时候，往往只填写到县、区、街道等宽泛的地址，甚至填写虚假的具体地址，导致金融机构无法根据地址联系到客户。再如职业信息，客户完全可以填写“其他”项，或者填写“自由职业者”，甚至是填写“无业”，金融机构无法核实其准确程度。从金融机构的角度来看。首先，金融机构的主观积极性不高。金融机构是以营利为经营目的的公司实体，如果严格履行客户身份识别义务，要求客户提供严格的身份证明材料，进行烦琐的身份识别流程，可能会引起客户的不满、增加服务时间、降低服务质量，最终导致客户的流失。所以金融机构的一线员工大多只收集客户姓名、身份证号码、联系方式、家庭住址等基本信息，而不太关注客户的职业状况、交易目的与性质、经营背景、诚信记录、履约能力及资金来源等重要信息，在不违反法律的前提下实行“表面识别”原则。其次，金融机构对某些信息缺乏客观识别的能力。以我国为例，我国能够证明个人客户身份的证件种类繁多，包括居民身份证、护照、驾驶证、临时身份证等。企业客户的证件包括组织机构代码证、营业执照等。不同的证件有不同的发证机构，金融机构很难核实每一个证件的真实性，增加了身份识别的难度。

随着以第三方支付为代表的互联网金融机构的兴起以及传统金融机构业务的线上化，客户身份的准确识别也面临巨大挑战。传统线下金融业务在开户的时候会有员工“面签”的环节，即柜台员工会以面对面的方式核实客户的证件真伪以及人证是否匹配。然而线上开户无须进行面签环节，客户只需要提供身份证件及手机号就能够在互联网公司开设新账户。因此，盗用他人身份证件进行线上开户的违法行为也越来越猖獗。不法分子利用盗用来的身份证件开设互联网账户，从事互联网贷款以及洗钱等活动，损害证件所有人的利益。与传统金融机构相同，对于客户填写的住址、职业等信息，互联网金融机构也无法准确核实。

二是客户身份识别成本过高，并且缺乏效率。金融机构履行客户身份识别义务需要付出大量成本，主要包括合规人工成本和身份识别系统搭建成本。汤森路透（Thomson Reuters）2017 年对全球多家金融机构的调查显示，受调查金融机构的 KYC 员工人数从 2016 年的平均 48 人增加到 2017 年的平均 307 人，增长了 5 倍之多。伴随 KYC 员工人数上涨的是金融机构的 KYC 成本。金融机构 2017 年的直接 KYC 年均成本高达 4800 万美元，并且预计这一数字在未来一年将会增加 11%。其中年收入超过 100 亿美元的金融机构 2017 年的 KYC 成本达到 1.5 亿美元，预计未来一年会增长 13%[①]。除了在 KYC 上付出的直接成本，金融机构还可能因没有符合 KYC 要求而被监管机构处罚，从而付出较大的额外成本。2014 年，迪拜金融服务管理局（Dubai Financial Services Authority）因 E*TRADE 证券公司没有充分了解客户的资金来源以及缺乏对

---

① Thomson Reuters, *KYC Compliance: theRising Challenge for Financial Institutions*, December 2017. retrieved from https://d3kex6ty6anzzh.cloudfront.net/uploads/39/3973a2f5f7888855106b5d244df6192d0750c803.pdf.

客户的风险评估机制而对其罚款 30 万美元。印度储备银行（Reserve Bank of India）在 2019 年对其国内的四家银行总计开出 1750 万卢比的罚单，缘由是这四家银行没有完全遵守 KYC 的规定。

除了金融机构需要付出高昂的直接成本以外，复杂且低效率的 KYC 流程也给企业客户带来巨大的时间成本。根据汤森路透调研结果，2017 年，企业客户在初次与一家金融机构建立业务关系的时候，KYC 流程平均需要花费 26 天，而 2016 年这一数字是 24 天[①]。不仅如此，企业客户尤其是跨国公司会同时与多家金融机构合作，每次与新的金融机构合作时，企业客户都需要进行一次不同的 KYC 流程，耗费大量时间。

（二）数据获取能力

监管机构获取金融市场的交易数据及交易报告是反洗钱监管的核心步骤。目前监管机构对于金融市场上的交易数据获取主要来自金融机构的主动汇报。如我国的《中华人民共和国反洗钱法》第三章第二十条规定："金融机构应当按照规定执行大额交易和可疑交易报告制度。金融机构办理的单笔交易或者在规定期限内的累计交易超过规定金额或者发现可疑交易的，应当及时向反洗钱信息中心报告。"在英国，金融机构在发现可疑交易时，也被要求向全国罪案情报中心（National Criminal Intelligence Service）报告。但是，在现行的法律规定下，金融机构作为义务机构向监管机构报告可疑交易及可疑数据存在两方面问题：一是数据和报告的数量问题，即全面性问题；二是数据和报告的质量问题，即有效性问题。

从报告的全面性来看，金融机构是否有足够的动力去及时全面地报告可疑交易和数据取决于其合规的成本。对于积极履行可疑交易汇报义务的金融机构来说，其付出的成本包括洗钱检测系统的搭建成本、人工核查成本等。对于不积极履行可疑交易汇报义务的金融机构来说，监管机构难以对其进行有效惩

---

① Thomson Reuters, *KYC Compliance: theRising Challenge for Financial Institutions*, December 2017. retrieved from https://d3kex6ty6anzzh.cloudfront.net/uploads/39/3973a2f5f7888855106b5d244df6192d0750c803.pdf.

罚或者惩罚力度较低，中国对金融机构违反反洗钱法律的最高处罚只有 500 万元人民币。因此金融机构有足够的“不作为”动力，加大了监管机构对洗钱相关信息的获取难度。

从报告的有效性上看，金融机构提交报告的内容是大额交易和可疑交易，那么对于大额交易和可疑交易的界定将直接影响到报告的有效性。一方面，在现行规则下，很多正常交易会被视为可疑交易，从而产生误报。以中国为例，《金融机构大额交易和可疑交易报告管理办法》规定的可疑交易包括：“短期内相同收付款人之间频繁发生资金收付，且交易金额接近大额交易标准。长期闲置的账户原因不明地突然启用或者平常资金流量小的账户突然有异常资金流入，且短期内出现大量资金收付等。”随着经济的发展以及金融活动广度及深度的增加，自然人以及法人的正常单笔交易额度会上升，交易模式会变复杂，法律中规定的情形可能不再是可疑交易，因此金融机构递交的可疑报告有效性将会降低。根据郭宏亮的研究数据，2011 年，大连市金融机构报告人民币 STR26.39 万份、外汇 STR1.01 万份，但同期重点 STR 仅为 9 份，重点 STR 份数仅占 STR 份数的 0.0033%[①]，可见其有效性之低。另一方面，现行与可疑交易相关的法律条文以及金融机构自身制定的交易检测标准多是基于历史经验所制定的，其时效性较低。伴随互联网及移动支付的发展，金融产品变得复杂多样，不法分子可以通过多种手段在不形成可疑交易的情形下从事洗钱活动。因此，在现行的检测标准和手段下，很多洗钱活动难以被发现和及时制止。

（三）数据分析能力

海量的数据和落后的数据处理技术给监管机构带来巨大挑战。一方面，反洗钱监管机构每年会收到来自义务金融机构的大量报告，包括可疑报告和大额交易报告。中国人民银行 2018 年反洗钱报告显示：“2018 年中国反洗钱监测分析中心共接收报告机构报送的大额交易报告 9.19 亿份，STR160.20 万

① 郭宏亮：《对金融机构有效提高反洗钱可疑交易报告质量的思考》，《吉林金融研究》2013 年第 12 期。

份。”[①]另一方面，目前反洗钱监管机构数据分析、数据挖掘技术通常是基于结构化、关系型的数据，这对数据类型要求较高。然而未来更多的反洗钱数据会以半结构化和非结构化的形式存在，如公司的报表、图片和视频等。这就要求监管机构拓宽其数据分析类型的广度。同时，现阶段监管机构的数据分析通常是基于因果关系的推理，对于数据间更复杂的联系无法辨别，数据分析深度有限。

（四）信息协同效应

如前所述，洗钱活动经历三个阶段，放置、培植和融合。从放置阶段开始，非法资金进入金融机构，到培植阶段，非法资金由整化散，进入多个不同的账户，到最后融合阶段，非法资金进入正常的商业活动洗白，资金的流动涉及多家金融机构，工商企业甚至是政府机构。因此不同机构间的有效协作、数据共享对于反洗钱工作来说具有重大意义。

当下，由于机构间的数据保护以及数据本地化，机构间的信息沟通并不通畅，反洗钱信息利用程度不高。一方面，在大数据的背景下，金融数据成为金融机构的重要战略“资产”，不同金融机构之间存在“数据壁垒”，相互间的数据共享较为困难。另一方面，政府机构间也存在“信息孤岛”情况。如中国海关与中国人民银行间共享反洗钱信息的程度并不高，在实务中海关很少主动向央行通报洗钱线索。因此机构间信息协同效应的缺乏加大了反洗钱工作的难度。

三、监管科技赋能反洗钱

监管科技以其特有的优势赋能金融机构和金融监管机构。监管科技的优点包括：（1）数字化，以数据为基石，挖掘和利用数据。（2）实时性，能够实时监测金融活动。（3）共享性，能够使数据在监管机构、金融机构之间共享，

---

① 中国人民银行：《2018 年中国反洗钱报告》，2019 年 11 月，见 http://wzdig.pbc.gov.cn：8080/search/pcRender?pageId=fa445f64514c40c68b1c8ffe859c649e。

促进数据高效利用。(4)智能化，应用区块链、机器学习等高新技术穿透监管和识别风险。从金融市场电子化开始，到当前大数据分析、人工智能、区块链等高新技术在金融市场中的广泛运用，金融市场经历了快速发展时期。在此期间，金融产品不断更迭出新，金融业态不断变化，金融科技迅速发展，随之而来的也是金融风险的剧增。在此背景下，传统手段已无法满足监管要求和合规要求，监管科技随之迅速发展，并在反洗钱领域产生了显著的成效。

（一）赋能客户身份识别

1. 大数据技术赋能客户身份信息核实

在信息化时代，数据被认为是一种重要的“资产”，对这种资产的运用被各大公司视为争夺市场地位重要的手段，尤其是在大数据的背景下，这种资产更具价值。微软总裁史密斯说过：“给我提供一些数据，我就能做一些改变。如果给我提供所有数据，我就能拯救世界。”但是数据资产要想发挥应有的价值，还需要使用大数据技术对其“加工”。大数据技术大致可以分为四个方面：大数据采集、大数据预处理、大数据存储、大数据分析挖掘。

金融机构内部存有大量的客户数据，包括用户身份证件号、转账记录、银行代理业务记录等等。金融机构可以充分利用大数据技术，对内部数据和可利用的外部数据进行处理和分析，进而核实客户登记信息的准确性。以常住地址为例，对于客户提供的常住地址，金融机构缺乏有效的直接核实手段，而常住地址对于监测客户是否存在洗钱活动又十分重要，因为频繁的异地交易会增加客户行为的可疑程度。并且如果常住地位于 FATF 等国际反洗钱组织认定的反洗钱不合作地区，或者欺诈、腐败猖獗的地区，更应引起金融机构的注意。此时金融机构可以通过掌握的其他信息建立模型，分析客户常住地址的准确性。

首先是与常住地址相关信息的采集，包括手机号码、银行卡信息、物业缴费地址、水电煤费用缴费地址、物流地址等。金融机构可以分析手机号的注册地、存续时间等，作为客户常住地的参考。银行卡信息中同样包含了客户开户行的所在城市。如果客户使用金融机构的物业费、水电煤费用代缴服务，那么金融机构就可直接从中分析出客户的详细居住地信息。还有物流收货地址，如果金融机构与客户间涉及实物交易，并存在邮寄关系，从客户的邮寄地址及使用频率中往往能够直接推断出客户的常住地。然后对收集到的信息进行清洗和预处理，将无用信息去除，如收货地址中的备注信息等。同时将非结构化信息转为结构化信息。最后对数据建立模型，具体的模型可根据金融机构收集到的数据决定。

2. 人工智能技术提高身份识别效率，降低识别成本

如前所述，全球金融机构每年在 KYC 合规上要付出巨大的成本。因此金融机构急切需要寻求新的技术来降低 KYC 成本和提高 KYC 效率，进而增加客户满意程度和提高合规程度。人工智能是一门研究如何让机器或者电脑像人类一样思考、行为的学科。人工智能涵盖的领域较为广泛，包含机器学习、自然语言处理、光学字符识别、智能机器人等等。而其中的许多技术现在已经被金融机构用在客户身份识别领域以提高识别效率和降低识别成本。渣打银行（Standard Chartered）与 Instabase（美国一家科技公司）合作，使用 Instabase 提供的机器学习和自然语言处理技术来加速其对企业客户的尽职调查。借助机器学习技术，渣打银行可以自动执行业务审核标准，而无须人工核查；使用自然语言处理技术，渣打银行可以从公开的信息中查询与该企业客户相关的信息，包括媒体上的信息，法院的制裁信息等，从而判断公司的风险等级，完成尽职调查；利用光学字符识别技术，渣打银行可以从客户证件中直接提取相关信息，转为计算机可读语言。目前非洲最大的银行——标准银行（Standard Bank）和花旗银行也采取了相似的技术。因此，人工智能的使用使得金融机构大大缩短新客户审核的时间（尤其是企业客户），提高客户身份识别的效率；同时，人工智能的使用还能减少金融机构人力资本的投入，从而降低客户身份识别的成本。

（二）赋能数据获取

随着金融市场的高速发展，金融交易的数据量迅速增长。监管机构要想寻找出可疑的洗钱交易首先必须尽可能地收集到足够的交易数据，并对数据做

出可视化处理。在传统监管手段下，金融监管机构的数据和报告主要来自金融机构的义务汇报，这将使金融监管机构获取的数据数量和质量有限。而云计算、大数据分析、网络分析等技术可以使监管机构获取数据的数量和处理数据的效率大大提升。

英国金融行为监管局利用云计算技术进行数据的收集、储存和处理。云计算是指使用多部服务器组成的系统来处理需要巨大算力任务的一种计算方式。云计算能够将任务分解，由多个服务器处理，再将结果整合输出。监管机构在面对海量的数据时，其计算能力往往不足，或者效率不高，影响决策的准确性和时效性。若监管机构单独建立先进的服务器则需付出昂贵的成本，此时监管机构可以使用云计算服务商提供的分布式计算服务，从而突破计算能力的束缚。此外监管机构还能使用云计算储存数据，将大量数据分布式储存在云服务商的多台服务器上，在提升数据安全性的同时，做到数据的灵活使用。简而言之，云计算技术提高了数据收集效率，打破了物理存储空间的限制，弥补了监管机构算力不足的缺陷，同时能够保证数据的安全和稳定。此外，监管机构也在通过建立数据收集平台提高数据收集的效率，例如，墨西哥国家银行和证券监管委员会（CNBV）正在搭建 Anti-money laundering data architecture（反洗钱数据收集架构）以解决反洗钱合规成本高、效率低下的问题，如图 15-1 所示。值得一提的是，CNBV 能够将历史数据导入该平台进行分析，在新老技术衔接的同时，能够对历史数据进行复核。

除了提高传统金融数据收集的完整性和时效性，监管科技还能够使监管机构获取大量的非传统金融信息，从而提高信息来源的维度。CNBV 设计了一个电脑程序，该程序可以从社交媒体、新闻报刊等信息源中搜寻可疑的洗钱人员和公司的信息，然后再结合传统数据源（STR）来侦查洗钱行为。意大利银行也采取了相关的技术将 STR（结构化数据）与新闻评论（非结构化数据）结合起来，用于反洗钱检测。

数据并不能够直接带给监管者有用的信息，监管机构还需要将大量、复杂的数据进行可视化处理，从而发现可疑信息。例如，第九章中提及的奥地利中央银行搭建一个数据报告平台，奥地利的商业银行将数据传递至这个平台

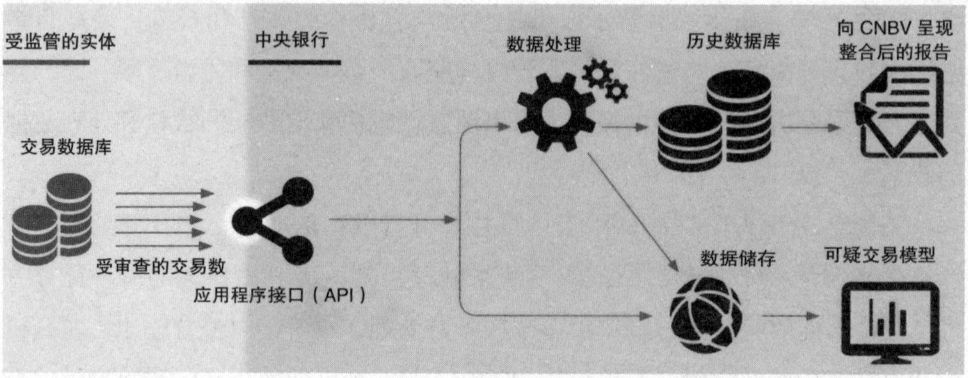

图 15-1　Anti-money laundering data architecture 工作流程

资料来源：Simone di Castri，Matt Grasser，and ArendKulenkampf，*Financial Authorities in the Era of Data Abundance RegTech for Regulators and SupTech Solutions*，August 2018，retrieved fromhttps://bfaglobal.com/wp-content/uploads/2020/01/R2AWhitePaper.pdf.

后，平台可以对数据进行标准化的转换，形成一个简易、完整的报告并递送至 OeNB；第十章中提及的菲律宾中央银行（BSP）与 RegTech for Regulators Accelerator（R2A）合作开发了基于 API 的数据收集和处理平台。

（三）赋能数据分析

监管机构在收集到大量的数据或者数据处理结果后需要对数据进行分析。即使计算机系统对海量的数据进行了初步的处理，其形成的报告或者结果的量也是巨大的，全部通过人工分析耗时长、成本高并且存在操作风险。而机器学习、自然语言处理等手段可以高效化、规模化地分析出数据间的内在联系与异常，进而追踪潜在的洗钱活动。

新加坡金融管理局（MAS）在反洗钱数据分析中进行了一项技术创新——网络分析解决方案。该方案采用自然语言处理和机器学习技术来分析金融机构向 MAS 提交的 STR，进而生成一个 STR 子网络。子网络中将包含原 STR 中的实体以及这些实体间的关系。根据这些信息，监管者将会查找更广泛的数据，包含这些实体的交易记录等。网络分析解决方案将显著提高监管的效率和有效性。如自然语言处理能够快速识别非结构化信息，机器学习能够从数据中提取人工无法识别的数据联系，进而探索更隐蔽的洗钱活动。

（四）对高风险金融机构的监管

随着洗钱活动的越发活跃，监管机构反洗钱领域的人员、资金都较为匮乏。对于监管机构的地方分支机构来说，这种情况更为严峻。相关研究指出，我国基层央行的反洗钱工作存在人员配置少，人员兼职反洗钱工作，人员反洗钱理论和技能有限等困难。因此，在这种背景下，排查出高风险金融机构，集中监管资源进行反洗钱监督，避免监管资源的无谓浪费具有重要的现实意义。

CNBV 与 R2A 合作，利用有监督的机器学习来检测金融机构未报告的可疑交易，进而判断金融机构反洗钱的合规程度。CNBV 使用人工发现的未报告可疑交易和金融机构已报告的可疑交易来训练机器模型，然后机器模型会扫描整个数据库以发现具有类似模式的其他交易，从而辨别出具有大量未报告异常交易的金融机构，并对其做重点监管。加拿大金融交易与报告分析中心（FINTRAC）开发了一种启发式模型，该模型使用金融机构概况，合规历史、报告行为等风险因素并结合从金融机构的可疑报告中收到的大量数据对金融机构不遵守反洗钱法规的可能性进行排名，从而集中监管资源对高排名的机构进行监管。同时 FINTRAC 还结合机器学习等技术研发了“挑战者”模型以检验原模型的有效性并对原模型进行改进。荷兰中央银行通过研究相关实体的交易网络来判断高风险金融机构。如图 15—2 所示，不同实体通过不同的金融机构

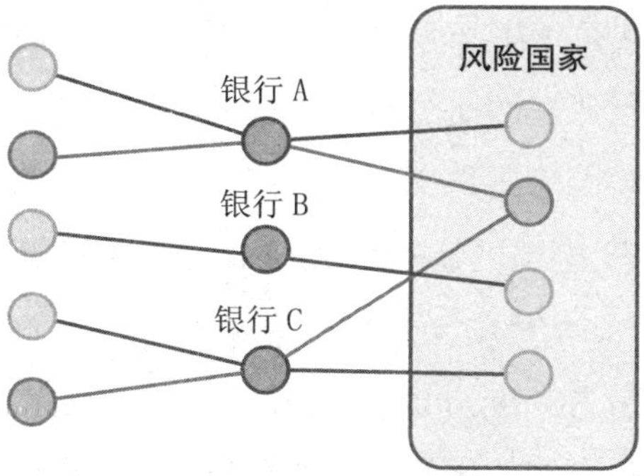

图 15—2　交易网络

资料来源：Rodrigo Coelho，Marco De Simoni and JermyPrenio，*FSI Insights：Suptech Applications for Anti-Money Laundering*，August 2019. retrieved from https://www.bis.org/fsi/publ/insights18.pdf.

向高风险国家或地区的同一个交易方输送资金，DNB通过使用交易数据来检测这些实体的交易网络，进而评估出金融机构面临的洗钱风险状况。

四、监管科技在反洗钱领域的展望

在洗钱活动的危害日益增加、隐匿性及复杂程度日趋增长的背景下，各国金融监管机构和金融机构都在努力开发和运用监管科技来应对挑战。尽管在这个过程中还存在着许多障碍和困难，但是已有的赋能成果充分展现了监管科技在反洗钱领域的应用潜力。未来，监管科技在反洗钱领域的应用将会围绕着数据和技术继续创新、赋能。

（一）完善数据机制

目前数据仍是监管科技发展的核心驱动力。数据的数量越多，质量越高，反洗钱模型运行的效果会越好。同时，二者又是相互依存，相互促进的。数据为监管科技模型提供了初始的"学习"和"测试"资料，监管科技能更好地分析和处理数据。由此，数据数量和质量将会显著影响监管科技的健康、快速发展。目前数据的使用主要存在两方面问题，一是数据的隐私问题，二是机构间的数据壁垒问题。

一方面，客户数据的隐私问题影响了监管科技数据的可得性。无论是金融机构和监管机构自己研发的监管科技，抑或是第三方科技公司提供的反洗钱问题技术解决方案都需要使用真实的客户信息或交易数据进行模拟、训练。但是对数据的使用和深度挖掘可能会触犯相关的数据隐私保护法规，如欧盟的《通用数据保护条例》(*GDPP*)、英国的《数据保护法》(*Data Protection Act*)等。金融交易数据是由交易者产生，并且由交易者所有，这是毋庸置疑的。但是单个数据对用户并没有多大的使用价值，并且数据的使用并不是零和游戏，监管科技研发者和使用者对客户数据的合理使用最终会惠及整个市场，产生明显的正外部性。因此，未来政府应该以立法的形式明晰数据的所有权和使用权，制定明确的数据使用机制、保密机制，在充分保护金融机构客户隐私的基础上，让数据在反洗钱领域得到充分利用。另一方面，机构间的数据壁垒降低了监管科技可用数据的全面性。洗钱活动涉及的链条较长，涉及主体众多，如金融机构、政府机构、工商企业等。因此各主体间拥有的数据存在一定的独立性。同时，数据时代中数据的资产属性使得金融机构间存在严重的“数据壁垒”。数据壁垒不仅使监管科技模型可获得的训练数据减少，也使监管科技应处理分析的数据规模降低，影响其在反洗钱领域的有效性。因此，在未来的反洗钱工作中，各国政府应该作为牵头者，结合实际情况，协调多方利益，建立数据共享机制，发挥数据协同效应，打击洗钱活动。目前来看，一些国家间已经在尝试创建共享数据的协作平台。2017 年，澳大利亚成立了 Fintel 联盟（Fintel Alliance），它由许多政府和私营部门的成员机构组成，包括国内和国际机构。这些机构间共享和分析金融情报，相互合作，共同打击洗钱、恐怖主义融资等犯罪活动。在荷兰，DNB、警察局、税务机关以及海关等众多机构组建了数据共享平台。在中国，随着开放银行理念的提出与实践，金融机构之间以及金融机构与其他机构之间的数据在反洗钱领域的共享也将不再遥远。

（二）打破科技黑盒

监管科技的推出主要有三种模式：（1）监管机构和金融机构独立研发。（2）由第三方科技供应商提供。（3）监管机构与金融机构协同第三方科技供应商共同开发。由于技术和算法的专有性，第三方科技供应商往往不愿意解释监管科技模型的内部工作原理。因此有些监管科技内部是“不透明”的，监管机构或金融机构无法理解模型输出结果的由来，并且模型越复杂，越难以追溯其原理。如复杂非线性机器学习模型处理过程是难以解释的。由此，监管机构和金融机构难以确保模型的实施效果，难以确定其实施过程不违反相关反洗钱监管及数据隐私法规。这在一定程度上阻碍了监管科技的落地实施。因此，为了推动监管科技更加快速、有效地赋能反洗钱监管与合规，第三方科技供应商应该积极与监管机构以及金融机构合作。首先，双方可以签订监管科技产品的特性保证合同，第三方科技供应商承诺产品的特性，降低产品效果的不确定性。

其次，监管机构及金融机构应该积极了解监管科技产品的组成、模型的假设及局限性等，判断产品是否合法有效。再次，监管机构与金融机构可以同第三方科技供应商共同开发更具针对性、更加高效的监管科技产品。监管机构与金融机构说明需求与提供数据，第三方科技供应商负责研发与解释，形成双赢局面。最后，监管机构和金融机构应使用真实数据反复模拟运行产品，对比产品输出结果与实际情况的差异性，确保产品切实有效。

（三）探索应用新技术

科技发展日新月异，越来越多的新技术可以应用于反洗钱领域。监管机构和金融机构应该抱有开放的态度，以“风险为本”的思维去探索和应用新技术，从而丰富监管科技的内涵，延伸监管科技的维度。

以区块链技术为例，区块链是在反洗钱领域最具有应用潜力的技术之一。比特币的兴起让其底层区块链技术被更多人所熟知，同时区块链也在更多的应用场景发挥其优势。区块链本质上是一种分布式记账方式，人人可参与，公开透明，而特别之处在于它采用一组技术，实现了记录结果的真实可信，不能被毁坏和篡改，因此其具有去中心化、去信任化、高安全性等特有优势。这些特有优势使其天然适用于反洗钱场景。

区块链适用于客户身份识别。区块链的不可篡改、可追溯特性能保障个人信息的有效性，提高数字身份的可信度，同时其非对称加密技术和零知识证明技术可以极大限度地保证个人信息的隐私安全。Yvonne Lootsma 提出构建区块链数据库来降低银行的 KYC 成本。其基本思路是将个人客户和公司客户的数据储存于区块链中并做加密，从而形成区块链数据库。个人客户的数据主要包括姓名、生日、国籍住址等。公司客户的数据更加复杂，应该包含公司股东、高管、经营范围等信息，同时在公司出现股份信息变更等重大事项时也应该在区块链上记录。当银行需要了解其用户时可以使用客户提供的秘钥来访问区块链数据库中的信息，从而降低反洗钱的成本，提高效率。

区块链结合智能合约可增加金融监管机构数据的收集效率。目前，澳大利亚金融监管机构澳大利亚交易报告和分析中心（AUSTRAC）正与墨尔本

Swinburne 科技大学达成合作，试验一项区块链技术。AUSTRAC 会提前编写好关于跨境资金流动的智能合约并嵌入区块链。一旦公司或个人通过金融机构进行跨境资金流动，智能合约会自动执行，帮助银行等机构自动向监管机构报告国际资金转账指令。

区块链适用于打破数据壁垒。王晨宇提出了区块链赋能反洗钱的构想：监管机构、金融机构作为区块链上的独立大节点形成联盟链，同时金融机构内部与其客户形成一条私有链。这样各金融机构采集的客户信息及客户的交易信息都会被同步到区块链的每个节点上，从而打破“数据壁垒”，充分发挥数据协同效应，有效打击洗钱活动。同时，监管机构作为联盟链的一个节点也可以访问其他节点的数据，做到穿透式监管。未来，随着区块链技术的更加成熟，联盟链的节点可以包括第三方支付公司、工商企业等其他主体，扩展反洗钱合作领域。

虽然目前区块链仍然存在着效率较低、节点储存能力受限、共识算法不够完善等问题，但是其去中心化、去信任化、高安全性等特性仍使其在反洗钱领域拥有光明的应用前景。

第十六章 全球数字货币的发展现状和趋势

数字货币作为金融科技的重要创新产物之一，对整个金融业及其监管领域都带来了较为深远的影响。数字货币最初以私人数字货币的形式出现，这些私人数字货币改变了传统货币的形态、流通方式及支付方式，并根据其设计的不同产生了不同的内在价值。在私人数字货币发展的同时，一方面各国央行也纷纷试水央行数字货币（Central Bank Digital Currency，以下简称 CBDC），在降低发币成本的同时，实现了便捷性和安全性的要求，提高了支付和清结算的效率、提升了供给和流通的控制力；另一方面，各国监管当局面对数字货币带来的安全问题，完善了监管规则，细化了监管要求，也与时俱进地引入了新型监管理念，以应对数字货币对监管的挑战。

一、私人数字货币及其监管

私人数字货币是指私人发行的数字货币，主要包括比特币、以太坊、莱特币（Litecoin）、瑞波币（Ripple）等数字货币。私人数字货币的发展起源于 2008 年中本聪发明的比特币，拥有去中心化、匿名化等特点。在此之后，全球私人数字货币市场规模呈现指数级别的增长，根据 cryptocurrencies 网站数据，截至 2020 年 5 月 27 日，全球私人数字货币种类共计 5,516 种，私人数字货币总市值达到 2,505.8 亿美元，其中比特币市值 1,174.6 亿美元，头部效应显著。

（一）全球私人数字货币的主要类别

根据赋值方式的不同，私人数字货币可以划分为两类：一是基于区块链的原生代币，指依赖于区块链系统并在该系统内产生和使用的数字货币，又称加密数字货币（Cryptocurrency）；二是在区块链上发行运营，但以链外资产支持的数字货币，又称稳定币（Stablecoin）。加密货币存在去中心化、匿名化特点，没有国家主权信用为其背书，币值波动较大，不利于支付体系的发展。稳定币则由实物资产或一揽子主权货币作为其价值锚定，相关发行方需储备实物资产或相关一揽子货币以应对数字货币的兑付，币值相对于私人货币的先行模式加密货币更为稳定。但由于担保资产和数字货币发行的监管机制并不完备，中心化数字货币发行实体具有较大的道德风险，其币值仍存在不确定性。例如：2019 年 4 月，纽约总检察长办公室起诉 Tether 公司挪用稳定币 USDT 储备金弥补 8.5 亿美元亏损，造成 USDT 币值大跌。

一是加密数字货币。加密数字货币的内在价值为零，它们的价值仅来自公众认为它们有跨时间换取其他商品、服务或一定数量的主权货币。加密货币并无国家主权信用背书，其价值取决于公共对加密货币的价值共识。价值共识主要来源于两个方面：第一，加密数字货币挖矿的速度和成本。数字货币的供应通过区块形成奖励投放、需要消耗能源和时间，合理的区块奖励机制能确保加密数字货币供应量平稳。第二，暗网与加密货币在加密性和隐蔽性上天然契合，暗网交易中往往使用加密货币作为支付手段，人们对加密货币存在需求。一旦人们失去价值共识，加密数字货币构建的贸易体系将瞬间崩溃，这点类似于银行的挤兑。

二是稳定币。稳定币以一系列法定货币计价的资产为储备资产，提供“混合驻锚”的实践载体，化解以主权货币作为国际货币存在的信用危机。一方面，稳定币可以发挥分布式账本拥有的即时交易、可编程、开放和匿名等特点；另一方面，稳定币挂钩链外价值，提供“混合驻锚”的实践载体，缓解主权货币作为国际货币存在的“特里芬两难”。然而，由于稳定币的发行方为非官方机构且不受国界限制，在无全球统一的监管框架限制下，未能有公信力确保储备资产的安全，未能明确储备资产管理的透明度，未能明确发行者和持币者的权责，这些都将导致稳定币的价值不稳定。

（二）全球私人数字货币的主要特征

一是去中心化带来的成本降低和效率提高。私人加密数字货币采用的是去中心化的点对点交易的模式，其交易不依赖于金融中介机构，可以减少交易费用提升效率。传统货币电子交易依赖银行等中介机构，通过央行提供的支付系统实现汇兑收支，国内的大额支付系统并无法保证资金实时到账。国际金融交易中，全球金融电信协提供 SWIFT 系统，通过硬件、软件和人员的高度冗余烦琐的机制确保国际资金流转的安全性，但其支付效率也并不高。私人数字货币，以区块链的形式运行记账，通过公私钥匙进行交易签名验证，消除了对中介的需求，可以减少交易费用，让交易更加高效[①]。

二是共识算法带来的可靠性。私人数字货币通过各种共识算法、机制［例如工作量证明（Proof of Work）或股权证明（Proof of Stake）］消除对可信中介的需求，依靠预定的算法规则、完整可靠的数据库完成了信用背书，确保不存在双花等问题。这种自证其信的信用范式，极大地降低了信任成本。但在现实中，也由于使用场景的缺失，可能导致资产安全和公平仍存在问题。由于其通过工作量证明或股权证明等共识机制维护节点，工作量证明机制导致需要大量算力进行节点确认，货币吞吐量有限，不能满足零售货币高并发需求，而 POS 机制则要求拥有一定数字资产才可参与记账，存在公平问题。

三是加密算法带来的安全性。区块链通过非对称加密技术实现了透明数据后的匿名性，可保护个人隐私。区块链所采用的非对称加密机制是使用一个“密钥对”，其中公钥和私钥成对出现，发送方使用公钥进行加密，接收方通过

---

① Denis Beau. *The Role of Cryptoassets in the Payment System*，October 2019，retrieved fromhttps://www.bis.org/review/r191015b.pdf.

配对的私钥解密和签名，双方无须公开身份来获取对方的信任。公钥无法推算出私钥，后者也就代表了交易方的身份，也代表其账户里面的资产所有权，由此形成了相关的密码机制的保护与确权。然而，由于在现实中加密数字货币去中心化发行，比特币系统通过私钥认识个人身份，私钥只有“账户”所有者知道，所有者需要输入该代码才能将所有权转移给另一方。私钥的丢失或被破解即意味着加密数字货币的丢失（如焚烧钞票），资产安全将不复存在。

（三）全球私人数字货币的监管

目前，由于私人加密数字货币存在去中心化与匿名化特点，可能对金融系统的稳定产生威胁，从而导致私人数字货币得不到各国监管机构的支持。2019 年 7 月，G7 集团一致认为，稳定币必须依据最高监管标准进行审慎监管，任何可能出现的监管漏洞都应该被填补。究其原因，一方面，私人数字货币进一步发展可能影响非主要国际货币国的货币主权地位，进一步影响当地金融系统的稳定；另一方面，私人数字货币去中心化与匿名化的特点给洗钱、恐怖主义融资和其他非法的金融活动创造了沃土①。

部分国家认为加密私人货币是合法的。例如，加密私人货币在美国是合法的，美国金融犯罪执法局（United States Department of the Treasury，Financial Crimes Enforcement Network）将加密货币交易所归类为“货币发送者”，将私人加密数字资产定义为货币，受相关货币法律的约束。美国国税局（Internal Revenue Service）将加密数字货币归类为具有价值的财产，属于应税商品。美国证券交易委员会认为数字资产为证券应受其监管，商品期货交易委员会也将其及其衍生品归类为商品并受其监管。加密数字货币在欧盟范围内也被认为是合法的，但具体加密货币监管规则在各成员国之间有所不同。然而，欧盟议会尚未通过欧盟层面有关加密货币的具体法律，只有反洗钱（AML）指令要求加密货币交易所遵守欧盟的 AML 法规。

---

① 龙白滔：《CBDC 全球共识与分裂》，2019 年 12 月，见 https://baijiahao.baidu.com/s?id=1653696128011167976&wfr=spider&for=pc。

部分国家则禁止加密数字货币的交易。例如，中国人民银行早在2013年禁止金融机构参与比特币交易，中央监管机构2017年联合发布了《关于防范首次代币发行产生的财务风险的公告》，该公告明确表明非货币当局发起的首次代币发行实际上是未经批准的融资，是非法的。在私人加密货币交易所方面，该公告明令禁止平台将法定货币转换为加密货币，禁止平台为加密货币设定价格或提供其他相关代理服务，不符合要求的平台将被整顿或取缔。

二、央行数字货币

面对私人数字货币对法定货币市场产生的威胁，为积极应对并在未来的国际货币领域占据主动，各国央行也已积极参加到法定数字货币的研究中来。目前全球对于CBDC并没有一个统一的定义，大多是指央行发行的货币的新形式，区别于实物现金以及央行储备或清算账户的资金。CBDC能够代替现金活跃在金融交易的各个场景中。根据受体和技术的不同，国际清算银行在相关报告中区分了三种形式的CBDC，其中两种基于代币体系，一种基于账户体系。在两种基于代币体系的CBDC中，一种为面向公众的支付工具，主要针对社会公众零售交易即零售模式；另一种则是面向金融机构的支付清算和结算交割业务即批发模式。

（一）全球CBDC的发展现状

2019年，国际清算银行和支付与市场基础设施委员对各个国家的中央银行法定数字货币的研究现状进行了调查，共有66个国家央行对此调查做出答复，这66个国家覆盖了全球百分之75%的人口，90%的经济产出。调查数据显示80%的国家正在积极研究CBDC问题，其中大约50%研究零售模式和批发模式，35%研究零售模式，15%研究批发模式，目前所涉及的研究大部分是概念性的，即主要集中研究CBDC的投放，重塑支付体系对国家的潜在影响①。结合上述调查研究和近年来的发展情况，我们对各国 CBDC 研究现状进行了梳理，具体情况如表 16—1 所示：

表 16—1　各国 CBDC 研究现状

国家（地区）	探索情况
中国	2014 年，央行成立法定数字货币研究小组，论证央行发行法定数字货币的可行性 2016 年 1 月，中国人民银行数字货币研讨会中，论证央行数字货币对中国经济的意义，并认为应尽早推出央行数字货币 2017 年 1 月，央行正式成立数字货币研究所，并在国务院批准下，开展 DC/EP 的法定数字货币研发工作 2019 年 11 月，央行副行长范一飞表示，央行法定数字货币已基本完成顶层设计、标准制定 2020 年，央行法定数字货币推进试点测试
英国	2015 年 3 月，英国央行宣布规划发行一种数字货币 2016 年，在英央行授意下，英国伦敦大学研发法定数字货币原型——RSCoin，提供技术参照框架 2020 年 3 月，英格兰银行发表央行数字货币报告，探讨向数字经济转变
新加坡	2016 年 11 月，新加坡金融管理局和区块链联盟合作推出 Project Ubin，探索分布式账本技术在数字货币领域的应用 2019 年，新加坡金融管理局和加拿大银行完成了使用央行数字货币进行跨境货币支付的试验
瑞典	2017 年 9 月，瑞典央行启动 E-Krona 计划，探索法定数字货币在零售支付方面的可行性 2018 年 4 月，瑞典央行宣布将与 IOTA 区块链公司合作，研发推出国家数字货币 2020 年，瑞典央行宣布，预计国家数字货币将于 7 月份开展试点
加拿大	2016 年 6 月，区块链联盟 R3 与加拿大银行共同发起 Jasper 的法定数字货币项目 2019 年，加拿大银行和新加坡金融管理局完成了使用央行数字货币进行跨境货币支付的试验
俄罗斯	2017 年 10 月，俄罗斯总统普京正式宣布，俄罗斯将在莫斯科举行的闭门会议上发布官方数字货币“加密卢布”

① Codruta Boar，Henry Holden and Amber Wadsworth，*Impending Arrival–a Sequel to the Survey on Central Bank Digital Currency*，January 2020，retrieved from https://www.bis.org/publ/bppdf/bispap107.pdf.

续表

国家（地区）	探索情况
菲律宾	2020 年 7 月，菲律宾央行行长称，央行已成立一个委员会研究发行央行数字货币的可行性以及相关政策影响
挪威	2018 年 5 月，挪威央行发布一份工作文件，表示央行正在考虑开发法定数字货币作为现金的补充，以“确保人们对当前货币体系的信心” 2019 年 5 月，挪威银行的工作组发布一份名为“中央银行数字货币”（CBDC）的报告，报告表明随着公民退出物理形式的货币，银行必须考虑“一些重要的新属性确保高效稳健的支付系统”
马绍尔群岛	2018 年 3 月，马绍尔群岛议会通过立法正式宣布其将通过 ICO 的方式发行数字货币 Sovereign（简称 SOV）作为法定货币 2019 年 9 月，马绍尔群岛官方透露，即将推出的国家数字货币 SOV 将可以通过预订的方式获得
委内瑞拉	2018 年 2 月，推出官方的石油币，成为全球首个发行法定数字货币的国家
厄瓜多尔	2014 年 12 月，厄瓜多尔推出了电子货币系统 2015 年 2 月，运营“电子货币系统”和基于该系统的“厄瓜多尔币”，市民可通过该系统在超市、银行等场景支付 2018 年 3 月，政府宣告系统停止运行
突尼斯	2015 年，突尼斯央行探索将区块链技术应用于其国家货币 Dinar（第纳尔）推出本国货币 Dinar（第纳尔）的数字版本“E-Dinar”，成为全球首个发行由法定货币支持的数字货币（CBDC）的国家
塞内加尔	2016 年 12 月，塞内加尔央行发布基于区块链的数字货币 eCFA，由当地银行和一家位于爱尔兰的创业公司 eCurrency Mint Limited 协助发行
泰国	2018 年 10 月，泰国政府发行数字货币 CTH 120 亿枚 2019 年 7 月，泰国央行副行长公开表示，其与中国香港金融管理局共同合作研发的 CBDC 项目正式进入第三阶段 2020 年 1 月，泰国央行与中国香港金管局公布 CBDC 联合研究计划——“Inthanon-LionRock 项目”的成果，并发表研究报告
乌拉圭	2017 年 11 月，乌拉圭央行推出一项为期 6 个月的零售 CBDC 的试点计划，用于发行和使用乌拉圭比索的数字版本
立陶宛	2018 年，立陶宛启动 LBChain 区块链平台项目，积极研究区块链和 CBDC 2019 年 12 月，立陶宛央行已经批准数字货币 LBCoin 的实物样本，代币基于区块链，将于 2020 年春季发行基于区块链的数字纪念币 LBCoin 2020 年 1 月，立陶宛央行表示正继续努力加强 CBDC 业务

资料来源：作者整理。

（二）全球 CBDC 的主要特征

目前，各国 CBDC 仍处于研发阶段，尚未实现全面发行。但从目前公开资料来看，各国在 CBDC 的模型设计上大致达成共识，如表 16−2 所示，主要有以下几点特征。

表 16−2　各国 CBDC 的主要特征

	中国人民银行	欧洲中央银行	加拿大银行	新加坡金融管理局	瑞典中央银行	泰国银行	巴哈马中央银行	英格兰银行
资金供应	中国人民银行控制发行和赎回	欧洲央行控制发行和赎回	中央银行控制发行和赎回	新加坡金融管理局控制发行和赎回	瑞典中央银行控制发行和赎回	泰国央行控制发行和赎回	中央银行控制发行和赎回	中央银行控制发行和赎回
值	1:1 转换为 CNY	1:1 转换为 EUR	1:1 转换为 CAD	1:1 转换为 SGD	1:1 转换为 SEK	1:1 转换为泰铢	1:1 转换为 BSD	1:1 转换为英镑
储备	100%的准备金率	100%的准备金率	100%的准备金率	100%的准备金率	100%的准备金率	100%的准备金率	未知	100%的准备金率
应用场景	零售和批发	零售和批发	批发	零售和批发	零售	批发	零售和批发	零售
技术方案	技术中性	DLT（R3 corda）	DLT（R3 corda）	DLT（R3 corda）	考虑以 DLT 为主的解决	DLT（R3 corda）	考虑以 DLT 为主的解决	考虑以 DLT 为主的解决
发行流通体系	双层	双层	双层	双层	双层	双层	双层	双层

资料来源：作者整理。

在发行模式方面，采取中心化形式发行，百分百全额缴纳储备金。数字货币的价值来自公众认为它们有跨时间换取其他商品、服务或一定数量的其他主权货币的能力。私人数字货币虽具有去中心化的特点，可规避发币主体滥发货币的可能性，但也导致私人数字货币缺乏价值基础，无法维持币值的稳定性，不利于金融体系稳定。不同于私人数字货币，CBDC 具有中心化发行的特点，国家信用为数字货币背书，避免波动币值剧烈波动。同时，CBDC 采用百分百储备金的形式发放，避免数字货币过度发行造成恶性通货膨胀，有利于维持数字货币价值和金融体系的稳定。

在投放机制方面，基本采用双层投放机制，避免对金融体系造成冲击。双层投放机制指由央行负责数字货币的投放和回笼，但央行并不直接与消费者对接，而是通过商业银行向央行申请兑换数字货币，由商业银行面向社会公众负责提供 CBDC 和对应的生态体系服务。双层投放机制无须中央银行和社会公众直接接触，可在避免金融基础设施再起炉灶、金融脱媒等一系列问题的同时，充分调用商业银行在服务网点等资源技术方面的优势，不会对现有的金融体系过度冲击。

在监管设计方面，普遍采用多层级的匿名监管设计，满足合规性和匿名性的双重需求。尽管大部分国家对 CBDC 仍然停留在概念证明阶段，但可以发现匿名监管框架的设计具有一定共性，普遍采用多层级的匿名监管设计。例如，部分央行使用分布式分类账本技术为反洗钱 / 反恐融资（AML/CTF）合规性程序提供了一种数字化解决方案，AML 相关机构会定期向每个 CBDC 用户发布附时间限制的匿名凭证，在一定额度内，用户可选择保持交易的匿名性，中央银行或中介机构将无法查看用户的身份和交易历史，满足使用群体的客观需求和法律的监管要求。但超过额度的交易无法使用匿名凭证，必须接受 AML 相关机构的审查①。

在底层技术方面，以分布式账本为底层技术，并基于该技术长期演化。私人加密数字货币普遍采用去中心化的区块链技术，而 CBDC 具有中心化的特点，且区块链暂时无法满足 CBDC 在零售场景的高并发交易需求，因此央行法定数字货币普遍仅考虑采用分布式账本技术，确保 CBDC 支付系统高效且可编程。CBDC 发行流通技术框架将基于市场竞争环境演进，去粗取精实现最优化。在技术的迭代中，同样要确保 CBDC 的底层技术满足以下几点：一是合作性记账，即大量第三方机构参与维护，更新账本（例如交易），通过“共识过程”

---

① Benoît Cœuré，*Digital Challenges to the International Monetary and Financial System*，September 2019，retrieved from https://www.bis.org/review/r190918b.pdf.

以确保账本所有节点都同步存储相同的信息；二是数据共享，即分布式账本提供访问范围更广的账本读取权限和更新（“写入”）账本数据的权限；三是加密技术，包含加密技术的一系列特征，例如使用公共密钥来验证发送付款指令者的权限；四是可编程性，即创建“智能合约”用于自动执行协议条款并发起相关交易，无须人工干预。

（三）CBDC 的主要优势

在成本控制方面，CBDC 可提供更快捷的支付手段，降低成本。CBDC 作为国家的法定数字货币，相比于私人数字货币更利于公民的接受，其通过顶层设计避免物理货币的防伪与损耗成本，减少价值交换中中介机构的三方手续费和摩擦成本，对内可抵御私人数字货币对主权货币的侵蚀，提升支付清算基础设施的效率，提振公众对本国金融体系信心，对外可提供客户更便捷更低价的跨境支付手段，增强货币国际化程度。

在货币政策方面，CBDC 可完善货币政策传导渠道，提升货币政策有效性。CBDC 可通过带有“条件触发机制”的智能合约，对信贷主体和使用场景予以限制，实现贷款的精准投放，避免资金空转。同时，分布式记账技术的应用能促使 CBDC 交易中介扁平化，增加金融市场的流动性，疏通利率传导途径。

在金融监管方面，CBDC 有利于金融监管的实施，减少经济犯罪的可能性。CBDC 作为金融的基础设施，被多数国家纳入 M0。但是 CBDC 不同于纸币和私人数字货币，纸币由于其物理属性无法被监管部门追踪，部分加密私人数字货币也由于其去中心化的设计具有匿名性，导致经济犯罪层出不穷。CBDC 通过中心化发行，并可以通过分布式记账技术留下交易记录，辅之以大数据分析，进行 AML、支付行为、监管调控指标分析，有效减少经济犯罪的途径。

在金融服务方面，CBDC 提升金融包容性，助力普惠金融的发展。一方面，CBDC 可以完善征信信息，削减信息不对称。对于在传统金融服务中，由于缺少征信数据、固定资产较少的难以获得信贷的中小企业和个人而言，

CBDC 能在很大程度上改善这一现象，提升信贷和金融服务的可获得性。另一方面，CBDC 可以提供更为便捷的访问金融服务途径。商户有激励完善 CBDC 账户的应用场景和生态服务链，抢占客户，从而潜在地解决了银行对金融服务设置的限制和银行不足的社区面临的许多当前问题。

三、数字货币的案例研究

自比特币问世以来，数字货币的发展日新月异。不仅涌现了瑞波币等专注于跨境支付的数字货币，还出现了 Libra 等可能具有颠覆意义的私人数字货币，也由此引起各国中央银行和监管机构的广泛关注，推动了各国数字货币的发展。

（一）私人数字货币案例研究

一是比特币。比特币是一种基于开源算法产生、依托 P2P 网络交易、结合点对点技术和密码学技术的匿名数字货币，其特点是去中心化，不依靠特定机构发行，拥有数量不限的分布式节点。近年来，伴随着其过山车般的价格涨跌，关于比特币究竟是一个巨大的投机泡沫还是一场货币革命的争议也不断升级。比特币通过链式数据结构来验证和存储数据、应用分布式节点共识算法来生成和更新数据、利用写入自动化脚本代码的智能合约来编程和操作数据、采用密码学技术维护数据传输和信息访问的安全性。比特币通过区块链这一全新的分布式基础架构和计算范式，通过构造一个以“竞争—记账—奖励”为核心的正向循环的经济系统，创造性地解决了“双花问题”和“拜占庭问题”。

二是瑞波币。瑞波（Ripple）是一种以数字支付网络与交易协议为特征的系统，本质上是一种支付结算、资产交易以及汇款系统，该系统采用“去中心化”的架构，但运营模式和验证节点表现出“弱中心化”的特点。瑞波以跨境市场低效率这一现行货币体系痛点作为切入点，提供了一种更高效的跨境支付手段。瑞波币是 Ripple 系统中的唯一通用货币，发行总量 1000 亿，充当各类货币兑换的中介品，应用于瑞波系统中的跨境支付，通过“RPCA 共识机制”和“验证机制”将交易记录在全球总账本中。

三是 Libra。2019 年 6 月 18 日，Facebook 宣布推出加密货币 Libra，其使命是建立一套简单的、全球流通的货币和为数十亿人服务的金融基础设施。Libra 将以区块链为其底层技术，以一揽子强势货币计价的资产作为信用支持，由总部设在瑞士日内瓦的独立非营利性组织 Libra 协会进行管理，协会成员由 Libra 区块链的验证者节点组成。Libra 协会成员涵盖了美国支付业、电信业、区块链业、风险投资业的主流公司，以及各大交易平台、非营利性组织和学术机构。Libra 的提出打破了之前私人数字货币普遍存在的无主权信任背书、价格波动剧烈等问题，但也随之带来了超主权监管、冲击货币政策等监管上的挑战。

（二）CBDC 案例研究

受益于国内移动支付和电子支付的快速发展，中国法定数字货币的研究进度在全球位居翘首。英国作为公认的世界金融科技中心，在法定数字货币的研发方面亦有巨大潜力。现以这两个具有代表性的国家为例，为全球法定数字货币的发展工作提供有价值的参考和借鉴。

1. 中国 CBDC 发展

中国在 CBDC 研发上进展最为迅速。早在 2014 年，在中国人民银行前行长周小川的支持下，中国人民银行便成立法定数字货币的专门研究小组，并在会议中明确发行数字货币这一战略目标。这些年相关研发工作陆续启动，相关研发消息持续披露。在 2019 年 11 月份，中国央行副行长范一飞就表示中国法定数据基本完成顶层设计、标准制定、功能研发、联调测试等工作。2020 年 4 月 16 日，CBDC 首个应用场景在江苏相城区落地。除去上文所阐述的全球 CBDC 模型的主要特征，中国法定数字货币还具有以下特点：

一是采用一币、两库、三中心架构。一币指法定数字货币：由央行担保签发的代表一定金额的加密字符串。两库指的是数字货币发行库和数字货币商业银行库：前者是央行在央行法定数字货币私有云上存放法定数字货币发行基金的数据库，后者是商业银行在其本地或央行法定数字货币私有云上存放

CBDC 的数据库。三个中心即认证中心、登记中心和大数据分析中心：分别负责对身份信息的集中管理，数字货币的流通、清点核对等全程登记，AML、监管指标分析，等等。

二是监管采用“前台自愿，后台实名”的设计。央行法定数字货币坚持中心化管理，对法定数字货币实现可控的匿名化。法定数字货币采用“前台自愿，后台实名”的设计，保护用户的隐私，这主要通过云计算、大数据等技术提供给监管者新的监管手段：不依赖身份识别系统转而通过用户行为分析交易、欺诈风险，并通过安全与隐私保护技术完善数字货币的可控追溯，辅之以合规审查等监管科技技术，强化对洗钱、恐怖主义融资等不法活动的监管。既保护客户隐私，又可以规避风险。

三是通过“智能合约”聚焦传统货币政策失灵。根据数字货币研究所的设计，法定数字货币还内置智能合同，此举旨在强化法定数字货币对宏观货币政策支持的力度，试图解决传统货币政策所面临的货币空转、流动性陷阱、结构化货币政策等问题。智能合约主要指条件触发条约，例如，内含基于流向主体条件触发智能合约的数字货币能完善货币政策的精准投放。即未生效的数字货币流通到个体时，只有个体符合数字货币预设智能合约的主体类别，数字货币才会生效。央行已申请四种法定数字货币生效触发条件，内置智能合约的数字货币给实施结构化货币政策提供空间，避免资金空转或流入热钱领域①。

2. 英国 CBDC 发展

目前，英国央行尚未计划发行 CBDC，但已开始研究发行法定数字货币的潜在影响。在 2019 年经济政策研讨会上发言时，行长马克 · 卡尼（Mark Carney）就曾表示：当前国际货币体系并不完善，美元仍在全球贸易货币体系中居于主导地位。一种可能替代美元的方法是通过中央银行数字货币网络建立新的“合成霸权货币（Synthetic Hegemonic Currency）”，这可以削弱美元在国际贸易中的主导作用，有利于经济的发展。

---

① 零壹智库：《人民币 3.0：中国 CBDC：运行框架与技术解析》，2019 年 10 月，见 https://www.vzkoo.com/doc/9377.html?a=3。

英格兰银行（BoE）将建立一个快速、高度安全和有弹性的技术平台“核心账本”作为CBDC支付系统的中心，负责记录CBDC的价值凭证，处理使用CBDC进行的交易[①]。核心账本的功能仅限于CBDC付款所需的基本功能。这一举措有利于构建简洁、快速和灵活的系统。核心账本附带一个应用程序编程接口，允许第三方支付接口提供者安全地发送支付指令。大部分CBDC支付创新功能将由接入核心账本的第三方金融机构通过附加服务实现。同时，为了确保支付系统的弹性、安全性和完整性，只有银行批准的实体（金融中介机构）才能连接到核心账本，而且英格兰银行会设定相关法规，确保CBDC付款系统安全。

为应对支付体系的不断重塑和迭代，英国当局支付监管框架需要实时更新囊括新的支付模式，监管框架的更新基于三个原则：一是新的支付体系不对金融稳定构成威胁；二是支付链的端到端运营具有稳定性和弹性；三是有足够的数据集来监控支付活动，以便可以识别、解决新出现的金融风险。具体到AML和CFT来说，CBDC支付系统需要符合AML和CFT的法规和要求，这意味CBDC用户的身份需要在CBDC支付系统中的相关监管机构中备份。在英国CBDC模型中，一种可能的合规方案是核心账本仅存储账户的代码和余额，但是核心账本中的每个账户都连接到支付接口提供商（金融机构），支付接口提供商需要明确用户身份，并负责对用户交易进行AML检查。随着监管科技技术的不断发展，数字身份识别领域，AML合规领域目前正经历巨变，不断涌现新的金融科技解决方案，可以促进监管效率的提升，提供更优的监管合规方案。

四、数字货币的发展及展望

在货币政策中，CBDC将逐渐取代私人数字货币，成为国际货币市场主

① European central Bank, *Exploring Anonymity in Central Bank Digital Currencies*, December 2019, retrieved from https://www.ecb.europa.eu/paym/intro/publications/pdf/ecb.mipinfocus191217.en.pdf.

力。私人数字货币去中心架构削弱了央行货币政策的有效性，并有进一步影响当地金融系统的稳定的可能性。CBDC 通过“内置智能合约”限制信贷的使用场景和使用途径，实现贷款精准投放，并提供“直升机撒钱”等实施货币政策工具的新途径。因而，预计在未来较长时间内，各国央行将积极推行 CBDC，从而在未来的数字货币世界话语权争夺中占据主动。

在金融监管中，应逐渐建立“相同行为、相同监管”的原则，减少监管套利的空间。无论是私人数字货币，还是 CBDC，其对金融体系的影响方式及其带来的风险都是相同的。因此，在对数字货币实施监管的过程中，需要坚持“相同行为，相同监管”原则，即对于同样的金融行为和业务活动，应该遵循与传统金融机构相同的资本和流动性监管标准，例如，Libra 的跨境资本流动应遵守基于 KYC 原则的 AML 和防范金融犯罪行为规范。

在应用场景中，不断探索、完善数字货币生态系统。金融机构不断扩展基于数字货币衍生的金融生态业务和应用场景，以全方位的数字货币生态链吸引客户资源，抢占市场份额。完善的数字生态环境才是数字货币流通、繁荣的沃土，而非强制的政策命令。例如，数字货币先驱国家厄尔瓜多就因厄尔瓜多币流通量过少，无法吸引到足够多的用户而退出流通。随着市场热度和资源的不断涌入，数字货币生态系统的应用场景的覆盖广度将不断加深，惠及更多数字货币持有者。

在底层技术中，应加强多边跨国、跨区域合作，推动数字货币底层技术发展。私人数字货币和法定数字货币都依赖技术路径扩展数字货币的性能和应用版图。技术没有物理边界，技术中性原则预留给数字货币发展空间。数字货币研究机构之间相互合作有利于不同的技术架构的研发，有利于央行和私人数字货币发行商兼收并蓄不同的技术，并审慎评估每项可选技术的优劣，确定符合数字货币的技术最优路径，通过对技术边界的推动对数字货币产生长远的影响①。

---

① 姚前、汤莹玮：《关于央行法定数字货币的若干思考》，《金融研究》2017 年第 7 期。

参考文献

[1] 巴曙松：《区块链新时代：赋能金融场景》，科学出版社 2019 年版。

[2] 波士顿咨询公司（BCG）、陆金所：《全球数字财富管理报告 2019—2020》，2020 年 3 月，见 https://media-publications.bcg.com/Global-Digital-Wealth-Management-Report-2019-2020-CHN.pdf。

[3] 柴瑞娟、常梦：《加拿大沙箱监管的制度建构与启示》，《证券市场导报》2018 年第 10 期。

[4] 陈盼：《央地金融监管协作：经验、回顾与展望》，《西南金融》2020 年第 4 期。

[5] 程康宁：《对加强非现场监管工作的几点认识》，《金融理论与实践》2005 年第 12 期。

[6] 程宇贤：《网上银行身份认证系统的安全性研究》，硕士学位论文，上海交通大学信息安全工程学院，2010 年。

[7] 党力：《加拿大金融体系研究》，全国社会保障基金理事会规划研究部，见 http://www.ssf.gov.cn/yjypz/201803/P020180320551442774259.pdf。

[8] 方意、王羚睿、王炜、王晏如：《金融科技领域的系统性风险：内生风险视角》，《中央财经大学学报》2020 年第 2 期。

[9] 封思贤、杨靖：《法定数字货币运行的国际实践及启示》，《改革》2020 年第 5 期。

[10] 傅强：《监管科技理论与实践发展研究》，《金融监管研究》2018 年第 11 期。

[11] 郭宏亮：《对金融机构有效提高反洗钱可疑交易报告质量的思考》，《吉林金融研究》2013 年第 12 期。

[12] 韩保升：《指纹支付业务模式研究及政策建议》，《时代金融》2018 年第 2 期。
[13] 何海锋、银丹妮、刘元兴：《监管科技（SupTech）：内涵、运用与发展趋势研究》，《金融监管研究》2018 年第 10 期。
[14] 胡滨、杨涵：《英国金融科技“监管沙盒”制度借鉴与我国现实选择》，《经济纵横》2019 年第 11 期。
[15] 黄震、张夏明：《金融监管科技发展的比较：中英两国的辨异与趋同》，《经济社会体制比较》2019 年第 6 期。
[16] 季凌鹏：《加拿大金融监管经验做法及对我国的启示》，《财经界（学术版）》2016 年第 5 期。
[17] 金仁淑：《经济全球化背景下的日本金融监管体制改革》，《广东金融学院学报》2010 年 25 卷第 5 期。
[18] 孔海斌：《云计算模式下大数据处理技术研究》，《通讯世界》2019 年第 12 期。
[19] 廖理、戚航、闫竹、张伟强：《防范金融风险保护金融创新——英国监管沙盒调研与建议之二》，《清华金融评论》2018 年第 4 期。
[20] 零壹智库：《人民币 3.0：中国 CBDC：运行框架与技术解析》，2019 年 10 月，见 https://www.vzkoo.com/doc/9377.html?a=3。
[21] 刘瑾：《监管科技（RegTech）的应用方向及技术选择——基于英国 FCA 实践的研究》，《华北金融》2019 年第 8 期。
[22] 刘闽浙：《〈中华人民共和国反洗钱法〉有效性研究》，《浙江金融》2017 年第 4 期。
[23] 龙白滔：《CBDC：全球共识与分裂》，2019 年 12 月，见 https://baijiahao.baidu.com/s?id=1653696128011167976&wfr=spider&for=pc。
[24] 马骏、刘嘉龙、徐稼轩：《英国在监管科技领域的探索及对中国的启示》，《清华金融评论》2019 年第 5 期。
[25] 梅德祥、高增安：《中国产生的洗钱规模及其流出研究》，《经济学家》2015 年第 1 期。
[26] 孟娜娜、蔺鹏：《监管沙盒机制与我国金融科技创新的适配性研究——基于包容性监管视角》，《南方金融》2018 年第 1 期。
[27] 日经中文网：《谁阻碍了日本金融科技的发展》，2020 年 5 月，见 https://cn.nikkei.

com/columnviewpoint/column/40120-2020-05-09-05-00-26.html?start=1。
[28] 山成英、赵大伟:《人工智能在合规科技中的应用研究》,《清华金融评论》2019 年第 8 期。
[29] 舒心:《新时代我国金融监管体制变革：回顾、反思与展望》,《中国地质大学学报（社会科学版）》2019 年第 1 期。
[30] 搜狐:《令人窒息！日本在创新领域已经强大到什么地步?》, 2016 年 11 月，见 https://www.sohu.com/a/118177222_464023。
[31] 搜狐:《民生银行牵手百度云，股份制银行引入云端风控体系》, 2017 年 3 月，见 https://www.sohu.com/a/127800801_115080。
[32] 孙国峰、赵大伟:《监管科技的挑战与破局》,《中国金融》2018 年第 21 期。
[33] 孙国峰:《金融科技时代的地方金融监管》, 中国金融出版社 2019 年版。
[34] 陶峰、万轩宁:《监管科技与合规科技：监管效率和合规成本》,《金融监管研究》2019 年第 7 期。
[35] 田高良、陈虎、郭奕、薛宇婷:《基于 RPA 技术的财务机器人应用研究》,《财会月刊》2019 年第 18 期。
[36] 王爱俭、牛凯龙:《次贷危机与日本金融监管改革：实践与启示》,《国际金融研究》2010 年第 1 期。
[37] 王晨宇:《区块链技术在我国反洗钱领域的应用研究》, 硕士学位论文，山东大学经济学院，2018 年。
[38] 王思洋、吴昊:《日本金融监管体系的重建及启示》,《东北亚论坛》2010 年 19 卷第 5 期。
[39] 蔚赵春、剑刚:《监管科技 RegTech 的理论框架及发展应对》,《上海金融》2017 年第 10 期。
[40] 吴彩霞:《金融领域生物识别技术应用探析》,《金融理论与实践》2018 年第 12 期。
[41] 吴杰:《互联网金融的反洗钱身份识别和风险防控》, 硕士学位论文，浙江大学经济学院，2018 年。
[42] 吴婧:《对基层央行反洗钱监管工作的思考和建议》,《现代经济信息》2019 年第

19 期。
[43] 吴晓求:《中国金融监管改革：逻辑与选择》,《财贸经济》2017 年第 7 期。
[44] 谢星、封思贤:《法定数字货币对我国货币政策影响的理论研究》,《经济学家》2019 年第 9 期。
[45] 新浪财经：IMF：洗钱规模已超过全球 GDP 的 5%，2015 年 02 月 12 日，见 http://finance.sina.com.cn/stock/usstock/c/20150212/111521538000.shtml。
[46] 新思界产业研究中心:《2019—2023 年中国虹膜识别市场可行性研究报告》，2019 年 5 月，见 http://www.newsijie.com/baogao/2019/0529/11248028.html。
[47] 杨东:《监管科技：金融科技的监管挑战与维度建构》,《中国社会科学》2018 年第 5 期。
[48] 杨涛、贲圣林:《中国金融科技运行报告（2018）》，社会科学文献出版社 2018 年版。
[49] 姚可:《生物识别技术在支付领域应用现状及问题研究——基于浙江省应用情况的调查》,《浙江金融》2018 年第 6 期。
[50] 姚前、汤莹玮:《关于央行法定数字货币的若干思考》,《金融研究》2017 年第 7 期。
[51] 姚前、朱烨东:《中国区块链发展报告（2019）》，2019 年 8 月，见 https://www.pishu.com.cn/skwx_ps/bookDetail?SiteID=14&ID=11236589。
[52] 叶文辉:《英国“监管沙箱”的运作机制及对我国互联网金融监管的启示》,《华北金融》2016 年第 12 期。
[53] 叶文辉:《英国“监管沙箱”及对我国金融监管的启示》,《金融理论探索》2017 年第 1 期。
[54] 尹振涛、范云朋:《监管科技（RegTech）的理论基础、实践应用与发展建议》,《财经法学》2019 年第 3 期。
[55] 张承惠、王刚:《日本金融监管架构的变迁与启示》,《金融监管研究》2016 年第 10 期。
[56] 张金清:《金融风险管理实务》，复旦大学出版社 2017 年版。
[57] 张景智:《“监管沙盒”的国际模式和中国内地的发展路径》,《金融监管研究》

2017 年第 5 期。

[58] 中国人民银行:《2018 年支付体系运行总体情况》, 2019 年 3 月, 见 http://www.gov.cn/xinwen/2019-03/20/5375401/files/1e1a87e02453432ab032ae5187b7804a.pdf。

[59] 中国人民银行:《2018 年中国反洗钱报告》, 2019 年 11 月, 见 http://wzdig.pbc.gov.cn: 8080/search/pcRender?pageId=fa445f64514c40c68b1c8ffe859c649e。

[60] 周永林:《加密货币的本质与未来》,《中国金融》2018 年第 17 期。

[61] 逐鹿网:《日本金融科技滞后于其他国家, 原因何在?》, 2016 年 4 月, 见 https://m.huxiu.com/article/147092.html。

[62] 左连村、刘婧:《加拿大银行监管制度的发展及启示》,《内蒙古大学学报(哲学社会科学版)》2012 年第 2 期。

[63] Accornero, M., Moscatelli, M., *Listening to the Buzz: Social Media Sentiment and Retail Depositors' trust*, February 2018, retrieved from https://www.bancaditalia.it/pubblicazioni/altri-atti-convegni/2018bigdata/Moscatelli Listening To_Buzz.pdf.

[64] AEC, SIA, *RegTech Study European Landscape*, July 2018, retrieved from http://aec-fintech.com/wp-content/uploads/2018/09/european-regtech-landscape-aec-fintech-study-sept2018.pdf.

[65] Alvarez & Marsal, Burnmark, *RegTech 2.0*, January 2018, retrieved from https://www.alvarezandmarsal.com/sites/default/files/regtech_2.0_report_final.pdf.

[66] APAR, *APRA's New Data Collection Solution Implementation Plan V1.0*, April 2019, retrieved from https://www.apra.gov.au/sites/default/files/data-collection-solution-implementation-plan-apr19_0.pdf.

[67] Armstrong, P., *Developments in RegTech and SupTech*, November 2019, retrieved from https://www.esma.europa.eu/sites/default/files/library/esma71-99-1070_speech_on_regtech.pdf.

[68] Arute, Frank. et al., "Quantum Supremacy Using a Programmable Superconducting Processor", in *Nature*, October 2019.

[69] Asatiani, A., Penttinen, E., "Turning robotic process automation into commercial success-Case OpusCapita", in *Journal of Information Technology Teaching Cases*,

December 2016.

[70] ASIC, *Report 523: ASIC's Innovation Hub and Our Approach to Regulatory Technology*, May 2017, retrieved from https://asic.gov.au/regulatory-resources/find-a-document/reports/rep-523-asic-s-innovation-hub-and-our-approach-to-regulatory-technology/.

[71] ASIC, *REGULATORY GUIDE 257: Testing Fintech Products and Services without Holding an AFS or Credit Licence*, August 2017, retrieved from https://asic.gov.au/regulatory-resources/find-a-document/regulatory-guides/rg-257-testing-fintech-products-and-services-without-holding-an-afs-or-credit-licence/.

[72] Bank of England, *Central Bank Digital Currency: Opportunities, Challenges and Design*, March 2020, retrieved from https://www.bankofengland.co.uk/paper/2020/central-bank-digital-currency-opportunities-challenges-and-design-discussion-paper.

[73] Bank of Japan, *Research Papers and Reports Related to Payments and Markets*, retrieved from https://www.boj.or.jp/en/paym/r_menu_ron/index.htm/.

[74] Basel Committee on Banking Supervision, *Prevention of Criminal Use of the Banking System for the Purpose of Money-Laundering*, December 1988, retrieved from https://www.bis.org/publ/bcbsc137.pdf.

[75] Basel Committee on Banking Supervision, *Sound Practices: Implications of Fintech Developments for Banks and Bank Supervisors*, February 2018, retrieved from https://www.bis.org/bcbs/publ/d431.pdf.

[76] BCG, *Global Risk 2017: Staying the Course in Banking*, March 2017, retrieved from https://www.bcg.com/publications/2017/financial-institutions-growth-global-risk-2017-staying-course-banking.

[77] BCG, *FinTech Control Tower: RegTech in Financial Services*, January 2018, retrieved from https://regtech.org.au/resources/Documents/FinTech%20Control%20Tower%20-%20SFF%20(1).PDF.

[78] BCG, *Retail-Banking Distribution 2025 Up Close and Personal*, September 2019, retrieved from https://image-src.bcg.com/Images/BCG-Retail-Banking-Distribution-

2025–Up–Close–and–Personal–September–2019_tcm9–230136.pdf.

[79] Beau, D., *The Role of Cryptoassets in the Payment System*, October 2019, retrieved from https://www.bis.org/review/r191015b.pdf.

[80] Benoît Cœuré, *Digital Challenges to the International Monetary and Financial System*, September 2019, retrieved from https://www.bis.org/review/r190918b.pdf.

[81] Berndsen, R., Heijmans, R., "Near Real–Time Monitoring in Real–Time Gross Settlement Systems: A Traffic Light Approach", in *Journal of Operational Risk*, January 2020.

[82] Berndsen, R., Heijmans, R., *Risk Indicators for Financial Market Infrastructure: from High Frequency Transaction Data to a Traffic Light Signal*, June 2017, retrieved from https://www.dnb.nl/binaries/Working%20Paper%20No.%20557_tcm46–359900.pdf.

[83] Boar C., Holden H., Wadsworth A., *Impending arrival–a Sequel to the Survey on Central Bank Digital Currency*, January 2020, retrieved from https://www.bis.org/publ/bppdf/bispap107.pdf.

[84] Broeders, D., Prenio, J., *Innovative Technology in Financial Supervision (suptech) – the Experience of Early Users*, July 2018, retrieved from https://www.bis.org/fsi/publ/insights9.pdf.

[85] Buckley, P., Arner, D.W., Zetzsche. D.A., et al., "The Road to RegTech: the (Astonishing) Example of the European Union", in *Journal of Banking Regulation*, May 2019.

[86] Burt, A., Aron–Dine, J., Kim, E., et al., *2017 Model Driven and Machine Executable Regulations Tech Sprint*, November 2017, retrieved from https://www.immuta.com/model–driven–and–machine–executable–regulations–tech–sprint/.

[87] Capgimini, *Reinventing Cybersecurity with Artificial Intelligence Report*, July 2019, retrieved from https://www.capgemini.com/wp–content/uploads/2019/07/AI in–Cybersecurity_Report_20190711_V06.pdf.

[88] Castri, S., Grasser, M., Kulenkampff, A., *A Chatbot Application and Complaints Management System for the BangkoSentral ng Pilipinas (BSP)*, August 2018, retrieved

from https://static1.squarespace.com/static/583ddaade4fcb5082fec58f4/t/5c6271194192 0237ef03d090/1549955392920/R2A+Chatbot+Case+Study.pdf.

[89] Castri，S.，Grasser，M.，Kulenkampff，A.，*Financial Authorities in the Era of Data Abundance RegTech for Regulators and SupTech Solutions*，August 2018，retrieved from https://bfaglobal.com/wp-content/uploads/2020/01/R2AWhitePaper.pdf.

[90] Castri，S.，Grasser，M.，Kulenkampff，A.，*An API-based Prudential Reporting System for the BangkoSentral ng Pilipinas（BSP）R2A Project Retrospective and Lessons Learned*，August 2018，retrieved from https://www.r2accelerator.org/api-visualization-prototype/.

[91] Castri，S.，Hohl，S.，Kulenkampff，A.，et al.，*The Suptech Generations*，Octomber 2019，retrieved from https://www.bis.org/fsi/publ/insights19.pdf.

[92] CB Insights，*Global Fintech Report Q3 2019*，October 2019，retrieved from https://www.cbinsights.com/research/report/fintech-trends-q3-2019/.

[93] CCAF，EY，*The Global RegTech Industry Benchmark Report*，June 2019，retrieved from https://www.jbs.cam.ac.uk/fileadmin/user_upload/research/centres/alternative-finance/downloads/2019-12-ccaf-global-regtech-benchmarking-report.pdf.

[94] CFTC，*Request for Input on LabCFTC Prize Competitions*，April 2018，retrieved from https://www.cftc.gov/sites/default/files/2018-04/FederalRegister042418.pdf.

[95] CFTC，*TAC Panel III：RegTech& Robo-Rulebooks*，October 2018，retrieved from https://www.cftc.gov/sites/default/files/2018-10/tac100518_LabCFTC.pdf.

[96] Chen，C.，*Regulatory Sandboxes in the UK and Singapore：A Preliminary Survey*，September 2019，retrieved from https://papers.ssrn.com/sol3/papers.cfm?abstract_id=3448901.

[97] Coelho，R.，Simoni，M.D.，Prenio，J.，*FSI Insights：SuptechApplications for Anti-Money Laundering*，August 2019，retrieved from https://www.bis.org/fsi/publ/insights18.pdf.

[98] CUBE，*5 Reasons to Consider CUBE*，November 2019，retrieved from https://www.cube.global/why-cube/.

[99] Deloitte，*How does Fintech in Japan Compare to the Rest of the World*，retrieved from https://www2.deloitte.com/jp/en/pages/financial-services/articles/bk/jp-fi-fintech-in-

japan.html.

[100] Deloitte, *The Future of Regulatory Productivity, powered by RegTech*, retrieved from https://www2.deloitte.com/us/en/pages/regulatory/articles/cost-of-compliance-regulatory-productivity.html.

[101] Deloitte, *Using Regtech to transform Compliance and Risk from Support Functions into Business Differentiators*, 2018, retrieved from https://www2.deloitte.com/content/dam/Deloitte/lu/Documents/risk/lu-using-regtech-to-transform-compliance-and-risk-from-support-functions-into-business-differentiators.pdf.

[102] Deloitte, *RegTech Universe 2020*, January 2020, retrieved form https://www2.deloitte.com/lu/en/pages/technology/articles/regtech-companies-compliance.html.

[103] Dias D., Staschen S., *Data Collection by Supervisors of Digital Financial Services*, 2017, retrieved from https://www.cgap.org/sites/default/files/researches/documents/Working-Paper-Data-Collection-by-Supervisors-of-DFS-Dec-2017.pdf.

[104] Engstrom, D.F., Ho, D.E., Sharkey, C.M., et al., *Government by Algorithm: Artificial Intelligence in Federal Administrative Agencies*, February 2020, retrieved from https://www-cdn.law.stanford.edu/wp-content/uploads/2020/02/ACUS-AI-Report.pdf.

[105] ESMA, EBA, *FinTech: Regulatory Sandboxes and Innovation Hubs*, July 2019, retrieved from https://www.esma.europa.eu/sites/default/files/library/jc_2018_74_joint_report_on_regulatory_sandboxes_and_innovation_hubs.pdf.

[106] European central Bank, *Exploring Anonymity in Central Bank Digital Currencies*, December 2019, retrieved from https://www.ecb.europa.eu/paym/intro/publications/pdf/ecb.mipinfocus191217.en.pdf.

[107] EY, *Global Information Security Survey 2018-19*, October 2018, retrieved from https://www.ey.com/en_gl/consulting/global-information-security-survey-2018-2019.

[108] EY, *Fintech Ecosystem of Singapore 2018*, May 2019, retrieved from https://www.invoiceinter-change.com/fintech-ecosystem-singapore/.

[109] FCA, *Feedback Statement, Call for Input on Supporting the Development and Adopters*

of RegTech, July 2016, retrieved from https://www.fca.org.uk/publication/feedback/fs-16-04.pdf.

[110] FCA, *Call for Input: Using Technology to Achieve Smarter Regulatory Reporting*, February 2018, retrieved from https://www.fca.org.uk/publication/call-for-input/call-for-input-smarter-regulatory-reporting.pdf.

[111] FCA, *FCA Mission: Our Approach to Supervision*, March 2018, retrieved from https://www.fca.org.uk/publication/corporate/our-approach-supervision.pdf.

[112] Financelatvia, *KYC Utility Report*, June 2019, retrieved from https://www.financelatvia.eu/wp-content/uploads/2019/07/KYC-utility-report-June-2019.pdf.

[113] Findexable, *The Global Fintech Index 2020*, December 2019, retrieved from https://findexable.com/wp-content/uploads/2019-/12/Findexable_Global-Fintech-Rankings-2020exSFA.pdf.

[114] Fintech Global, *FinTech Investment in Canada Bounced Back in 2019*, January 2020, retrieved fromhttps://member.fintech.global/2020/01/22/fintech-investment-in-canada-bounced-back-in-2019/.

[115] Fintech Global, *Five of the Top 10 FinTech Deals in Japan were raised by Payments & Remittances Companies since 2015*, March 2020, retrieved from https://member.fintech.global/2020/03/06/five-of-the-top-10-fintech-deals-in-japan-were-raised-by-payments-remittances-companies-since-2015/.

[116] FINTRAC, *2018-19 Annual Report: Safe Canadians, Secure Economy*, March 2019, retrieved from https://www.fintrac-canafe.gc.ca/publications/ar/2019/1-eng.

[117] Gehrke, N., *Japan FinTech Fundraising 2019*, December 2019, retrieved from https://medium.com/tokyo-fintech/japan-fintech-fundraising-2019-a5ceb7310d2b.

[118] GFIN, *GFiN-ONE Year On*, June 2019, https://static1.squarespace.com/static/5db7cdf53d173c0e010e8f68/t/5dbfaaca6b4e151deddc42ae/1572842207667/GFIN-One-year-on-FINAL-20190612+%28CLEAN+VERSION%29.pdf.

[119] Goldberg, H.G., *Relational Learning for Securities Market Regulation Position Paper for the IJCAI 2003 Workshop*, 2003, retrieved from http://citeseerx.ist.psu.edu/

viewdoc/download?doi=10.1.1.134.4418&rep=rep1&type=pdf.

[120] Henricks, A., Kettani, H,. "On Data Protection Using Multi-Factor Authentication", in *Proceedings of the 2019 International Conference on Information System and System Management*, October 2019.

[121] IBM Security, *Cost of a Data Breach Report*, retrieved from https://www.all-about-security.de/fileadmin/micropages/Fachartikel_28/2019_Cost_of_a_Data_Breach_Report_final.pdf.

[122] IDC, IDC: 2025年中国将拥有全球最大的数据圈, January2019, retrieved from https://www.seagate.com/files/www-content/our-story/trends/files/data-age-china-regional-idc.pdf.

[123] IMF, *Monetary and Capital Markets Department, Singapore: Financial Sector Assessment Program-Technical Note-Fintech: Implications for the Regulation and Supervision of the Financial Sector*, 2019, retrieved from https://www.imf.org/en/Publications/CR/Issues/2019/07/15/Singapore-Technical-Note-Fintech-Implications-for-the-Regulation-and-Supervision-of-the-47113.

[124] Information Security Media Group, *The Future of Adaptive Authentication in the Financial Industry*, 2019, retrieved from https://www.onespan.com/sites/default/files/2019-03/OneSpan-AnalystReport-ISMG-Future-of-Adaptive-Authentication-in-the-Financial-Industry.pdf.

[125] Jung, J.H.H., "RegTech and SupTech: the Future of Compliance", in *Fintech: Law and Regulation*, September 2019.

[126] Juniper Research, *AI in Fintech: Roboadvisors, Lending, Insurtech &Regtech 2019-2023*, February 2019, retrieved from https://www.juniperresearch.com/press/press-releases/bank-cost-savings-via-chatbots-reach-7-3bn-2023?ch=7.3%20billion.

[127] JWG, *Doing Regulation Right? Go Tribal*, February 2015, retrieved from https://jwg-it.eu/doing-regulation-right-go-tribal.

[128] KPMG, H2 VENTURES, *2019 Fintech100 Leading Global Fintech Innovators*, February 2020, retrieved from https://h2.vc/wp-content/uploads/2020/02/2019Fintech100.pdf.

[129] KPMG, *The Pulse of Fintech 2019*: *Biannual Global Analysis of Investment in Fintech*, July 2019, retrieved from https://assets.kpmg/content/dam/kpmg/xx/pdf/2019/07/pulse-of-fintech-h1-2019.pdf.

[130] KPMG, *UK Fintech Defies Global Investment Slowdown*, July 2019, retrieved from https://home.kpmg/uk/en/home/media/press-releases/2019/07/uk-fintech-defies-global-investment-slowdown.html.

[131] KPMG, *Pulse of Fintech H2 2019*, February 2020, retrieved form https://home.kpmg/xx/en/home/campaigns/2020/02/pulse-of-fintech-h2-2019.html.

[132] Lessels, G., *Freeing Finance Specialists from the Burden of Repetitive Processes*, retrieved from https://www.financederivative.com/freeing-finance-specialists-from-the-burden-of-repetitive-processes/.

[133] Lin, L., "Regulating FinTech: The Case of Singapore", in *Banking and Finance Law Review*, November 2019.

[134] Liu, R., Qian, X., Mao, S., et al., "Research on Anti-Money Laundering based on Core Decision Tree Algorithm", in *2011 Chinese Control and Decision Conference* (*CCDC*), August 2011.

[135] Lootsma, Y., "Blockchain as the Newest Regtech Application—the Opportunity to Reduce the Burden of KYC for Financial Institutions", in *Banking & Financial Services Policy Report*, August 2017.

[136] Lopez, C., Saeidinezhad, E., *UK Financial Reforms*: *Bank of England 2.0*, December 2016, retrieved from https://milkeninstitute.org/reports/uk-financial-reforms-bank-england-20.

[137] Marous, J., *Financial Institutions Bullish on Chatbots*, January 2017, retrieved from https://thefinancialbrand.com/63596/financial-banking-bots-chatbot-voice-ai/.

[138] Maruti Techlabs, *RPA in Banking—Use-cases*, *Benefits and Steps*, November 2019, retrieved from https://medium.com/@MarutiTech/rpa-in-banking-use-cases-benefits-and-steps-8b97312a7d4f.

[139] MAS, *Banks*: *Assets of DBUs*, retrieved from https://secure.mas.gov.sg/msb-xml/

Report.aspx?tableSetID=I&tableID=I.3B.

[140] MAS, *Finance as a Service: API Playbook*, retrieved from https://www.mas.gov.sg/-/media/MAS/Smart-Financial-Centre/API/ABSMASAPIPlaybook.pdf.

[141] MAS, *New S$27 million grant to promote Artificial Intelligence and Data Analytics in Financial Sector*, 2017, retrieved from https://www.mas.gov.sg/news/media-releases/2017/new-27-million-grant-to-promote-artificial-intelligence-and-data-analytics-in-financial-sector.

[142] MAS, *Guidance for Effective AML/CFT Transaction Monitoring Controls*, September 2018, retrieved from https://www.mas.gov.sg/-/media/MAS/Regulations-and-Financial-Stability/Regulatory-and-Supervisory-Framework/Anti_Money-Laundering_Countering-the-Financing-of-Terrorism/Guidance-for-Effective-AML-CFT-Transaction-Monitoring-Controls.pdf.

[143] MAS, *MAS Introduces New FEAT Principles to Promote Responsible use of AI and Data Analytics*, November 2018, retrieved from https://www.mas.gov.sg/news/media-releases/2018/mas-introduces-new-feat-principles-to-promote-responsible-use-of-ai-and-data-analytics.

[144] MAS, *MAS Partners Financial Industry to Create Framework for Responsible Use of AI*, November 2019, retrieved from https://www.mas.gov.sg/news/media-releases/2019/mas-partners-financial-industry-to-create-framework-for-responsible-use-of-ai.

[145] MEDICI, EY, *RegTech Top 21: A Global View of RegTech Innovation*, July 2018, retrieved from https://gomedici.com/uploads/RegTech-Top-21.pdf.

[146] Micheler, E., Whaley, A., "Regulatory Technology: Replacing Law with Computer Code", in *European Business Organization Law Review*, July 2019.

[147] Murphy, D., Mueller, J., *RegTech: Opportunities for More Efficient and Effective Regulatory Supervision and Compliance*, April 2018, retrieved from https://assets1b.milkeninstitute.org/assets/Publication/Viewpoint/PDF-/RegTech-Opportunities-White-Paper-FINAL-.pdf.

[148] OeNB, *Rating Models and Validation*, March 2017, retrieved from https://www.

oenb.at/Publikationen/Oesterreichische-Nationalbank/Geschaeftsbericht.html.

[149] Parliament of Australia, *Senate Select Committee on Financial Technology And Regulatory Technology*, December 2019, retrieved from http://www.aph.gov.au/senate_FinRegtech.

[150] Piechocki, M., Dabringhausen, T., *Reforming Regulatory Reporting-from Templates to Cubes*, December 2015, retrieved from https://www.bis.org/ifc/publ/ifcb41o.pdf.

[151] PwC, SFA, *Singapore FinTech Talent Survey Report 2019*, May 2019, retrieved from https://www.pwc.com-/sg/en-/publications/assets/fintech-talent-survey-2019.pdf.

[152] PWC, *PwC's Global Economic Crime and Fraud Survey 2020*, March 2020, retrieved from https://www.pwc.com/gx/en/services/advisory/forensics/economic-crime-survey.html.

[153] Rapp, G.C., *Intelligence Design: An Analysis of the SEC's New Office of Market Intelligence and Its Goal of Using Big Data to Improve Securities Enforcement*, August 2018, retrieved from https://scholarship.law.uc.edu/cgi/viewcontent.cgi?article=1216&context=uclr.

[154] RegTech Analyst, *Global RegTechFunding Surges above $8bn in 2019*, January 2020, retrieved form http://member.regtechanalyst.com/global-regtech-funding-surges-above-8bn-in-2019/.

[155] RegTech Analyst, *US RegTechDeals over $50m have increased Their Share of Deal Activity by 15.7 Percentage Points (pp) since 2015*, February2020, retrieved form http://member.regtechanalyst.com/us-regtech-deals-over-50m-have-increased-their-share-of-deal-activity-by-15-7-percentage-points-pp-since-2015/.

[156] RegTech Association, *RegTech Industry Report*, *December 2019*, retrieved from https://www.regtech.org.au/resources/Documents/FINAL_RegTechIndustryReport_61219.pdf.

[157] Ronald, H., Richard, H., Clement, L., et al., *Dynamic Visualization of Large Transaction Networks: theDaily Dutch Overnight Money Market*, March 2014, retrieved from https://www.dnb.nl/en/binaries/Working%20Paper%20418_tcm47-305800.pdf.

[158] SAS, *Darkness of Digital Shadows*, 2018, retrieved from https://www.sas.com/en_gb/whitepapers/darkness-of-digital-shadows.html.

[159] SEC, *Division of Enforcement 2019 Annual Report*, November 2019, retrieved from https://www.sec.gov/files/enforcement-annual-report-2019.pdf.

[160] Sweeney, B.Z., *Re: SEC Release No.34-47849 (File No. S7-11-03)*, June 2003, retrieved fromhttps://www.finra.org/sites/default/files/Industry/p014869.pdf.

[161] The Canadian Regulatory Technology Association (CRTA) / Association canadienne de la technologier é glementaire (ACTR), *Canadian Regulatory Landscape*, January 2020, retrieved from https://www.canadianregtech.ca/uploads/1/1/9/5/119524383/regulatorylandscape15jan2020.pdf.

[162] The Institute of International Finance, *Regtech in Financial Services: Solutions for Compliance and Reporting*, March 2016, retrieved from https://www.iif.com/Portals/0/Files/private/iif-regtech_in_financial_services_-_solutions_for_compliance_and_reporting.pdf?ver=2019-01-04-142943-690.

[163] Thomson Retuers, 了解你的客户（KYC）合规：金融机构挑战加剧, May 2017, retrieved fromhttps://d3kex6ty6anzzh.cloudfront.net/uploads/d7/d76caaaf953ad221dd42888b15b10b33eef1bcff.pdf.

[164] Thomson Reuters, *KYC Compliance: the Rising Challenge for Financial Institutions*, December 2017, retrieved from https://d3kex6ty6anzzh.cloudfront.net/uploads/39/3973a2f5f7888855106b5d244df6192d0750c803.pdf.

[165] Thomson Reuters, *Cost of Compliance 2016*, retrieved from https://legal.thomsonreuters.com/content/dam/ewp-m/documents/legal/en/pdf/reports/cost-compliance-2016.pdf.

[166] Thomson Reuters, *Cost of Compliance 2019: 10 years of regulatory change*, retrieved from http://financial-risk-solutions.thomsonreuters.info/cost-of-compliance-2019?utm_source=AnswerOn&utm_medium=Blog&utm_campaign=119902_CostofCompliance2019&utm_term=blog&utm_content=downloadreport&elqCampaignId=9579.

[167] Thun, C., *AnaCredit Gives Banks an Opportunity to Improve Data Management, but Challenges Remain*, June 2015, retrieved from https://www.moodysanalytics.com/-/media/whitepaper/2015/2015-01-07-anacredit-gives-banks-an-opportunity-to-

improve-data-management-but-challenges-remain.pdf.

[168] Turner, J., *OeNB's innovative reporting data model as RegTech/SupTechsolution?*, July 2018, http://pubdocs.worldbank.org/en/825651528991300971/J-Turner-RegTech-SupTech-Washington-Pr%C3%A4sentation.pdf.

[169] United States Government Accountability Office (GAO), *Financial Regulation: Complex and Fragmented Structure Could Be Streamlined to Improve Effectiveness*, February 2016, retrieved from https://www.gao.gov/assets/680/675400.pdf.

[170] United States Government Accountability Office, *Financial Regulation: Complex and Fragmented Structure Could Be Streamlined to Improve Effectiveness*, February 2016, retrieved from https://www.gao.gov/assets/680/675625.pdf.

[171] UNSGSA, CCAF, *Early Lessons on Regulatory Innovations to Enable Inclusive FinTech: Innovation Offices, RegulatorySandboxes, andRegTech*, February 2019, retrieved from https://www.unsgsa.org/files/2915/5016/4448/Early_Lessons_on_Regulatory_Innovations_to_Enable_Inclusive_FinTech.pdf.

[172] Verizon, *2019 Verizon Data Breach Investigations Report*, 2019, retrieved from https://www.nist.gov/system/files/documents/2019/10/16/1-2-dbir-widup.pdf.

[173] Verizon, *2020 Data Breach Investigations Report*, May 2020, retrieved from https://enterprise.verizon.com-/resources-/reports/dbir/.

[174] Wong, J.C., *Facebook Says nearly 50m Users Compromised in Huge Security Breach*, September 2018, retrieved from https://www.theguardian.com/technology/2018/sep/28/facebook-50-million-user-accounts-security-berach.

[175] World Bank, *From Spreadsheets to Suptech: Technology Solutions for Market Conduct Supervision*, June 2018, retrieved from https://openknowledge.worldbank.org/handle/10986/29952.

[176] Yang, W., Wang, S., Hu, J., et al., "Security and accuracy of fingerprint-based biometrics: A review", in *Symmetry*, January 2019.

后　记

金融科技的大潮正在涌起，在分析每一个金融行业时，我常常会想：经过金融科技大潮的洗礼之后，这个金融行业将来还会存在吗？如果继续存在，心态上会出现哪些剧烈的改变？

这样的思考，已经不是遥远的预言，而是正在发生中的现实。不少在目前看来还是主流金融机构工作的管理层，在与我讨论金融科技时，常常坦率地承认，主动融合金融科技的要求看来是大趋势，这一点越来越没有什么疑义；不过，从短期看，似乎目前的商业模式还可以持续，没有看到显著受到冲击的明显迹象；如果现在就要主动改变，不仅需要大量的投入，而且起初的效果未必尽如人意。我相信这是许多金融行业人员面临的两难思考，也可以说是金融科技大潮即将来临的生动写照。

从2003年出版系统研究国际银行监管规则的《巴塞尔新资本协议研究》开始，我便坚持对金融机构的风险管理和监管进行跟踪研究，带领学生形成相对固定的研究队伍，先后出版了《金融危机中的巴塞尔新资本协议：挑战与改进》《巴塞尔资本协议Ⅲ研究》《巴塞尔Ⅲ：金融监管的十年重构》等多部著作。就在各国监管当局和银行业积极为历时10年终于定稿的巴塞尔Ⅲ做实施准备时，新冠肺炎疫情的暴发再次延后了这一国际银行监管规则的正式实施时间。虽然在这10年里，巴塞尔委员会和各国监管当局不停地在对监管规则的复杂性、一致性、可比性等问题进行反思和权衡，但是监管环境日新月异、监管规则日益复杂、监管手段日益落后、监管的滞后性仍未发生实质性改变，都已经成为不争的事实。

在我和我的学生组成的巴塞尔研究小团队中，不乏有在金融机构一线从事风险管理的从业人员，以及在金融监管当局从事金融监管和规则制定的监管人员。我们在日常的研究讨论中，常常对这些问题充满疑虑：巴塞尔Ⅲ修订的初衷是为了吸取2008年爆发的国际金融危机的教训、防范类似的危机再发生，然而危机爆发至今已经10年有余，国际金融市场已经发生了天翻地覆的变化，虽然风险的本质尚未发生改变，但是金融产品、金融效率，甚至是货币的形式都已经和10余年前大不相同，这样的监管合作效率是否能够跟得上金融创新的步伐，会不会巴塞尔Ⅲ还未实施，另一场金融危机就已经爆发了？从当初30页纸的巴塞尔Ⅰ到数千页的巴塞尔Ⅲ，监管规则已经复杂到相当的程度，监管机构想要透彻、完整地掌握这些监管规则，尚需要花费大量的人力、时间成本，被监管机构又如何能够准确理解、遵循和实施这些规则？当前的监管报告多是基于银行的季度或年度报表，面对业务和交易可以在瞬间完成的金融机构而言，季度和年度的监管频率是否能够准确地识别和监测风险，甚至实现预警？这些问号不断出现在我们内部的讨论中，促使了我们在原有巴塞尔团队核心力量的基础上，组建了新的小团队，开始对科技在金融领域的应用进行跟踪研究。

起初，我们对区块链这一技术在金融领域的应用产生了兴趣，系统梳理了区块链作为一种去中心化的分布式记账技术在贷款、证券、保险、资管、供应链等十一个金融场景的应用，出版了《区块链新时代：赋能金融场景》一书。在这本书的发行和介绍中，我们意识到，虽然监管和合规只是金融科技应用的一个领域，但是从某种角度而言，科技能否有效应用于监管和合规乃是金融科技大发展的关键一环，而从目前来看，这还是相对薄弱和尚未受到广泛重视的领域。因此，我们逐渐将目光聚焦到金融监管和合规科技上来。

监管科技的发展是金融发展新形势下突破监管合规困境的需要，一方面金融危机后复杂的监管要求给金融机构合规管理增加了负担，也对监管机构的监管有效性提出了挑战；另一方面金融科技的发展加剧了不同市场金融业务的交叉融合，增强了金融风险的隐蔽性和传染性，亟须提高现行监管举措的穿透性和前瞻性。而科技手段可作为新时期拓展金融监管边界、提高监管合规资源配置效率的窗口，因此监管机构和金融机构均以积极开放的心态拥抱新技术给自身的组织模式、业务流程带来的变革，推动监管科技逐步从概念阶段走向落地应用阶段。在本书中，我们试图从国际经验和场景应用两个角度切入，来探讨监管科技背后的推动力量、目前的发展状况和未来的发展方向。

在国际经验篇，我们选取了一部分具有代表性的国家进行分析，整体看来各国普遍对监管科技持包容开放的态度，已在逐步构建监管科技的顶层规划，并利用监管科技完善金融监管框架，由于一国的监管框架是该国权衡金融业态创新和金融市场稳定、平衡多方利益诉求后形成的结果，其演进可折射出一国金融体系运行在不同时期存在的矛盾，因此通过考察由科技与金融监管融合所带来的新的金融监管模式，我们可以看到监管科技在新时期帮助化解金融监管矛盾、实现金融监管目标的巨大潜力。同时，在顶层设计的指引和市场需求的推动下，各国监管机构和金融机构都在积极推进监管科技在各业务环节的实践应用，通过建立和完善金融基础设施以支持各项创新监管合规举措。

在场景应用篇，我们梳理了监管科技的重点应用场景，尝试探究各国监管机构及金融机构如何利用大数据、云计算、人工智能等技术来弥补当前监管合规领域存在的缺陷，如通过协助数据确权来进一步挖掘数据资产价值、通过构建风险度量模型来建立风险的实时监控和预警机制、通过自动化流程代替传统手工流程来降低监管合规成本等，因此在监管科技的协助下，金融监管合规举措已变得更加智能化、更具前瞻性和主动性。各类场景应用既体现了监管方式的多元化，同时也反映了监管理念的变化，即向动态的、适应性的监管方式转变，使得监管规则可根据监管环境的改变灵活调整。

本书通过理论分析与具体案例的结合，尝试勾勒出当前监管科技发展的缩影，以期挖掘科技在提高监管合规效率方面的巨大应用价值。参与本书写作的人员除我之外还包括：朱元倩、熊邦娟、陈泽田、陈旭、李静、胡靓、张岱晁、余艺舟和李伦，我们还邀请中国银行新加坡创新基地总经理冯志刚先生、中行新加波私人银行总经理张际先生、招商银行新加坡分行行助沈洋先生等对相关章节提出了修订建议，在此也一并感谢。面对监管科技这样一个仍处于不断变化和发展中的新兴领域，本书所涉及的内容仍很初步，虽然我们在写作中投入了大量的精力，但书中内容难免存在疏漏，恳请各位读者批评指正，也希望有更多的专业人士继续围绕此主题展开讨论。

巴曙松

2020 年 6 月